Martin Bauschke
Jesus im Koran

Martin Bauschke

Jesus im Koran

2001

BÖHLAU VERLAG KÖLN WEIMAR WIEN

Die Deutsche Bibliothek – CIP-Einheitsaufnahme

Bauschke, Martin:
Jesus im Koran / Martin Bauschke. –
Köln ; Weimar ; Wien : Böhlau, 2001
ISBN 3-412-09501-X

Umschlagabbildung:
Himmelfahrt Jesu, aus: Legendäre Chronik des Lebens der Propheten
(1583) (Museum der türkischen und islamischen Kunst, Istanbul).
Die arabischen Kalligraphien stammen von Abdul Rahman D. Naaso,
Berlin.

© 2001 by Böhlau Verlag GmbH & Cie, Köln
Ursulaplatz 1, D-50668 Köln
Tel. (0221) 91 39 00, Fax (0221) 91 39 011
vertrieb@boehlau.de
Alle Rechte vorbehalten
Satz: Peter Kniesche, Tönisvorst
Druck und Bindung: Koninklijke Wöhrmann, NL – Zutphen
Gedruckt auf chlor- und säurefreiem Papier.
Printed in the Netherlands
ISBN 3-412-09501-X

Für Gina und Nomi

»Und einmal habe ich den Koran zu lesen versucht,
ich bin nicht weit gekommen,
aber so viel verstand ich,
da ist wieder so ein mächtiger Zeigefinger,
und Gott steht am Ende seiner Richtung. (...)
Christus hat sicher dasselbe gewollt. Zeigen.«

Rainer Maria Rilke

INHALT

VORWORT

Der koranische Jesus – wer ist das? Ein Bekannter und ein Fremder zugleich. Einer, der nicht unbekannt bleiben muß, wenn man sich auf eine Lektüre des Korans einläßt, und einer, dessen Fremdheit auch danach nicht aufhört, weil der Jesus des Korans sich nicht ohne weiteres mit den vertrauten christlichen und abendländisch-kulturellen Maßstäben messen und verstehen läßt. Man kann innerhalb des Korans verschiedene Dimensionen des Glaubens unterscheiden, die zugleich ineinandergreifen. Auf drei Dimensionen möchte ich hinweisen. Es gibt Aussagen, welche für die *Glaubenspraxis* relevant sind. So beinhaltet Sure 1, »die Eröffnende«, die rituelle Essenz des Korans. Sie wird viele Male im täglichen Pflichtgebet rezitiert (eigene Übersetzung):

»Im Namen Gottes, des Barmherzigen und sich Erbarmenden. Lob sei Gott, dem Herrn der Welten, dem Barmherzigen und sich Erbarmenden, der als König herrscht am Tag des Gerichts. Dir dienen wir, und Dich bitten wir um Hilfe! Leite uns den geraden Weg, den Weg derer, denen du Gnade erwiesen hast, nicht den Weg derer, die dem Zorn anheimgegeben sind und in die Irre gehen.«

Auch Sure 112 steht im Zentrum der Glaubenspraxis und spielt eine wichtige Rolle im Ritualgebet. Doch formuliert diese Sure eher die elementare *Glaubenseinsicht* des Islams. Insofern ist Sure 112 gleichsam die intellektuelle Essenz des Korans (eigene Übersetzung):

»Im Namen Gottes, des Barmherzigen und sich Erbarmenden. Sprich: Er ist Gott, ein Einziger, Gott ganz und gar. Er hat nicht gezeugt, und Er ist nicht gezeugt worden. Und keiner kann sich mit Ihm vergleichen.«

Schließlich gibt es Passagen, welche die *Glaubensschau* der Muslime beschreiben. Vor allem der sogenannte »Lichtvers« (Sure 24,35) sowie der »Thronvers« (Sure 2,255) enthalten die spirituelle Essenz des Korans (Übersetzungen nach Rückert):

»Gott ist das Licht des Himmels und der Erde,
Das Gleichnis seines Lichtes ist
Wie eine Nisch' in welcher eine Leuchte
Die Leuchte ist in einem Glas,
Das Glas ist wie ein funkelnder Stern,
Die angezündet ist vom Segensbaume,
Dem Oelbaum nicht aus Osten noch aus Westen;
Das Oel fast selber leuchtet, wenns
Auch nicht berührt die Flamme;
Licht über Licht – Gott leitet
Zu seinem Lichte wen er will:
Gott aber prägt die Gleichnisse den Menschen,
Und Gott ist jedes Dings bewußt.«

»Gott, außer ihm kein Gott!
Er, der Lebendige, Beständige,
Ihn fasset weder Schlaf noch Schlummer,
Sein ist, was da im Himmel ist und was auf Erden;
Wer leget Fürsprach' ein bei ihm,
Als er erlaub' es denn? Er weiß
Was vor ist und was hinter ihnen,
Doch sie umfassen nichts von seinem Wissen,
Als was er will. Sein Richtstuhl (sc. oder: Thron) füllt
Die Weite Himmels und der Erde,
Und ihn beschwert nicht die Behütung beider,
Er ist der Hohe, Große.«

Diese drei Dimensionen des Glaubens vor Augen, sei nochmals gefragt: Jesus im Koran – wer ist das? Wer ist er als der Sohn Marias, der Gesandte und Wundertätige, als Geist und Wort von Gott? Wohin gehört dieser den Christen vertraute und doch auch fremde Jesus? Wie ist die Christologie des Korans insgesamt einzuordnen?

Vorweg sei eine holzschnittartige Antwort versucht, die sich erst im Laufe dieses Buches genauer und lebendiger entfalten wird. Die Aussagen des Korans über Jesus sind primär intellektueller Natur, wenngleich sie stellenweise auch visionäre Züge tragen. Doch in der Hauptsache ist Jesus Gegenstand der vernünftigen Einsichten des Glaubens über ihn, wobei Vernunft und Glaube im Koran keinen Widerspruch bedeuten. Insofern unterscheiden sich die Aussagen des Korans über Jesus in einer grundlegenden Weise von denen des Neuen Testaments und der späteren christlichen

Tradition: diese tragen nämlich primär Züge einer Glaubensschau, wie sie bereits mit den Visionen vom Auferstandenen unter den Jüngerinnen und Jüngern am Ostermorgen beginnt (Matthäus 28,1-10) und sich später in der Wahrnehmung der »Herrlichkeit« Jesu besonders im Johannesevangelium (1,14; 12,45; 14,9; 17,24) fortsetzt. Wohlgemerkt: hüben *und* drüben ist es der *Glaube,* der von Jesus spricht. Doch artikuliert dieser sich im Koran eher auf vernünftige Weise (ohne auf das Visionäre zu verzichten) und im Neuen Testament eher auf visionäre Weise (ohne auf das Vernünftige zu verzichten). Diese grobe Typologie sollte man nicht zu streng handhaben, da es selbstverständlich auch Muslime gibt (besonders im Sufismus), deren Jesusbild primär visionäre Züge hat, und auf der anderen Seite Christen (besonders im Bereich der liberalen Theologie), deren Jesusauffassung primär rational und ethisch profiliert ist.

Das vorliegende Buch ist, vom Vorwort und dem Schlußkapitel abgesehen, eine überarbeitete und erweiterte Neufassung des Kapitels A »Die Christologie des Korans« in meinem Buch »Jesus – Stein des Anstoßes«, das 2000 im Böhlau-Verlag erschienen ist. Dabei habe ich die neueste Literatur, soweit sie dieses Thema berührt, mit eingearbeitet. Formal verändert ist der vorliegende Text beispielsweise insofern, daß theologische und sonstige Fachausdrücke erklärt und die vielen fremdsprachigen Zitate ins Deutsche übersetzt wurden, damit auch der interessierte Laie den Ausführungen möglichst mühelos folgen kann. Griechische Fachausdrükke bzw. Zitate aus dem Neuen Testament werden in lateinischer Umschrift wiedergegeben. Die Umschrift des Arabischen folgt nur bei der Wiedergabe direkter koranischer Ausdrücke den Regeln der Transkriptionskommission der Deutschen Morgenländischen Gesellschaft vom 19. Internationalen Orientalistenkongreß 1935 in Rom. Alle übrigen arabischen Worte (z.B. die Titel der Korankommentare), eingedeutschte Worte (etwa »Islam«, »Koran«, »Sure«) sowie Eigennamen (»Zamakhsharî«, »Hanbaliten« usw.) werden in vereinfachter Form ohne diakritische Punkte und Sonderzeichen wiedergegeben. Auch werden arabische Namen meist unter Weglassung des Artikels wiedergegeben (z.B. Râzî statt al- oder ar-Râzî).

Wenn nicht anders vermerkt, werden die *Hebräische Bibel* sowie die außerkanonischen Schriften der *Septuaginta* nach der Übersetzung der Jerusalemer Bibel und das *Neue Testament* nach der Einheitsübersetzung zitiert. *Koran*-Zitate folgen, wenn nicht anders vermerkt, der Übersetzung Adel Theodor Khourys. Unterschiedliche Lesarten und Varianten des arabischen Korantextes werden nur ausnahmsweise, sofern sie für den Inhalt Auswirkungen haben, angeführt. Im Übrigen vergleiche man den in fortlaufender Erscheinung befindlichen vielbändigen Korankommentar von Khoury, der die verschiedenen Lesarten ausführlich dokumentiert.

Berlin, im Juni 2001   Martin Bauschke

KAPITEL 1

Einleitung

Die folgende Darstellung ist bemüht, einer Maxime des französischen Islamwissenschaftlers Louis Gardet zu folgen. Dieser hat von dem Christen, der mit den Muslimen Dialog führen wolle, gefordert, er solle sich die Mühe machen, »den Koran erst einmal im Geiste des Korans selbst zu lesen«.[1] In diesem Sinne sehe ich es als meine Aufgabe an, so unvoreingenommen und einfühlsam wie möglich das koranische Jesusbild gemäß dem Selbstverständnis des Korans nachzuzeichnen und dabei die islamische Interpretation der koranischen Christologie mit zu berücksichtigen. Folgende Aspekte und Methoden werden bei der Darstellung eine Rolle spielen[2]:

Wenn ich mich so unvoreingenommen wie möglich der koranischen Christologie zuwende, heißt das, daß ich mich dieser primär phänomenologisch nähere. Ich versuche, den Stoff so objektiv wie möglich wiederzugeben und mich dabei jeglichen normativen Wertens und subjektiv-willkürlichen Urteilens zu enthalten. Der theologischen bzw. christologischen Wahrheitsfrage kommt, vom Schlußkapitel abgesehen, keine herausragende Bedeutung zu.

Zu dieser objektiven Außenperspektive kommt allerdings der »Innenaspekt« meines subjektiven Interesses hinzu. Denn eine völlige Distanz und Neutralität dem koranischen Jesus gegenüber ist weder realisierbar noch wünschenswert. Realisierbar ist dies nicht, weil es bekanntermaßen keine Beschäftigung mit irgendeinem Gegenstand geben kann ohne ein wie auch immer geartetes Vorverständnis oder Erkenntnis leitendes Interesse. Wünschenswert ist eine völlige Distanz deshalb nicht, da eine gewisse innere Beteiligung und Anteilnahme an dem darzustellenden Gegenstand dessen Verstehen*können* allererst ermöglicht. Mit der Bemühung, das Jesusbild des Korans »im Geiste des Korans« nachzuvollziehen, ist also der Versuch gemeint, mich in den Gegenstand meiner Darstellung *einzufühlen*. Das ist ein Lernprozeß, in dem ich mich seit vielen Jahren befinde. Die Voreingenommenheit, mit der ich mich an die Arbeit gemacht habe, besteht in meiner Sympathie und Empathie gegenüber dem Koran. Ohne ein Mindestmaß an Einfühlung gibt es weder allgemein ein Verstehen zwischen zwei Menschen noch speziell ein Verstehen im interreligiösen Dialog. Eben dem christlich-islamischen Dialog aber möchte die vorliegende Darstellung dienen. Empathie ermöglicht hier die Erfassung und Beachtung der spezifisch theologischen Sinnintention der Aussagen des Korans über Jesus. Gemäß der fünften Dialog-Regel Leonard Swidlers muß jeder Dialogteilnehmer sich und seine Religion selber beschreiben und definieren, weil nur er oder sie *ganz* von innen heraus wissen kann, was und wie – in diesem Falle – die Muslime von Jesus denken und glauben. Das bedeutet, sich zunächst klarzumachen, welchen Stellenwert die koranische Christologie in den Augen der Muslime besitzt.

Dieser ist theologisch begründet in der islamischen Lehre vom Koran als dem Wort Gottes. Für die große Mehrzahl der Muslime in Vergangenheit und Gegenwart ist der Koran Gottes ewiges, direktes und unmittelbar gesprochenes Wort (arab. *kalâm Allâh*), das Muhammad lediglich übermittelt. Azzedine Guellouz unterscheidet mit Recht:

> »Andere Religionen, die wie der Islam auf einem Buch fußen, beziehen sich auf heilige Texte mit Dogmen und Vorschriften, welche als *göttlich inspiriert* angesehen werden. Der Koran hingegen wird als göttliche *Offenbarung* verstanden.«[3]

Folglich sind die von Jesus handelnden Koranverse Offenbarungen Gottes selbst über Jesus. Sie besitzen für Muslime eine Offenbarungsqualität, die nicht mehr übertroffen werden kann. Die Christologie des Korans »im Geiste des Korans zu lesen«, bedeutet also mehr, als lediglich die *Faktizität* einer Jesusdarstellung im Koran zur Kenntnis zu nehmen. Es bedeutet, den *theologischen Anspruch* des Korans auf eine legitime, authentische und spezifisch akzentuierte *Christologie* ernstzunehmen – ganz unabhängig von möglichen historischen Erwägungen über Kontakte Muhammads zu Christen; ganz unabhängig ebenso von traditionsgeschichtlichen Verbindungslinien, die zwischen dem Neuen Testament, der außerkanonischen christlichen Tradition und dem Koran gezogen werden können; ganz unabhängig schließlich von möglichen dogmatisch-theologischen Bedenken gegen eine außerkirchliche Christologie. Nicht nur aus Gründen der inhaltlichen Toleranz, sondern auch, damit die Darstellung des koranischen Jesusbildes nicht völlig am muslimischen Selbstverständnis der Sache vorbei ins Leere ziele und sich als für den Dialog mit den Muslimen irrelevant erweise, gehe ich daher im Folgenden davon aus, daß es sich beim koranischen Jesusbild um nicht weniger als eine *Christologie* handelt.[4] Meine Absicht und Hoffnung ist, daß die (im Dialog engagierten) Muslime in der Lage sind, *ihre* Auffassung von Jesus in *meiner* Darstellung der koranischen Christologie wenigstens in den Grundzügen wiederzuerkennen.

Ich werde die Texte weder historisch-chronologisch noch gemäß der Reihenfolge der Suren behandeln, sondern in einer systematisierten, am Lebenslauf Jesu orientierten Form. Bei der Auslegung der christologischen Passagen des Korans werde ich die Beobachtungen und Erkenntnisse islamischer Ausleger an erster Stelle berücksichtigen. Eine Diskussion mit den koranischen (Fehl-)Interpretationen christlicher Theologen in Vergangenheit und Gegenwart wird in der Regel nicht geführt und ist auch nicht beabsichtigt.[5] Dieses Buch ist der Versuch einer Darstellung der Christologie des *Korans* aus muslimischer Sicht. Insofern ist es, mittelbar und teilweise, auch eine Darstellung *islamischer* Christologien. Daß es nicht *die* islamische Interpretation der koranischen Christologie gibt, werden die unterschiedlichen Auslegungen klassischer und zeitgenössischer Kommentatoren zeigen.

Eine Beschränkung auf die Christologie *des Korans* ist sinnvoll, weil wir nur bei dieser davon ausgehen können, es mit einer ursprünglichen und zugleich für den Islam repräsentativen und verbindlichen Christologie zu tun zu haben. Denn der Koran wird von allen islamischen Gruppierungen als göttliche Quelle anerkannt. Primär greife ich auf die Kommentare muslimischer Ausleger zurück, soweit sie mir in englischer und deutscher Sprache direkt[6] oder über Sekundärliteratur[7] zugänglich sind, ergänzend auch auf westliche Kommentatoren.[8] Hermeneutisch muß bei der Auslegung prinzipiell beachtet werden: was für das Verstehen des Korans im Ganzen gilt, gilt auch für die Darstellung seiner Christologie: es gibt eindeutige und mehrdeutige Verse über Jesus. Alles Verstehen steht unter einem theologischen Vorbehalt. Den Koran vermag letztlich, wie Sure 3,7 sagt, niemand außer Gott richtig zu deuten (*mâ yaꜥlamu taʾwîlahû illâ-Llâh*). Auch die folgende, im Geiste des Korans um Verstehen und Einfühlung bemühte Darstellung der koranischen Christologie bleibt ein *vorläufiger Entwurf* insofern, als mir mit Sicherheit manches entzogen und verborgen bleibt, was ich noch nicht, gerade nicht oder überhaupt nicht verstehe.

Als weiterer Gesichtspunkt und methodischer Schritt ist für ein Verstehen der koranischen Christologie erforderlich, sorgsam zu unterscheiden zwischen den Aussagen des Korans selbst und den späteren dogmatisch-christologischen Lehrmeinungen der muslimischen Exegeten. Nur eine Darstellung, die diese Differenzierung – die teilweise auch von muslimischen Auslegern selber vorgenommen wird! – macht, ermöglicht es dem christlichen Laien oder Theologen, im Dialog mit den Muslimen durch Bezugnahme auf das, was der Koran selber sagt, gegebenenfalls *kritisch* gegenüber der christologischen Interpretation von seiten der späteren islamischen Tradition zu argumentieren. Gemäß einem weiteren Prinzip der Koranauslegung, wie es etwa Ibn Kathîr zu Beginn seines Kommentars darlegt – daß nämlich der Koran sich selber auslegt (*tafsîr al-qurʾân bi-l-qurʾân*) – sind noch vor dem Bezug auf die muslimischen Kommentatoren die innerkoranischen Deutungsangebote in Gestalt von Parallelstellen und dergleichen mehr heranzuziehen.

Besonders wichtig ist mir bei der Darstellung und Erklärung des koranischen Jesus darüber hinaus, die Analogien, Parallelen und Kontraste zu einzelnen Motiven, Namen und Erzählungen in der vorislamischen christlichen Tradition aufzuzeigen. Denn es ist ganz offensichtlich, daß der Koran in einem engen *traditionsgeschichtlichen Zusammenhang* nicht allein mit der Thora und dem Talmud, sondern auch mit Aussagen zum Teil des Neuen Testaments, vor allem aber mit Inhalten der außerkanonischen christlichen (Legenden-) Überlieferung steht. Ich möchte jedoch betont hinzufügen: die Hinweise auf vergleichbare, ähnliche oder eben auch abweichende Aussagen im Neuen Testament und der christlichen Tradition beinhalten kein literarkritisches Urteil im Sinne einer direkten Abhängigkeit des Korans von (juden)christlicharabischen Texten, einer Art »Ur-Koran«, wie das von christlichen Forschern wie Anton Baumstark, Günter Lüling und derzeit von Christoph Luxenberg immer wieder in unterschiedlicher Weise behauptet wurde und wird. Auch wenn der Koran dem Historiker eine gewisse Verbundenheit zeigt mit jüdischen, judenchristlichen, orientalisch-christlichen, gnostisch-christlichen, manichäischen und sonstigen Traditionen: der Koran bleibt dennoch ein inspiriertes, schöpferische Originalität aufweisendes Werk, das primär aus sich selbst heraus verstanden werden muß. Die vom und im Koran sogar zehnmal wiederholte Betonung, daß die eine göttliche Offenbarungsschrift nunmehr als ein »arabischer Koran« zu Muhammad gelangt sei (z.b. Sure 12,2; 41,3; 46,12) macht nur dann Sinn, wenn Muhammad die bisherigen Versionen dieser einen Offenbarung ausschließlich in anderen Sprachen kennenlernen konnte.[9]

Was also die Frage nach möglichen *schriftlichen Quellen* betrifft, denen Muhammad bzw. der Koran sich verdankt, ist festzustellen: das Vorhandensein einer arabischen Übersetzung der Bibel oder auch nur des Neuen Testaments in *vorislamischer Zeit* ist bis heute unbewiesen. »Vielmehr sind Fragmente einer Bibelübersetzung erst aus dem 9. Jahrhundert bekannt«, konstatiert Bertold Spuler.[10] Sidney Griffith hat dieses Urteil in spezieller Hinsicht auf die Frage nach einer vorislamischen Evangelienübersetzung bekräftigt:

> »vor dem neunten Jahrhundert waren keine Texte der Evangelien verfügbar, weder Muslimen noch Christen. Erstmals wurden sie verfügbar, sowohl für liturgische wie für apologetische Zwecke, im neunten Jahrhundert, in Palästina, unter der Schirmherrschaft der Melkiten.«[11]

Man hat mithin davon auszugehen, daß der Koran wahrscheinlich das erste arabische Buch überhaupt darstellt. Insgesamt kann in der Forschung bezüglich der Vermittlung jüdischer und christlicher Inhalte folgende Einschätzung von Carl Heinrich Becker als gesichert gelten:

> »Bewußt auseinandergesetzt hat sich Muhammed nur mit Juden- und Christentum, die ihm ihren allgemeinsten Gedanken nach bekannt waren. Ein neu- oder alttestamentliches Buch hat er nie gelesen; vielmehr zeigen alle seine Erwähnungen, daß er nur aus Hörensagen schöpfte.«[12]

Diese älteren Vermutungen hat die neuere Forschung erhärtet. Rudi Paret erklärt:

»Mohammed hat wohl jüdisches und christliches Gedankengut und damit auch Teile jener nichtarabischen Schriften (sc. der Juden und Christen Arabiens) kennengelernt. Aber die Übermittlung erfolgte ausschließlich durch mündliche Überlieferung.«[13]

Wie auch immer die traditionsgeschichtlichen Frage, die persönlichen Kontakte Muhammads sowie seine Lese- und Schreibfähigkeiten im Einzelnen beurteilt werden mögen, für die folgende Darstellung des koranischen Jesus wird vorausgesetzt: Muhammad hat auf seinen Karawanenzügen nach Syrien sowie im Großraum von Mekka und Medina mit dort lebenden oder durchreisenden Christen Kontakte gehabt und ist von diesen über Inhalte der Bibel, insbesondere der Evangelien, und des christlichen Glaubens informiert worden. Das gibt der Koran selber etwa in Sure 16,103; 25,4f zu erkennen. Muhammads christliche »Quelle«, die ausschließlich mündlicher Art war, bestand zum einen in der lebendigen Volksfrömmigkeit der orientalischen Christen nestorianischer, monophysitischer und judenchristlicher Herkunft. Aus ihrem Gemeindeleben speist sich auch die apokryphe Evangelientradition, insbesondere das »Arabische Kindheitsevangelium« (inǧīl al-ṭufūlah al-ʿarabî).

Zum anderen muß davon ausgegangen werden, daß Muhammad da und dort christliche Gottesdienste besucht hat, in denen in altsyrischer bzw. syro-aramäischer Sprache aus dem Psalter und den Evangelien gelesen wurde, wie die zahlreichen religiös-theologischen Termini des Korans, die eindeutig syrisch-aramäischer Herkunft sind, nahelegen. Es könnte sein, daß Muhammad in den Gottesdiensten bzw. bei seinen Kontakten mit Christen Nachrichten über Jesus in Gestalt der Evangelienharmonie erhielt, die von Tatian (gest. ca. 180–190) höchstwahrscheinlich in syrischer Sprache verfaßt wurde.[14] Daß Muhammads Kenntnisse über Jesus sich neben der mündlichen apokryphen Evangelientradition auch diesem sog. »Diatessaron« Tatians verdanken könnten, läßt sich aus mindestens drei Gründen wahrscheinlich machen:

1. Das Diatessaron besaß im syrisch-arabischen Raum jahrhundertelang einen immensen Einfluß. Bis ins fünfte Jahrhundert war es in der syrischen Kirche das meistgelesene Evangelium. Es stand nicht allein im liturgischen, sondern auch im allgemeinen theologischen Gebrauch, wie etwa im vierten Jahrhundert Aphrahats Homilien oder Ephrems Diatessaron-Kommentar zeigen.

6

2. Exegetische Einzelbeobachtungen sprechen dafür, z.B. daß der Koran stets singularisch von »dem Evangelium« (Jesu) spricht.

3. Offenkundige judenchristliche Anklänge der koranischen Christologie werden durch die Annahme, daß Muhammad das Diatessaron teilweise aus Lesungen kannte, verständlich. Denn Tatians Harmonie bestand ursprünglich wohl nicht allein aus den vier später kanonisierten Evangelien, sondern auch aus dem in der Folge dann nicht kanonisierten Nazaräerevangelium syrischer Judenchristen.[15]

Grundsätzlich muß man sich vor Augen halten: zur Zeit Muhammads gab es nirgendwo in Arabien oder Syrien eine allgemein anerkannte christliche Christologie, sondern lediglich verschiedene, im christologischen Dauerstreit befindliche regionale und nationale Kirchentümer und Sekten, die zum Teil recht unterschiedliche Formen von Christologie verfochten. Eine direkte, also irgendwie literarische Abhängigkeit Muhammads vom Neuen Testament, dem Diatessaron, der apokryphen Evangelienliteratur oder den Verlautbarungen etwa syrischer Kirchensynoden seiner Zeit halte ich für völlig ausgeschlossen. Es besteht weder an der Authentizität des Prophetentums Muhammads noch an seiner schöpferischen Originalität – theologisch im Sinne des Islams gesprochen: am Offenbarungscharakter des Korans – ein Zweifel. In dem Bewußtsein, von Gott berufen zu sein, hat Muhammad seine »Schlüsselerfahrungen« mit Gott als dem barmherzigen Schöpfer, Erhalter und Richter des Menschen mit Hilfe des ihm zu Ohren gekommenen Erzähl- und Lehrgut anderer Glaubenstraditionen nach eigenen theologischen Maßstäben formuliert und seinen Zeitgenossen bezeugt. Muhammad »hat von vielen gelernt und ist immer er selbst geblieben«.[16]

Diesen völlig selbstverständlichen Rückbezug auf bekanntes jüdisch-christliches Erzähl- und Glaubensgut läßt schon der Koran selber erkennen, wenn es in der letzten Phase der Wirksamkeit Muhammads in Mekka in Sure 10,94 heißt:

> »Wenn du über das, was Wir zu dir hinabgesandt haben, im Zweifel bist, dann frag diejenigen, die (bereits) vor dir das Buch lesen.«

Nicht nur an Muhammad, sondern an die Adresse aller Muslime ergeht in dieser Phase noch einmal dieselbe Aufforderung Gottes in Sure 16,43 (vgl. auch Sure 17,101):

»Und Wir haben vor dir nur Männer gesandt, denen Wir Offenbarungen eingegeben haben. So fragt die Besitzer der (sc. früheren) Mahnung, wenn ihr nicht Bescheid wißt.«

Muhammad geht also – sozusagen auf ausdrückliche Anweisung Gottes hin – von ihm vorangehenden Gottesoffenbarungen aus. Der Koran steht in einer – wenngleich auch kritischen – *Kontinuität* göttlicher Offenbarungsinhalte, an die dieser bewußt und ohne Berührungsängste anknüpft. Folglich stellt später auch die islamische Koranexegese (*tafsîr*) die Frage nach dem Verhältnis von Originalität und Kontinuität, oder, anders ausgedrückt, von Koran und vorislamischer Gottesoffenbarung. Bemühungen der Kommentatoren, Aussagen des Korans im Allgemeinen und solche über Abraham, Mose, Jesus usw. im Besonderen gegebenenfalls aus der jüdisch-christlichen Tradition (*Isrâ'îlîyât*) herzuleiten und sich deshalb in verfügbaren syrischen und arabischen Bibelübersetzungen kundig zu machen, waren im Prinzip durch Verse wie Sure 10,94 und Sure 16,43 legitimiert. Nicht erst christliche Apologeten, sondern bereits muslimische Koranexegeten weisen auf vergleichbare Worte Jesu und christologische Motive in der vorislamischen christlichen Tradition hin. Auch ich werde in meiner Darstellung des koranischen Jesus, die sich an der muslimischen Koranauslegung orientiert, ohne ihr sklavisch zu folgen, auf diese traditionsgeschichtlichen Zusammenhänge hinweisen und die Aussagen des Korans über Jesus mit denen der neutestamentlichen sowie der außerkanonischen Evangelien über Jesus vergleichen.

KAPITEL 2

Häufige Namen des Korans für Jesus

Fünfzehn Suren des Korans erwähnen Jesus oder beziehen sich auf ihn in etwa 108 Versen: in sechs Suren, die in Mekka offenbart wurden, sowie in neun Suren, die Muhammad in Medina empfing.[17] Am ausführlichsten ist von Jesus in drei Suren die Rede, deren Namen bzw. Titel sich auch direkt auf ihn beziehen. Die dritte Sure (»Die Sippe Imrans«) benennt das »vor den Weltenbewohnern erwählte« Geschlecht, aus dem Jesus stammt (Vers 33). Mit ʿImrân ist Amram gemeint, der in Numeri (4. Buch Mose) 26,59 als der Vater Moses, Aarons und Mirjams bezeichnet wird. Er gilt als der Vorfahre, ja Urahne Jesu. Im Mittelpunkt der Sure steht die medinische Kindheitserzählung Jesu (Verse 42ff). Die fünfte Sure, die al-mâʾidah (der »Speisetisch« oder »die aufgetischte Speise«) heißt, nimmt Bezug auf eines der Wunder Jesu (Verse 112ff). Sure 19 schließlich trägt den Namen »Maria« (Maryam), der Mutter Jesu. Im Mittelpunkt steht hier, neben und mit Maria, die ältere mekkanische Kindheitserzählung Jesu (Verse 16ff).

Wie wir im Verlauf der Darstellung immer wieder sehen werden, interpretiert und würdigt der Koran die Gestalt und das Geschick Jesu durch *Namen und Titel* und bringt mit ihnen das von Jesus Berichtete auf den Punkt. Die Christologie des Korans summiert und pointiert sich in diesen Namen und Würdetiteln Jesu. Namen sind, zumal im Orient, alles andere als Schall und Rauch. Sie sind der Inbegriff von Ansehen und Würde, sie sind Ausdruck der Macht und des Charismas ihres Trägers, sie stellen gewissermaßen das Konzentrat seiner Identität dar. Insofern muß den Namen und Titeln Jesu besondere Aufmerksamkeit gezollt werden: sie stellen die *innerkoranische Primärdeutung der Person Jesu* dar. Wir fragen zunächst: welches sind die häufigsten Namen und Titel Jesu im Koran?

ʿÎsâ – mit diesem Namen wird Jesus 25mal im Koran genannt.[18] An 16 dieser 25 Stellen wird Jesus zusätzlich »Sohn Marias« (*ʿÎsâ ibn Maryam*) genannt. Darauf werden wir im Zusammenhang der Geburt Jesu zurückkommen. Insgesamt elfmal, auffälligerweise ausschließlich in medinischen Suren, wird Jesus »der Messias« (*al-masîḥ*) genannt (Sure 3,45; 4,157.171.172; 5,17 [2x].72 [2x].75; 9,30.31). Schon in vorislamischer Zeit und bis auf den heutigen Tag ist *ʿAbd al-masîḥ* (»Diener des Messias«) ein recht häufiger Vorname unter christlichen Arabern. *Al-masîḥ* ist die arabisierte Form des syrischen *mᵉšîḥâ*, das seinerseits die wörtliche Übersetzung des griechischen *ho christós* ist. Achtmal wird Jesus auch mit dem judenchristlichen Titel *al-masîḥ ibn Maryam* erwähnt (Sure 3,45; 4,157. 171; 5,17 (2x). 72. 75; 9,31).

Die etymologische Herleitung und inhaltliche Bedeutung des Messias-Titels im Koran wird von den klassischen islamischen Kommentatoren recht unterschiedlich erklärt. Sie weicht in jedem Fall erheblich von den Bedeutungen ab, die aus der jüdisch-christlichen Tradition bekannt sind.[19] »Messias« begegnet in der Hebräischen Bibel als Titel für den davidischen König Israels. Nach dem Babylonischen Exil wird er zum Eigennamen für den erwarteten Davididen, der Israel politisch befreien und durch die Macht seines Wortes »bis an die Enden der Erde« in Frieden und Gerechtigkeit regieren soll. Die jüdische Messiashoffnung depotenzierte im Laufe der Zeiten den Messias im Sinne herrschaftlicher Machtausübung im selben Maße, wie sie seinen Herrschaftsanspruch universal ausweitete. Mit diesen Vorstellungen hat der Koran nichts im Sinn. Muslime deuten *al-masîḥ* in ganz anderer Weise. Die vier häufigsten Deutungen, die sehr unterschiedliche Aspekte der Wirksamkeit Jesu in den Blick nehmen, verstehen *al-masîḥ* entweder in einem aktiven oder in einem passiven Sinne:

1. »Der Messias« meint: *der Wandernde*. Die meisten klassischen Kommentatoren halten es für möglich, daß der Titel von *sâḥa* (wandern, reisen) kommt. Jesus heißt so, weil er der immerzu Wandernde gewesen sei. Dieser Deutung sind die mystisch geprägten Koranausleger ebenfalls gefolgt. Sie sehen in Jesus den *Imâm al-sâʾiḥîn*, das »Vorbild« für die Armut, die Bedürfnislosigkeit und (spirituelle) Wanderschaft des Mystikers.[20]
2. »Der Messias« meint: *der Salbende*. Das Wort wird von *masaḥa* (berühren, streichen, salben) abgeleitet. Der Ausdruck verweist

auf Jesus als den Wunderheiler, der etwa zum Zwecke der Heilung Blinder über deren Augen gestrichen hat (Sure 3,49).
3. »Der Messias« meint *der* – durch den Engel Gabriel – von jeglicher Sünde *Gereinigte*. Der Titel bezieht sich auf Jesus als den sündlosen Gesandten Gottes.
4. »Der Messias« meint: *der Gesegnete*. Jesus wird so genannt, weil er gleichsam mit dem Segen Gottes gesalbt wurde. Der Messias ist der besonders von Gott Gesegnete (*mubârak*), wie er in Sure 19,31 selber von sich sagt: »Und Er machte mich gesegnet, wo immer ich bin.«

Auf einzelne Aspekte der Person Jesu wie etwa seine Mariensohnschaft, die Frage seiner Sündlosigkeit oder seiner Wundertätigkeit werden wir später ausführlicher zurückkommen. An dieser Stelle sei lediglich betont: Wie auch immer im Einzelnen die Herleitungen und Interpretationen muslimischer Exegeten lauten mögen, es darf bei der Bezeichnung Jesu als »der Messias« im Koran keine irgendwie christlich-theologische Bedeutung etwa im Sinne der Zweinaturenlehre unterstellt bzw. hineingelesen werden, wie das christliche Theologen seit den Tagen des Johannes von Damaskus und Theodor Abû Qurra immer wieder getan haben. Der Koran hat das heilsgeschichtliche Problem der Messianität Jesu in dem Sinne, wie es kontrovers zwischen Juden und Christen bis heute diskutiert wird, nirgendwo erkennbar vor Augen. An seinen eigenen theologischen Voraussetzungen gemessen, impliziert die Bezeichnung »der Messias« im Koran keinerlei wie auch immer verstandene göttliche Würde Jesu, wie das im Zuge der christologischen Lehrentwicklung in der Alten Kirche für viele Christen zunehmend mit diesem Titel der Fall war. Noch im ältesten Judenchristentum hatte der Messias-Titel eine überragende Bedeutung im Sinne einer bloßen Adoptionschristologie (Erhöhung Jesu zum nichtgöttlichen »Sohn Gottes« durch den Adoptionsakt der Auferweckung). Doch gerade in den orientalischen Kirchen – besonders in der Äthiopischen Kirche – wurde der Messias-Titel ebenfalls zentral, doch nun umgekehrt als Ausdruck einer monophysitischen Deszendenzchristologie (Herabkunft des rein göttlichen gedachten Messias). Muslimische Theologen wie beispielsweise Muhammad Hamidullah betonen demgegenüber mit Recht, daß der Koran christlich vorgeprägten Begriffen in der Regel einen neuen, nämlich *theozentrischen* Sinn gegeben habe:

11

»Der Koran läßt sich dazu herab, bestimmte gängige Begriffe (beispielsweise bei den Christen) zu gebrauchen – doch so, daß er ihnen allen einen neuen Sinn, eine neue Richtung, in Übereinstimmung mit dem reinen Monotheismus, gibt.«[21]

Um hier jeglichen Mißverständnissen auf beiden Seiten vorzubeugen, sollte man *al-masîh* im Deutschen vielleicht besser nicht mit »(der) Christus«, sondern mit »der Messias« wiedergeben, wie das bereits Friedrich Rückert getan hat. Es macht theologisch einen bedeutenden Unterschied, ob ein arabisch sprechender Christ zu Jesus *al-masîh* sagt, oder ob dies ein Muslim im Sinne des Korans tut und dabei die Gestalt Jesu in völlig anderer Weise vor Augen hat. Die tendenziell christianisierende Übersetzung von *al-masîh* mit »Christus« – so Khoury und schon Paret – läßt indirekt christologische Obertöne einer Göttlichkeit oder zumindest einer Gottähnlichkeit Jesu anklingen, die im koranischen *al-masîh* weder gemeint noch gewollt sind. Das sollte eine Übersetzung, die dem Selbstverständnis des Korans zu entsprechen versucht, berücksichtigen. Im Folgenden wird darum bei den Zitaten aus Khourys Übersetzung »Christus« stets durch »der Messias« ersetzt.

KAPITEL 3

Die Ankündigung und Empfängnis Jesu

Zweimal und ausführlich wie nirgends sonst erzählt der Koran von der Ankündigung der Geburt Jesu und seiner Empfängnis in Maria. Beide Berichte sind mehr oder weniger parallel gestaltet zur Ankündigung Johannes des Täufers an Zacharias in den jeweils vorangehenden Versen. Der zeitlich ältere Abschnitt findet sich in Sure 19, in der mekkanischen Kindheitserzählung:

»16 Und gedenke im Buch der Maria, als sie sich von ihren Angehörigen an einen östlichen Ort zurückzog. 17 Sie nahm sich einen Vorhang vor ihnen. Da sandten Wir unseren Geist zu ihr. Er erschien ihr im Bildnis eines wohlgestalteten Menschen. 18 Sie sagte: ›Ich suche beim Erbarmer Zuflucht vor dir, so du gottesfürchtig bist.‹ 19 Er sagte: ›Ich bin der Bote deines Herrn, um dir einen lauteren Knaben zu schenken.‹²² 20 Sie sagte: ›Wie soll ich einen Knaben bekommen? Es hat mich doch kein Mensch berührt, und ich bin keine Hure.‹ 21 Er sagte: ›So wird es sein. Dein Herr spricht: Das ist Mir ein leichtes.²³ Wir wollen ihn zu einem Zeichen für die Menschen und zu einer Barmherzigkeit von Uns machen.²⁴ Und es ist eine beschlossene Sache.‹ 22 So empfing sie ihn (sc. Jesus). Und sie zog sich mit ihm zu einem entlegenen Ort zurück.«

Rätselhaft ist die Rede vom »östlichen Ort« (*makânan šarqîyan*) in Vers 16 und vom »Vorhang« oder auch »Schleier« (*ḥiǧâb*) in Vers 17. Viele Kommentatoren – etwa Ibn Kathîr (gest. 1373), Yusuf Ali (gest. 1953) oder Asad (gest. 1992) – verstehen unter jenem Ort eine im Osten des Tempels gelegene Kammer, in die Maria sich zurückgezogen habe, um sich ungestört dem Gebet und der Meditation zu widmen. Manche christliche Theologen und Orientalisten – z.B. Wilhelm Rudolph, Rudi Paret, Heribert Busse – hingegen verweisen in ihren Auslegungen auf Ezechiel 44,1f und

13

die typologische Auslegung dieser Verse bei den Kirchenvätern
Ambrosius und Hieronymus in dem Sinne, daß allein Christus
derjenige sei, welcher die geschlossenen Pforten des jüngfräulichen
Schoßes bei seiner Geburt geöffnet habe. Andere christliche Ausleger vermuten in diesem Vers eine vage Erinnerung an die apokryphe christliche Tradition von der Anfertigung des Tempelvor-
hangs durch Maria.[25]

Wie im Lukasevangelium, hat Maria auch in der mekkanischen
Kindheitserzählung eine *Vision:* »unser Geist« (*rûhanâ*) tritt an
Maria heran. Damit kann nach allgemein muslimischer Auffassung
nur der Engel Gabriel gemeint sein. Schon in Lukas 1,26 wird der
Engel, der Maria erscheint, ausdrücklich »Gabriel« genannt.[26]
»Unser Geist«, also Gabriel, erscheint Maria offenbar in Gestalt
eines schönen Mannes. Tabarî (gest. 923) vermutet, es sei die Gestalt Josefs, des Zimmermanns, gewesen. Zamakhsharî (gest. 1144)
führt aus:

> »Als sie (sc. Maria) nun an der Stelle war, an der sie sich zu reinigen
> pflegte, kam der Engel zu ihr als ein junger, bartloser Mensch mit rei-
> nem Antlitz, gelocktem Haar und ebenmäßigem Körperbau, ohne daß
> er als menschliche Erscheinung (*ṣûra*) einen Makel aufgewiesen hätte
> (...). Er stellte sich ihr in der Erscheinung eines Menschen dar, damit sie
> mit seiner Sprache vertraut sei und nicht vor ihm fliehen würde. Wäre er
> nämlich in der Erscheinung eines Engels bei ihr aufgetreten, wäre sie ge-
> flohen und hätte sich seine Sprache nicht anhören können.«[27]

Zum Vergleich: der Bericht von der Ankündigung Jesu durch Gabriel nach Lukas 1,26-38 macht keine Angaben zur äußeren Gestalt des Engels. Im außerkanonischen Pseudo-Matthäusevangelium, das allerdings erst im 9. Jahrhundert verfaßt wurde, erscheint
Gabriel der Maria als schöner junger Mann (Kapitel 9).

Maria, erschrocken über diese Erscheinung, reagiert dem Koran zufolge mit einer Unheil abwehrenden Schutzformel: »›Ich suche beim Erbarmer Zuflucht vor dir, so du gottesfürchtig bist.‹«
Durch ihr Zufluchtnehmen zu Gott stellt Maria, so Zamakhsharî,
ihre Gottesfurcht und Sittsamkeit unter Beweis. Daher könne sie
zunächst dem »Geist« keinen Glauben schenken (Vers 20):

> »›Wie soll ich einen Knaben bekommen? Es hat mich doch *kein*
> *Mensch* berührt, und *ich* bin keine Hure‹«.

Gemäß Lukas 1,26ff reagiert Maria ebenfalls erschrocken, aber ohne eine Zufluchtsformel zu verwenden. Ihre Antwort auf die Verheißung des Engels lautet (Vers 34):»Wie soll das geschehen, da *ich* keinen Mann erkenne?«Beim Vergleich beider Antworten fällt auf: dem Neuen Testament zufolge ist Marias Antwort von ihr selber her gedacht. Nie würde *sie* sich eine solche Unsittlichkeit zuschulden lassen kommen. Gemäß dem Koran jedoch denkt Maria vom Mann her, der sich an ihr vergehen könnte, *und* von sich selber her und bringt damit treffend zum Ausdruck, daß bei sexuellen Vergehen oftmals die Schuld nicht einfach nur bei einem der beiden Partner liegt, sondern beide ihren Teil dazu beitragen.[28] Die Formulierung der Antwort Marias aus der Perspektive auch des Mannes veranlaßt Râzî (gest. 1210) bei der Auslegung von Vers 18 zu der Überlegung, Maria rechne bei der Schutzformel damit, daß ihr Besucher gottesfürchtig (*taqî*) sei und sich nicht an ihr vergehen wolle.[29]

Der Besucher bezeichnet den Knaben, den Maria empfangen soll, als »lauter, rein« (*zakî*). Tabarî versteht dieses Wort ganz selbstverständlich im Sinne der Sündlosigkeit Jesu, ein Aspekt, auf den wir im fünften Kapitel zurückkommen werden. Râzî bietet in derselben Richtung gleich drei Auslegungsmöglichkeiten an:

»(1) Er (sc. der Jesusknabe) war rein von Sünden. (2) Er wuchs in Rechtschaffenheit auf. (...) (3) Er war makellos und rein in jeder Hinsicht, die erforderlich war für seine Eignung, als Prophet gesandt zu werden.«

Zamakhsharî verweist bei der Auslegung der Worte »so empfing sie ihn« auf die Erklärung des ʿAbdallah ibn ʿAbbâs (gest. 687/88): so

»fand Maria Beruhigung in den Worten des Engels, und so trat dieser nahe an sie heran und hauchte unter ihr Hemd, worauf der Hauch in ihren Leib gelangte und sie schwanger ward.«[30]

An zwei Stellen spricht der Koran in der Tat ausdrücklich davon, daß Maria Jesus durch das Einhauchen des göttlichen Geistes empfangen habe (Sure 66,11f, ähnlich 21,91):

»Und Gott hat für die, die glauben, (...) als Beispiel angeführt (...) Maria, die Tocher ʿImrâns, die ihre Scham unter Schutz stellte, worauf Wir in sie von unserem Geist bliesen. Und sie hielt die Worte ihres

15

Herrn und seine Bücher für wahr und gehörte zu denen, die (Gott) demütig ergeben sind«.

Râzî führt aus, daß Gabriel Maria die Geburt Jesu angekündigt und ihr von seinem Atem eingeblasen habe. Nach Râzî und etwa auch Tabarsî (gest. 1153) ist Gabriel Jesu ständiger Wegbegleiter in allen Situationen; der Engel werde schließlich auch bei seiner Erhöhung dabei sein. Im nochmaligen Vergleich mit Lukas 1,26-38 fällt auf, daß der Koran nicht zwischen der Ankündigung der Geburt Jesu durch Gabriel und der Empfängnis Jesu unterscheidet. Vielmehr sind beide Vorstellungen offenbar miteinander verschmolzen. Dieser Sachverhalt sowie die »männliche« Beschreibung des »Geistes« hat einzelne Kommentatoren – z.b. Râzî – dazu gebracht, Gabriel mehr oder weniger direkt als den biologischen Erzeuger Jesu anzusehen – eine Auffassung, die ganz sicher nicht die Intention des Korans trifft.[31]

Abschließend sei zu dieser Szene bemerkt: das Motiv des doppelten sich Zurückziehens Marias (Verse 16 und 22) bildet eine Klammer um die Ankündigungsszene. Sie ist weniger geographisch als vielmehr theologisch zu verstehen: Maria zieht sich von ihren Mitmenschen *vollständig* zurück. Die sich wiederholende Erwähnung des Rückzugs betont die schlechthinnige Empfänglichkeit Marias. Nur so, fern von allen Menschen, mithin von allen menschlichen Möglichkeiten – etwa einer zeugenden Mitwirkung –, kann sie dem Engel begegnen, die Verheißung hören, Jesus jungfräulich empfangen und dann zur Welt bringen. Maria hält sich nunmehr, für die gesamte Zeit ihrer Schwangerschaft bis zur Geburt Jesu, an einem »entlegenen Ort« (*makânan qaṣîyan*) auf. Über ihn macht der Koran keine näheren Angaben – entsprechend vielfältig sind freilich die Spekulationen der islamischen Ausleger, auf die wir jedoch nicht näher eingehen.

Aus der besonderen Rolle des »Geistes« im Zusammenhang der Ankündigung der Geburt Jesu resultiert der nach *Ibn Maryam* im (Volks-) Islam gebräuchlichste Titel Jesu: »Geist Gottes«. Im Koran selber wird Jesus nur an einer einzigen Stelle »Geist von Gott« (*rûḥ min Allâh*) genannt. In Sure 4,171 heißt es:

»Der Messias Jesus, der Sohn Marias, ist doch nur der Gesandte Gottes und sein Wort, das er zu Maria hinüberbrachte, und ein Geist von Ihm.«

Die besondere Ehrenbezeichnung als »Geist Gottes« kommt den Koranauslegern zufolge Jesus deshalb zu, weil Maria ihn *ausschließlich* durch den Geist empfangen habe. Diese Interpretation wird gestützt durch Sure 21,91; 66,12, denenzufolge Gott Maria – die Exegeten meinen: entweder unmittelbar oder durch Gabriel als den Mund Gottes – von seinem Geist »eingeblasen« bzw. »eingehaucht« (*nafaḫa*) hat. Jesus verdankt sein Dasein ausschließlich einem göttlichen Schöpfungsakt, ganz so, wie Gott auch Adam bei dessen Erschaffung seinen Geist eingehaucht hat.[32]

Der »Geist«-Titel bringt mithin nicht nur die jungfräuliche Empfängnis Jesu in Maria, sondern die reine Geschöpflichkeit des Menschen Jesus zum Ausdruck. Darüber hinaus heißt Jesus im Koran »Geist«, weil er mit dem »Geist der Heiligkeit« (*rûḥ alqudus*) von Gott begabt und gestärkt war, um seinen prophetischen Auftrag erfüllen zu können. Jesus heißt schließlich »Geist«, weil er in der Kraft des Heiligen Geistes als Gottes Gesandter wirkte. Schließlich symbolisiert Jesus in seiner Person Spiritualität, wie dieser Titel ebenfalls deutlich macht, worauf insbesondere schiitische und sufische Ausleger hinweisen. Sie sprechen gerne von der »Geistnatur« (*rûḥânîya*) Jesu.[33]

Das Neue Testament berichtet zweimal von der Ankündigung der Geburt Jesu: an Josef (Matthäus) und an Maria (Lukas). Auch der Koran überliefert diese Szene doppelt, doch beidesmal allein mit Maria, wohingegen Josef im Koran nirgends erwähnt wird, ebensowenig wie die Orte Nazareth oder Bethlehem. Der zweite, etwa zehn Jahre jüngere Abschnitt über die Ankündigung der Geburt Jesu im Koran steht in der medinischen Kindheitserzählung in Sure 3:

»42 Als die Engel sagten: ›O Maria, Gott hat dich auserwählt und rein gemacht, und Er hat dich vor den Frauen der Weltenbewohner auserwählt. 43 O Maria, sei deinem Herrn demütig ergeben, wirf dich nieder und verneige dich mit denen, die sich verneigen.‹ 44 Dies gehört zu den Berichten über das Unsichtbare, die Wir dir offenbaren. Du warst ja nicht bei ihnen, als sie ihre Losstäbe warfen, wer von ihnen Maria betreuen solle. Und du warst nicht bei ihnen, als sie miteinander stritten.[34] 45 Als die Engel sagten: ›O Maria, Gott verkündet dir ein Wort von Ihm, dessen Name der Messias Jesus, der Sohn Marias, ist; er wird angesehen sein im Diesseits und Jenseits, und einer von

17

denen, die in die Nähe (Gottes) zugelassen werden. 46 Er wird zu den Menschen sprechen in der Wiege und als Erwachsener und einer der Rechtschaffenen sein.‹ 47 Sie sagte: ›Mein Herr, wie soll ich ein Kind bekommen, wo mich kein Mensch berührt hat?‹ Er sprach: ›So ist es; Gott schafft, was Er will. Wenn Er eine Sache beschlossen hat, sagt Er zu ihr nur: Sei!, und sie ist.‹«

Anders als in der mekkanischen Kindheitserzählung hat Maria in diesem Bericht keine Vision, sondern eine *Audition*. Auch ist hier nicht von einem »Geist« (Gabriel) die Rede, sondern von einer Mehrzahl wohl unsichtbar bleibender Engel.[35] Im Übrigen stimmen beide koranischen Geschichten der Sache nach überein. Im Hinblick darauf, daß Jesus kraft des schöpferischen Wortes Gottes und mittels des göttlichen Geistes erschaffen wurde, steht er vor Gott nicht anders da als Adam. Auch von ihm sagt der Koran beides aus. Sure 3 benennt diesen Vergleich zwischen Jesus und Adam ausdrücklich einige Verse später. In Sure 3,59 ist zu lesen (nach der Übersetzung Parets):

> »Jesus ist (was seine Erschaffung angeht) vor Gott gleich wie Adam. Den erschuf er aus Erde. Hierauf sagte er zu ihm nur: sei!, da war er.«

Daß Gott *solo verbo,* allein durch sein Wort, schöpferisch handelt, ist bereits in vorislamischer Zeit, in der jüdischen und christlichen Tradition, eine selbstverständliche Glaubensauffassung gewesen, wie der Anfang der Bibel (Genesis 1,1ff), Psalm 33,9 oder etwa der Beginn des Johannesevangeliums (1,1-3) zeigen. Jesus ist dem Koran zufolge mit Adam von allen übrigen menschlichen Geschöpfen unterschieden. Sie sind die einzigen Menschen ohne irdischen Vater, wobei es, wie Zamakhsharî erläutert, mit Adam eigentlich noch wundersamer zugegangen sei, insofern er nicht einmal eine irdische Mutter hatte. Adam und Jesus sind Geschöpfe unmittelbar des Wortes Gottes – wie die Schöpfung als solche. Und wie diese nach koranischem Zeugnis voller Zeichen und Hinweise auf Gott ist, so ist Jesus sogar schon vor seiner Geburt ein auf Gottes Allmacht verweisendes Zeichen. Ahmad von Denffer erläutert:

> »Die wundersame Zeugung und Geburt von Jesus ist zwar nicht alltäglich, aber kein Grund, in Jesus etwas Übermenschliches zu sehen, wie das ja mit ihm später geschehen ist. Vielmehr ist Jesus (...) ein Zeichen der Allmacht Allahs. Die wundersame Zeugung und Geburt von

Jesus, von der im Koran ja ebenfalls berichtet wird, ist also nicht ein Hinweis auf die Besonderheit Jesu, sondern ein Hinweis auf die Besonderheit, die Einzigkeit Gottes.«[36]

Ein weiterer Würdetitel des Korans für Jesus in diesem Zusammenhang lautet »Wort« (*kalimah*) Gottes bzw. »Wort von Gott«. An zwei Stellen wird Jesus explizit so genannt: in der oben zitierten Sure 3,45 sowie in Sure 4,171, wo es von ihm heißt, er sei »der Gesandte Gottes und sein Wort, das er zu Maria hinüberbrachte«. Ein dritter, impliziter Beleg für den »Wort Gottes«-Titel Jesu ist Sure 3,39, wo es über Johannes den Täufer an die Adresse des Zacharias heißt:

»Da riefen ihm die Engel, während er im Heiligtum stand und betete, zu: ›Gott verkündet dir Yaḥyâ; er wird ein Wort von Gott bestätigen und wird Herrscher, Asket und Prophet sein, einer von den Rechtschaffenen.‹«

Seit Tabarî beziehen die klassischen wie auch die zeitgenössischen muslimischen Kommentatoren selbstverständlich die Wendung »ein Wort von Gott« (*kalimah min Allâh*) auf Jesus. Mit diesem Titel kann vielerlei (zugleich) gemeint sein. In seinem Kommentar zu Sure 3,45 führt Tabarî mehrere Deutungen an, deren erste er selber favorisiert: *kalimah* beziehe sich auf die Botschaft des Engels an Maria. Jesus heiße also »Wort«, weil er durch eine verbale Engelsbotschaft Maria angekündigt wurde. Andere Exegeten meinen, Jesus werde »Wort« genannt, weil er durch das göttliche »Sei!« ins Dasein gerufen wurde. In ihm manifestiere sich Gottes allmächtiger Schöpferwille. Für diesen Sinn, den Tabarî als zweites aufführt, plädiert Zamakhsharî, der erklärt: Jesus werde mit diesem Titel so genannt, »weil er allein durch das Wort und den Befehl Gottes und nicht mittels eines Vaters und eines Spermas entstanden ist.«[37]

Es finden sich unter den Kommentatoren auch solche, die diesen Titel darauf beziehen, daß Jesus durch das Wort der Propheten vorhergesagt worden sei. Râzî, der noch wesentlich mehr Deutungen als Tabarî aufführt, versteht Jesu Wort-Sein ebenso wie sein Geist-Sein auch in dem Sinne, daß er als Person die frohe Botschaft von Gottes Barmherzigkeit verkörpere. Ähnlich deutet auch Sayyid Qutb (gest. 1966) in seinem Kommentar zu Sure 3,45: »›Messias‹ ist ein anderer Ausdruck für ›Wort‹, doch in Wirklichkeit ist er (sc. Jesus) selbst das ›Wort‹«.[38]

19

An dieser Stelle ist wiederum äußerste Vorsicht bei der Interpretation geboten. Auch wenn Jesus im Koran geradezu als die Personifizierung des Schöpferwortes Gottes gilt, hat dieser Titel, der sich historisch mit Sicherheit der christlichen Tradition verdankt, im Koran theologisch nichts zu tun mit dem christlichen Verständnis vom »göttlichen Logos« und den damit verbundenen christologischen und trinitarischen Aussagen.[39] Christologische Hoheitstitel im Koran dürfen nicht christianisierend interpretiert werden, wie wir bereits bei der »Messias«-Prädikation sahen. Stets ist der konsequent theozentrische Sinn dieser Titel im Auge zu behalten.

Wie im Koran, kommt schon im Neuen Testament der Titel oder Name »Wort Gottes« bzw. »Wort des Lebens« nur selten vor (1 Johannes 1,1; Offenbarung 19,13). Absolut gebraucht und personifiziert gedacht, taucht »das Wort« im Johannesprolog auf (Johannes 1,1-3.14), wo von der »Fleischwerdung« des Logos in einer Weise die Rede ist, die über alles bisher Vorgedachte hinausgeht. Wie immer Jesu Bezeichnung als »Wort« im Koran gedeutet werden mag: deren Pointe besteht wie auch bei seiner Bezeichnung als »Geist« darin, die *Nichtgöttlichkeit* Jesu, mithin sein Geschaffensein unmittelbar durch Gott selbst – kraft seines Geistes bzw. seines Wortes – darzutun. Das wird allein schon daraus ersichtlich, daß Jesus stets »(ein) Geist« bzw. »(ein) Wort« und nicht »*der* Geist« oder »*das* Wort« Gottes genannt wird. Das Insistieren auf dem Geschaffensein Jesu als des »Wortes« rückt den Koran an diesem Punkt in die Nähe der auf Arius (gest. 336) zurückgehenden Christologie, derzufolge Jesus das höchste Geschöpf Gottes ist. Wir werden darauf in Kapitel 7 zurückkommen.

Zusammenfassend kann gesagt werden: Jesu Geschöpflichkeit ist ein unmittelbares Wunder Gottes. Seine irdische Vaterlosigkeit, seine Gottunmittelbarkeit, wird durch die Ehrentitel »Geist von Gott« und »Wort Gottes« ausgedrückt. Diese Titel preisen im Grunde die schöpferische Allmacht *Gottes* und zielen nicht auf Spekulationen über das Wesen Jesu ab.

KAPITEL 4

Die Geburt Jesu

Wie im Neuen Testament, gibt es auch im Koran nur *eine direkte Schilderung* der Geburt Jesu. Matthäus konstatiert auf die Ankündigung der Geburt Jesu an Josef lediglich noch Jesu spätere Geburt; die medinische Kindheitserzählung im Koran läßt der Ankündigung unmittelbar eine Rede Jesu folgen (Sure 3,49ff). Nur Lukas 2 und die mekkanische Kindheitserzählung des Korans beschreiben auch ausführlich und unmittelbar die Vorgänge bei der Geburt Jesu.[40] Nach der Schilderung der Empfängnis und des Rückzugs Marias geht der Bericht in Sure 19 folgendermaßen weiter:

»23 Die Wehen ließen sie (sc. Maria) zum Stamm der Palme gehen. Sie sagte: ›O wäre ich doch vorher gestorben und ganz und gar in Vergessenheit geraten!‹ 24 Da rief er ihr von unten her zu: ›Sei nicht betrübt. Dein Herr hat unter dir Wasser fließen lassen. 25 Und schüttle den Stamm der Palme gegen dich, so läßt sie frische, reife Datteln auf dich herunterfallen. 26 Dann iß und trink und sei frohen Mutes. Und wenn du jemanden von den Menschen siehst, dann sag: Ich habe dem Erbarmer ein Fasten gelobt, so werde ich heute mit keinem Menschen reden.‹ 27 Dann kam sie mit ihm zu ihrem Volk, indem sie ihn trug. Sie sagten: ›O Maria, du hast eine unerhörte Sache begangen. 28 O Schwester Aarons, nicht war dein Vater ein schlechter Mann, und nicht war deine Mutter eine Hure.‹ 29 Sie zeigte auf ihn. Sie sagten: ›Wie können wir mit dem reden, der noch ein Kind in der Wiege ist?‹ 30 Er (sc. Jesus) sagte: ›Ich bin der Diener Gottes. Er ließ mir das Buch zukommen und machte mich zu einem Propheten. 31 Und Er machte mich gesegnet, wo immer ich bin. Und Er trug mir auf, das Gebet und die Abgabe (zu erfüllen), solange ich lebe, 32 und pietätvoll gegen meine Mutter zu sein. Und Er machte mich nicht zu einem unglückseligen Gewaltherrscher. 33 Und Friede sei über mir am Tag, da ich geboren wurde, und am Tag, da ich sterbe, und am Tag, da ich wieder zum Leben erweckt werde.‹ 34 Das ist Jesus, der Sohn Marias. Es ist das Wort der Wahrheit, woran sie zweifeln.«

Jesus wird 16mal im Koran in Verbindung mit seinem Vornamen ʿÎsâ ibn Maryam genannt. Die häufigste Bezeichnung Jesu im Koran (insgesamt 33mal) ist der absolut gebrauchte Zuname: »Sohn Marias« (Ibn Maryam). Das läßt erkennen, daß Maria als Mutter Jesu eine dominierende Rolle in der Christologie des Korans spielt, insbesondere in den mekkanischen Suren. Während Josef überhaupt nicht im Koran erwähnt wird, wird der Name der Mutter Jesu wie selbstverständlich genannt. Mehr noch: Maria ist überhaupt im Koran die einzig namentlich erwähnte Frau! Der Koran definiert Jesu Abstammung matrilinear, wie es in Arabien in vorislamischer Zeit noch weit verbreitet gewesen war und erst allmählich im siebten Jahrhundert vom patrilinearen Abstammungsprinzip verdrängt wurde. Jesus gehört mithin über Maria, die aus dem Geschlecht Aarons stammt, zum jüdischen Stamm Levi (vgl. Sure 3,34-37). Im Neuen Testament wird Jesus nur an einer einzigen Stelle »Sohn Marias« genannt (Markus 6,3); an allen übrigen (literarisch jüngeren) Stellen wird Jesus gemäß dem patrilinearen Abstammungsprinzip der »Sohn Josephs« (Lukas 3,23; 4,22; Johannes 1,45; 6,42) bzw. der »Sohn des Zimmermanns« (Matthäus 13,55) genannt. Die beiden Stammbäume Jesu im Neuen Testament enden (Matthäus 1,1-17) bzw. beginnen (Lukas 3,23-38) ausdrücklich mit Joseph. Ihnen zufolge gehört Jesus, der »Sohn Davids«, zum Stamm Juda.[41]

Bei der Geburtserzählung fällt zunächst jedem, der oder die mit der christlichen Tradition vertraut ist, auf: Jesus wird nicht in einem Stall (Lukas 2,7), einem Haus (Matthäus 2,11) oder einer Höhle (Protevangelium des Jakobus 18) geboren, sondern in der Wüste, unter freiem Himmel. Maria, die offensichtlich bei der Geburt, ebenfalls im Unterschied zur christlichen Überlieferung, ganz alleine ist, wird lediglich von einer Palme beschattet. Außerdem wird nach einem mehrmaligen Lesen des Textes erkennbar, daß die koranische Geburtsgeschichte durch eindrückliche Kontraste gekennzeichnet ist. Dem verzweifelten Wunsch Marias, »ganz und gar vergessen zu sein« (übrigens eine verbreitete Redensart in der arabischen Sprache und Literatur seither!), entspricht das fürsorg-

liche und tröstliche sich an sie Erinnern Gottes. Marias Todes-
sehnsucht steht das Neugeborene, das ihr geschenkt wird, gegenüber. Die doppelte Bitterkeit der physischen Schmerzen bei der
Geburt und seelisch des Gefühls der Schande, ein uneheliches
Kind geboren zu haben, kontrastiert mit der wundersamen Erquickung durch süße Datteln und frisches Quellwasser. Dem
Schweigegelübde der Erwachsenen entspricht das zweimalige
Reden eines Kindes, ihres Sohnes, der die angebliche Schande der
aaronitischen Priestertochter eindrucksvoll widerlegt. Im Folgenden
seien einige der wichtigsten Auslegungsprobleme dieses Textes
beschrieben.

Schon Tabarî diskutiert die Frage, wer in Vers 24 der verzweifelten Maria Mut zuspricht und sie auf die göttliche Hilfe aufmerksam macht. Der Text läßt drei Deutungsmöglichkeiten zu:

1. Es könnte der *eben geborene Jesus* sein, wie Hasan al-Basrî
   (gest. 728) und Tabarî selber meint und so auch aus Parets und
   Khourys Übersetzungen hervorgeht.
2. Es handelt sich um die *Stimme eines Engels.* Viele muslimische
   Kommentatoren halten dafür, daß es Gabriel sei, der zu Maria
   spricht. Ibn Kathîr erklärt:

   »Dies war der Engel Gabriel. Denn Jesus sprach zum ersten Mal, als
   sie (sc. Maria) mit ihm zu ihren Angehörigen kam.«[42]

   Demgemäß könnte man deuten: Es ist stets Gabriel, der Maria
   die Wunder Gottes ansagt. Zunächst kündigt er ihr die Geburt
   Jesu an; jetzt macht er sie auf die göttliche Hilfe bei der Geburt
   Jesu aufmerksam.
3. Es ist der noch *ungeborene Jesusknabe,* der Maria anspricht.
   Diese dritte Deutungsvariante wird von wenigen westlichen,
   nichtmuslimischen Auslegern erwogen. Der vor 200 Jahren lebende Johann Christian Wilhelm Augusti argumentiert:

   »Daß der Knabe Jesus schon im Mutterleibe redet, ist eben kein grö-
   ßeres Wunder, als daß er es wenig (sic!) Stunden nach seiner Geburt
   thut«.[43]

Am wahrscheinlichsten zutreffend ist wohl die erste Deutungs-
möglichkeit: daß der eben geborene Jesusknabe zu Maria spricht.
Dafür lassen sich mehrere Gründe anführen. Zunächst einmal ist

von einem Engel im Text gar nicht die Rede – seine Anwesenheit bei Maria (die sich doch vollständig zurückgezogen hatte!) muß schlicht behauptet, kann aber nicht direkt vom Text her begründet werden. Nimmt man an, daß Jesus selber gemeint sei, erklärt sich sodann

> »am leichtesten, wie Maria gleich nachher, ohne sonstige Belehrung, so zuversichtlich erwarten konnte, daß das Kind, statt ihrer, den sie zu Rede setzenden Verwandten antworten werde«,

wie Carl Friedrich Gerock überzeugend zu bedenken gibt.[44] Schließlich gibt es ein unmittelbar philologisches Argument, das erst vor kurzem von Christoph Luxenberg beigebracht worden ist.

Bislang war – ganz unabhängig von der Frage nach dem Sprecher – die Deutung der Wendung im Korantext *min taḥtihâ* (Vers 24) unter den Auslegern sehr umstritten. Man übersetzt den Ausdruck in der Regel: »unterhalb von ihr« und bezieht die weibliche Form am Ende entweder auf Maria selbst (so die meisten klassischen Kommentatoren, die von der Vorstellung geleitet sind, daß der Jesusknabe »unten« auf Marias Schoß oder auf der Erde liegt[45]), oder auf die Palme: das Kind liege unter dem schattigen Baum bei Maria, wie sich schon Qatâda (gest. 735) die Szene vorstellt und in neuerer Zeit zahlreiche muslimische Kommentatoren wie etwa Muhammad Asad, Ahmad von Denffer oder Abdullah Yusuf Ali.

Alle diese Überlegungen und Spekulationen in bezug auf einen Engel und den Palmbaum erübrigen sich jedoch mit einem Schlag angesichts des philologischen Nachweises, den jetzt (2000) Christoph Luxenberg erbracht hat. Luxenberg vermag zu zeigen, daß die unklare Wendung im Korantext *min taḥtihâ* wohl auf einen syrisch-aramäischen Ursprung zurückgeht, der offenbar schon von den ältesten muslimischen Kommentatoren nicht mehr als solcher erkannt worden war. In Vers 24 sei nicht gemeint: »Da rief er ihr *von unten her* zu ...«, sondern: »Da rief er ihr *sogleich nach ihrer Niederkunft* zu ...«.[46] Damit ist zugleich völlig evident, daß der zu Maria Sprechende kein anderer als der eben geborene Jesusknabe sein kann.

Eine zweite Frage, die sich bei der Auslegung der Geburtsgeschichte stellt, ist: Was hat es mit dem der Geburt Jesu unmittelbar folgenden Wunder der Erquickung Marias auf sich, von dem weder im Neuen Testament bei Lukas noch im Protevangelium des Jakobus die Rede ist? Wir rufen uns nochmals den Text (in korrigierter Übersetzung) in Erinnerung:

»24 Da rief er ihr sogleich nach ihrer Niederkunft zu: ›Sei nicht betrübt. Dein Herr hat unter dir Wasser fließen lassen. 25 Und schüttle den Stamm der Palme gegen dich, so läßt sie frische, reife Datteln auf dich herunterfallen. 26 Dann iß und trink und sei frohen Mutes. (...)‹«

Auch im schon erwähnten außerkanonischen Pseudo-Matthäusevangelium (Kapitel 20) wird von einem ähnlichen Wunder wie hier in Sure 19 berichtet – freilich mit erheblichen Unterschieden, die von westlichen Koranauslegern meist nicht deutlich genug beachtet worden sind. Zunächst ist festzustellen: die wundersame Erquickung Marias ist im Koran als ein *göttliches* Wunder beschrieben, auf das der Jesusknabe lediglich hinweist. Gott ist es, der für sie beide eine Quelle oder ein Bächlein fließen läßt. »Dein Herr« (*rabbuki*) in Vers 24 ist im übrigen eine Auskunft, die in der Kindheitserzählung gleich mehrfach auftaucht und sich zu einer Art Glaubensbekenntnis steigert. Zunächst begegnet der Begriff zweimal im Kontext der Ankündigung der Geburt Johannes des Täufers (Sure 19,1.9 an Zacharias). Weiter taucht er zweimal auf im Munde Gabriels an Maria (Vers 19.21). Dann an dieser Stelle im Munde des Jesusknaben, erneut an Maria; und schließlich gipfelnd in Vers 36 als Wort Jesu, bezogen auf Maria, ihre Zeitgenossen und sich selbst: »Gott ist mein und euer Herr.«

Was im Koran als Wunder Gottes geschildert wird, begegnet bei Pseudo-Matthäus als Wundertat des Jesusknaben. Auch ist die Ausgangssituation eine andere: Maria befindet sich mit Joseph und dem Jesuskind längst auf der Flucht nach Ägypten, während das Wunder im Koran im Kontext der Geburt Jesu geschildert wird. Pseudo-Matthäus erzählt dann weiter: Im Schatten einer Palme ruht sich Maria aus. Hungrig sieht sie zu den Früchten in der Krone der Palme hinauf. Auch haben sie nichts zu trinken. Während dem Koran zufolge Maria aufgefordert wird, den Stamm der Palme zu schütteln – ein Wunder bleibt es freilich, daß sie dazu eine außerordentliche Kraft verliehen bekommt und daß überhaupt ausgerechnet diese Palme Früchte trägt! –, ist dieses Motiv bei Pseudo-Matthäus zum Mirakel gesteigert: auf den Befehl des Jesuskindes neigt die Palme ihre Äste zu Boden und alle laben sich an ihren Früchten. Daraufhin

»sprach Jesus zu ihr: ›Richte dich auf, Palme, werde stark und geselle dich zu meinen Bäumen, die im Paradies meines Vaters sind. Und erschließe unter deinen Wurzeln eine Wasserader, die in der Erde verborgen ist, und die Wasser mögen fließen, damit wir aus ihr unseren Durst stillen.‹ Da richtete sie sich sofort auf, und eine ganz klare, frische und völlig helle Wasserquelle begann an ihrer Wurzel zu sprudeln. Als sie aber die Wasserquelle sahen, freuten sie sich gewaltig, und sie löschten ihren Durst, sie selber, alle Lasttiere und alles Vieh. Dafür dankten sie Gott.«[47]

Daß das relativ nüchterne Wunder der Erquickung Marias im Koran irgendwie von diesem apokryphen Palm- und Quellmirakel abhängig sei, wie seit langem immer wieder vermutet worden ist, erscheint mir völlig abwegig.[48] Eher dürfte das Gegenteil der Fall sein, falls überhaupt ein direkter motivgeschichtlicher Zusammenhang besteht. Denn

– das koranische Wunder der Erquickung Marias ist literarisch rund 150 bis 200 Jahre älter als die apokryph-christliche Variante;
– im Laufe der Tradierung von Wundern und ähnlichen Geschichten werden die wundersamen Erzählzüge in der Regel noch gesteigert und ausführlicher erzählt und nicht umgekehrt;
– das Motiv begegnet zwar bereits in der apokryphen Evangelientradition der vorkoranischen Zeit, aus dem auch das im sechsten bis siebten Jahrhundert entstandene Arabische Kindheitsevangelium schöpft. Aber gerade dort (Kapitel 24) findet sich das Wunder in einer völlig anderen Gestalt und ohne das Motiv der Stärkung Marias durch Datteln oder ähnliche Früchte eines Baumes. Das Wunder bezieht sich lediglich auf eine Quelle. Auch dem Arabischen Kindheitsevangelium zufolge ist der Kontext die Flucht Marias und Josephs mit dem neugeborenen Jesusknaben nach Ägypten. Dann heißt es:

»Von da begaben sie sich zu jener Sykomore, die heute Matarea heißt, und der Herr Jesus ließ in Matarea eine Quelle sprudeln, in der die erhabene Maria sein Hemd wusch. Aus dem Schweiß des Herrn Jesus, den sie dort auswrang, ist in jener Gegend Balsam entstanden.«[49]

Die nächste Analogie zur wundersamen Erquickung Marias in Sure 19 ist nicht außerhalb des Korans in der apokryph-christlichen Tradition zu finden, sondern im Koran selber. Von Maria, Jesus und einer Quelle ist auch in Sure 23,50 die Rede:

»Und Wir machten den Sohn Marias und seine Mutter zu einem Zeichen. Und Wir gaben ihnen Unterkunft auf einer Anhöhe mit Grund und Quellwasser.«

Dieser Vers bezieht sich nach Ansicht zahlreicher muslimischer Korankommentatoren von Ibn al-ᶜAbbâs und Tabarî bis Muhammad Asad auf Jesu Erhöhtwerden ins Paradies, von dem vielfach im Koran berichtet wird, daß es von Strömen oder Quellen durchzogen sei. Ebenso vermuteten seit Marracci auch viele christliche Exegeten. Wahrscheinlicher aber ist es, daß Sure 23,50, wie zeitgenössische muslimische Exegeten erklären, in Verbindung mit der Geburt Jesu steht. Die Suche nach Zuflucht und Unterkunft (*awâ*) ist ja ein beherrschender Grundzug der koranischen (und schon der lukanischen) Geburtsgeschichte. Die Koranexegeten lokalisieren den Ort der »Unterkunft« teils in Jerusalem, in Bethlehem, in Ägypten oder identifizieren ihn mit dem in Sure 19 beschriebenen Geburtsort Jesu. Abdullah Yusuf Ali, dessen Auslegung wohl das Richtige trifft, schreibt zu Sure 23,50:

»Es ist nicht nötig, weit nach dem Ort zu suchen, wo Mutter und Kind ein sicherer Schutz gegeben wurde. Er ist in Sure XIX:22-26 beschrieben. Es war der Ort, an den sie sich zurückzog, als der Zeitpunkt der Entbindung nahe kam. Dort gab es eine Früchte tragende Palme, offensichtlich auf hoch gelegenem Grund, denn zu ihren Füßen floß eine Quelle. Sie erholte sich dort in der Abgeschiedenheit, und sie und ihr Kind ruhten sich aus, bis es für Maria Zeit wurde, mit ihrem Kind zu ihrem Volk zurückzukehren.«[50]

Dies bedeutet traditionsgeschichtlich, daß im Koran wohl *zwei unterschiedliche Wundermotive* im Zusammenhang der Geburt Jesu vorliegen. Das allgemeinere Motiv »Baum und Quelle«, das im Arabischen Kindheitsevangelium begegnet, findet sich auch in Sure 23,50. Ob das davon abweichende Motiv der Stärkung Marias in Verbindung mit dem Quellwunder ebenfalls der apokryph-christlichen Tradition entstammt, ist nicht eindeutig zu beantworten. Zumindest ist es dort in vorkoranischer Zeit nicht belegt. Es hat vielmehr seine älteste literarische Bezeugung im Koran (Sure 19,23ff). Die Schilderung bei Pseudo-Matthäus ist erst zu einer Zeit entstanden, als der Islam längst eine religiöse und politische Großmacht war. Mithin könnte sie bewußt im Kontrast zu Sure 19 geschrieben worden sein und insofern vom Koran abhängig sein.[51]

Die Auffassung einer relativen oder gar völligen Unabhängigkeit der koranischen Erzählung über die wundersame Erquickung Marias von der apokryph-christlichen Tradition wird jetzt von Christoph Luxenberg noch erhärtet.[52] Luxenberg zufolge ist auch die Übersetzung »Dein Herr hat unter dir Wasser (*sarîyâ*) fließen lassen« in Sure 19,24 ein Mißverständnis, das aus der Unkenntnis der syro-aramäischen Herkunft des unklaren Wortes *sarîyâ* herrührt. Nun hat in der Tat bereits Tabarî dazu eine ganze Reihe von unterschiedlichen Auffassungen der Kommentatoren aufgeführt, wobei er selber sich der Mehrheit anschließt, die *sarîyâ* im Sinne von »Bach, Rinnsal, (Quell-) Wasser« versteht, eine Mehrheit, die bis auf den heutigen Tag sowohl unter muslimischen als auch unter westlichen Exegeten anzutreffen ist. Luxenberg hingegen ist ganz anderer Auffassung, die hier wieder nur zusammenfassend wiedergegeben werden kann. Luxenberg verweist zunächst auf den Kontext. Marias Not und Verzweiflung habe nicht etwa in Hunger und Durst bestanden, wie das in der christlichen Überlieferung der Fall sei, sondern in der Schande einer unehelichen Schwangerschaft und Geburt. Bereits der Eingangsvers der Geburtsszene (Sure 19,22) sei nicht zu übersetzen mit »Und sie (sc. Maria) *zog sich* mit ihm (sc. dem empfangenen Jesus in ihr) zu einem entlegenen Ort *zurück*«, sondern mit »worauf sie mit ihm an einen entlegenen Ort *verstoßen wurde*«. Maria sei wegen ihrer unehelichen Schwangerschaft von ihren Angehörigen verstoßen worden, zumal der Koran ihr gerade nicht wie in der christlichen Tradition einen Verlobten oder »Scheinehemann« zur Wahrung ihres guten Rufes an die Seite gestellt habe.

Zu diesem kontextuellen Argument tritt ein philologisches hinzu. Luxenberg leitet das Wort *sarîyâ* auf die syro-aramäische Urform *šaryâ* zurück und versteht diese als Verbaladjektiv im Sinne von »legitim«. Korrekt müsse der Satz in Vers 24 also heißen: »»Sei nicht traurig, dein Herr hat deine *Niederkunft legitim* gemacht.‹«

Gleichgültig, wie weit man ihr folgen mag: die Interpretation Luxenbergs unterstreicht in jedem Fall die Eigenständigkeit der koranischen Geburtsszene gegenüber der außerkanonischen christlichen Erzähltradition noch zusätzlich. Doch kommt sie ihrerseits mit dem koranischen Kontext in Schwierigkeiten. Denn Luxenbergs Deutung zufolge ist von einem »Wasser«, einer Quelle, einem

Bach oder dergleichen hier gar nicht die Rede! Wenn dem tatsächlich so wäre, wird jedoch die Aufforderung – besser: Einladung – an Maria in Vers 26, zu essen *und zu trinken*, unverständlich. Diese Einladung an eine zurückgezogen oder verstoßen »an einem entlegenen Ort« lebende Frau ist alles andere als selbstverständlich.

Dieses inhaltliche Argument erhält aufgrund der Nähe von Sure 23,50 zu Sure 19,26 noch zusätzliches Gewicht: Gott gewährt Maria einen Ort »mit Grund *und Quellwasser*«! Die bereits erwähnte Nähe beider Verse zueinander läßt sich sprachlich noch erhärten. Das arabische Wort *qarâr*, das Khoury mit »Grund« übersetzt (Paret fügt in Klammern erläuternd »fruchtbar« hinzu), läßt Sure 19,26 anklingen, wo Maria aufgefordert wird, sich zu »erfrischen« – wörtlich: »kühlen Auges« (*qarrî ʿaynan*) zu sein. Mithin kann *qarâr* – abgeleitet von *qarra* (kühl, frisch sein) – als »Ort der Kühle und Erfrischung«, nämlich im Schatten einer Palme verstanden werden. Hinzu kommt, daß in Sure 23,50 das (Quell-) Wasser (*maʿînan*) explizit genannt wird, auf deren Vorhandensein oder Hervorbringung durch Gott der eben geborene Jesusknabe Maria aufmerksam macht (Sure 19,24). Gott kümmert sich nicht allein darum, Marias seelische Angst vor der Schande zu beruhigen, sondern er gewährt ihr auch alle notwendige leibliche Erquickung. Eben so erweist Gott sich als der beste aller Versorger, als der, der den Menschen »nahe« ist und ihr verzweifeltes Gebet »erhört« (Sure 2,186).

Ein dritter wichtiger Gesichtspunkt, der bei der Auslegung der Geburtsgeschichte zu diskutieren ist, ist die auffallende Anrede, mit welcher die aus der Abgeschiedenheit zu ihren Leuten zurückkehrende Maria bedacht wird: »Schwester Aarons« (*uḫt Hârûn*). Über die Identität dieses Aaron stellen die Kommentatoren zahlreiche Überlegungen an. Handelt es sich um einen bekannten Zeitgenossen Marias aus demselben Stamm, wie etwa Tabarî vermutet? Ibn Kathîr verweist in seinem Kommentar zur Stelle auf ein Hadith in der Sammlung von Muslim, demzufolge bereits Muhammad die Anrede Marias als »Schwester Aarons« mit dem Gebrauch der Juden erklärte, die Namen ihrer Kinder in Beziehung zu setzen mit großen jüdischen Propheten oder frommen Männern. Andere Ausleger weisen auf die semitische Vorstellung hin, daß man die Nachkommen eines Stammes als Geschwister der

Stammväter betrachtet, so daß eine entsprechende Anrede die Zugehörigkeit zu diesem Stamm signalisiere. In dieser Richtung erläutert Muhammad Asad:

> »Nach altem semitischen Brauch war der Name einer Person oft verbunden mit dem Namen eines berühmten Vorfahrens oder Gründers der Stammeslinie. So wurde beispielsweise ein Mann des Stammes der Banû Tamîm mitunter mit ›Sohn von Tamîm‹ oder ›Bruder des Tamîm‹ angesprochen. Insofern Maria zur priesterlichen Kaste gehörte und mithin von Aaron abstammte, Moses Bruder, wurde sie eine ›Schwester Aarons‹ genannt«.[53]

Trifft diese Erklärung zu, so wird der Unterton des Spotts und der Anklage in dieser Anrede Marias von seiten ihrer Angehörigen deutlich, wie Abdullah Yusuf Ali bemerkt:

> »Maria wird an ihre hohe Abstammung erinnert und an das ausnahmslos sittliche Verhalten ihres Vaters und ihrer Mutter. Wie ist sie gefallen, sagten sie, und hat den Namen ihrer Vorfahren entehrt!«[54]

Von dieser metaphorisch-relationalen Deutung klassischer wie zeitgenössischer islamischer Kommentatoren her erscheint die seit alters von christlichen Theologen und später auch von einigen Orientalisten aufgestellte Behauptung fragwürdig, Muhammad habe sich »geirrt«; er habe die Mutter Jesu mit Mirjam, die in Exodus (2. Mose) 15,20 als »Schwester Aarons« bezeichnet wird, »verwechselt«.[55] Doch davon kann keine Rede sein.[56] Zu behaupten, Muhammad habe Maria mit Mirjam verwechselt, impliziert, er habe Jesus für einen Neffen, mithin Zeitgenossen Moses gehalten. Das aber widerspricht der Überzeugung des Korans, daß Jesus von Gott gesandt sei, die bei den Israeliten mittlerweile längst vernachlässigte Thora *wiederherzustellen* (Sure 3,50; 5,46; 61,6). Schon dies allein schließt eine Zeitgenossenschaft Jesu mit Mose und also eine Verwechslung Marias mit Mirjam bei Muhammad aus. Als eine Analogie zur Anrede Marias mit »Schwester Aarons« könnte man im Neuen Testament z.B. die Anrede Jesu als »Sohn Davids« sehen, die, *buchstäblich* verstanden, gleichfalls den gemeinten Sinn völlig verfehlen würde.

Viertens ist noch auf einige Aspekte der Rede des Jesusknaben einzugehen. Diese stellt Marias Unbescholtenheit und Reinheit angesichts der »gewaltigen Verleumdung« (Sure 4,156) von seiten

ihrer Verwandten wieder her.[57] Der Selbstlobpreis des Jesusknaben
in den Versen 31 bis 33, der den Worten über Johannes den Täufer
in Sure 19,12-15 analog gestaltet ist, läßt von ferne das Magnifikat
Marias im Neuen Testament (Lukas 1,46-55) anklingen. Beide
Hymnen sind theozentrisch ausgerichtet. Bei Lukas wird die politische Gerechtigkeit des Handelns Gottes gerühmt, der die Tyrannen vom Thron stürzt und die Hungernden speist. Im Koran
ist Ähnliches über Jesus gesagt: er gilt als Mann des Friedens, der
»kein unglückseliger Gewaltherrscher« sein wird, und als Gerechter, der die Pflichtabgabe zugunsten der Armen erfüllt. Im Magnifikat wird das Volk Israel als »Knecht Gottes« bezeichnet, im Koran bezeichnet Jesus sich selber als »Gottesknecht«, ein Titel, auf
den wir in Kapitel 7 zu sprechen kommen werden. Daß Jesus in
dieser Rede seine Ehrerbietung gegenüber Maria betont (Sure
19,32: »und pietätvoll gegen meine Mutter zu sein«), veranlaßt Daryabâdî zu folgender Bemerkung:

> »Dies widerspricht dem Standpunkt, der an verschiedenen Stellen im
> Neuen Testament durchscheint, Jesus sei seiner Mutter gegenüber in
> different oder gefühlskalt gewesen«.[58]

Von Anbeginn seines Lebens verteidigt der koranische Jesus Leben und Ehre seiner Mutter. Das zweimalige »Wiegenwunder«
des Jesusknaben – wir kommen in Kapitel 6 darauf zurück – geschieht für seine Mutter: zunächst unter der Palme, später mitten
unter den feindseligen Angehörigen. Daß er damit Erfolg hat, liegt
nicht in der Macht Jesu selbst, sondern an der »Gnade« (*niʿmah*)
Gottes, wie der Koran in einer späteren Sure rückblickend betont
(Sure 5,110).

Der Text schließt mit dem Satz in Vers 34: »Es ist das Wort der
Wahrheit, woran sie zweifeln.« Hinter der Wendung »Wort der
Wahrheit« steht eine geringfügig vom offiziellen Text abweichende Lesart (*qawlu-l-ḥaqqi*), die manche christlichen Ausleger und
Übersetzer des Korans gerne wählen, weil sie darin eine Anspielung
auf die johanneisch-christliche Logos-Theologie (Johannes 17,17)
im Koran zu erkennen glauben. Khourys mehrdeutige Übersetzung ist zumindest offen für diese christianisierende Interpretation. Muslimische Kommentatoren weisen dies zurück. Schon
Baydâwî (gest. nach 1286) bemerkt, hier liege kein Hoheitstitel für
Jesus vor. In der Tat halte man sich besser an die offizielle Lesart

des Textes *qawla-l-ḥaqqi* (»Ausspruch der Wahrheitp«), wie sie Parets Übersetzung berücksichtigt: »Solcher Art (w. Dies) ist Jesus, der Sohn der Maria – um die Wahrheit zu sagen, über die sie (...) im Zweifel sind«.

Kommen wir am Ende dieses Kapitels zur theologischen Gesamtaussage der ausführlichen Erzählungen des Korans über den Lebensanfang Jesu. Nirgends sonst berichtet der Koran so breit und ereignisorientiert über Jesus als hier, an der entscheidenden Stelle seines Eintritts ins Dasein. Die Erzählungen sowie die Ehrentitel Jesu (»Wort« und »Geist von Gott«, »Sohn Marias«) machen deutlich: der Koran geht von einer übernatürlichen, nämlich *jungfräulichen* Empfängnis und Geburt Jesu aus. Maria hat, wie der Koran zweimal versichert, ihre »Scham« (*farğ*) zu bewahren gewußt (Sure 21,91; 66,12). Dies ist die Auffassung der meisten klassischen und zeitgenössischen muslimischen Koranausleger. Die Jungfrauengeburt Jesu preise Gottes allmächtiges Schöpferhandeln durch das bloße Wort. Als solche sei sie jedoch kein Indiz für eine Sonderstellung oder gar eine wie auch immer geartete göttliche Abkunft Jesu. Denn dann – so argumentieren die Kommentatoren scharfsinnig – müsse ja Adam über Jesus und allen Propheten stehen, weil er weder Vater noch Mutter hatte. Auch die meisten modernen Kommentatoren wie etwa Abû-l-Kalâm Âzâd (gest. 1958), Muhammad Ali (gest. 1951) oder Abdullah Yusuf Ali deuten den Koran im Sinne der Jungfrauengeburt Jesu.[59] Westliche Koranwissenschaftler urteilen ebenfalls mehrheitlich, daß der Koran die Jungfrauengeburt lehre.

Damit ergibt sich traditionsgeschichtlich ein interessantes Bild. Denn, anders als im Koran, spielt die Jungfrauengeburt im Neuen Testament nur eine Nebenrolle. Eduard Schweizer konstatiert:

> »Beschrieben wird sie nirgends; nur von ihrer Ankündigung ist Mt. 1 und Lk. 1 die Rede. Aber selbst Matthäus und Lukas greifen nie mehr darauf zurück, nicht einmal bei der eigentlichen Weihnachtsgeschichte. (...) Keine andere Schrift, vor allem auch keine der vielen Zusammenfassungen des Glaubens in einer Formel, einem Hymnus oder einer Predigt im Neuen Testament erwähnt die Jungfrauengeburt. Weder Johannes noch Paulus wissen davon«.[60]

Erst das außerkanonische Protevangelium des Jakobus, ganz zur Verherrlichung Marias geschrieben, legt den Akzent betont auf ihre sogar lebenslange Jungfräulichkeit.

»In der Ostkirche ist das Buch von Anfang an beliebt gewesen: zunächst vor allem bei den Ebioniten, aber auch bei den griechischen Kirchenvätern, in der syrischen, koptischen und armenischen Kirche ist es wegen des Lobpreises auf das Ideal der Jungfräulichkeit hochgeschätzt gewesen«.[61]

Die Rede von der Jungfrauengeburt hat in der christlichen Theologie und Volksfrömmigkeit einen christologischen sowie mariologischen, im Koran hingegen einen theozentrischen Akzent: hier geht es nicht um eine Verherrlichung der Person Marias oder Jesu, sondern um Gott, dem allein Lob und Ehre gebührt. Lukas schildert die wunderbare Ankunft des Erlösers auf Erden, des Daviden, Messias, Retters, Sohnes Gottes und Herrn, wie die Fülle der Hoheitstitel in den beiden ersten Kapiteln seines Evangeliums zeigt. Einen größeren Heiland, der unter noch wunderbarerern Umständen geboren würde, kann es nicht geben. Diese Ansicht – auch wenn sie im Neuen Testament selbst nur eine sehr untergeordnete Rolle spielt – setzen die beiden außerkanonischen Evangelien, das Protevangelium des Jakobus sowie das sehr viel spätere Pseudo-Matthäusevangelium – selbstverständlich voraus. In noch deutlicher volksreligiös-legendarischem Stil als Lukas schildern sie demonstrative Detailwunder der Geburt sowie des Wirkens des Jesusknaben. *Dieser* Intention christlich-orientalischer Volksfrömmigkeit begegnet der Koran entschieden, ohne diesen Stil als solchen sowie das Grundbekenntnis zur Jungfrauengeburt aufzugeben. Jesus wird ganz in seiner Bezogenheit einerseits auf Gott (als dessen unmittelbares Geschöpf durch das Wort bzw. den Geist) und andererseits auf Maria (als deren Sohn und zweimaliger Retter vor dem Tod) geschildert. In einem entscheidenden Punkt aber sind sich alle christlichen Texte und der Koran einig: Jesus ist in seinem Dasein als solches ein göttliches Wunder, das von Menschen nicht gemacht, geplant oder erzwungen werden kann. Sie können es nur empfangen, mit leeren, dankbaren Händen – jungfräulich.

KAPITEL 5

Die Botschaft Jesu

Der Koran vertritt – wie das Judenchristentum[62] – eine prophetisch akzentuierte Christologie. Dem Koran zufolge ist Jesus allein zu den dem Irrtum und Unglauben anheimgefallenen Juden als deren letzter Prophet gesandt. Seine Aufgabe ist, sie – in prinzipieller Übereinstimmung mit der Thora Moses – zum ungeteilten Glauben an den Einen und Einzigen Gott zurückzuführen. Daß Jesus als Jude die Thoravorschriften erfüllt und zu ihrer Einhaltung aufgerufen hat, wird in Sure 42,13 erkennbar:

>»Er (sc. Gott) hat euch von der Religion verordnet, was Er Noach aufgetragen hat, und was Wir dir offenbart haben, und was Wir Abraham, Mose und Jesus aufgetragen haben: Haltet die (Bestimmungen der) Religion ein und bringt keine Spaltungen hinein.«

Deutlicher wird das im ersten der beiden Ich-bin-Worte Jesu im Koran ausgesprochen, und zwar in Sure 61,6 (vgl. 3,50; 5,46):

>»Und als Jesus, der Sohn Marias, sagte: ›O Kinder Israels, ich bin der Gesandte Gottes an euch, um zu bestätigen, was von der Tora vor mir vorhanden war‹«.

Dieser Vers entspricht im Prinzip dem Selbstverständnis des historischen Jesus, allein zu seinem Volk Israel gesandt zu sein, wie es etwa in Matthäus 10,5f; 15,24 zum Ausdruck kommt. Zudem erinnert der Koranvers auffallend deutlich an die Betonung der Thoratreue Jesu durch Paulus in Römer 15,8:

>»Christus ist um der Wahrhaftigkeit Gottes willen Diener der Beschnittenen (sc. der Juden) geworden, damit die Verheißungen (sc. Gottes) an die Väter bestätigt werden.«

Von der Bergpredigt her wissen wir, daß Jesus auf der einen Seite die Thora des Mose bewahren und erfüllen wollte (vgl. Matthäus 5,17f), worauf auch muslimische Kommentatoren mitunter hinweisen. Zum anderen hat Jesus die Thora jedoch auch an einzelnen Stellen radikalisiert – in den fälschlich sogenannten »Antithesen« der Bergpredigt (Matthäus 5,21-48) – oder auch relativiert, wie etwa in den Fasten- und Sabbatdebatten (Markus 2,18-3,6). Ist von diesem differenzierten Verhältnis Jesu zur Thora, wie es zumindest die ersten drei neutestamentlichen Evangelien zeichnen, im Koran ebenfalls etwas erkennbar?

In der Tat ist auch dem Koran zufolge Jesu Verhältnis zur Thora nicht einlinig konservativ im Wortsinne. Seine Botschaft ist wohl bewahrend und bestätigend, aber auch durchaus innovativ. Jesus klärt strittige Fragen seiner Zeitgenossen, wie er selber von sich sagt (Sure 43,63):

> »Ich komme zu euch mit der Weisheit, und um euch einiges von dem, worüber ihr uneins seid, deutlich zu machen.‹«[63]

Jesu Verkündigung ist im Unterschied zu derjenigen Moses von Weitherzigkeit und Milde geprägt: er bringt den Juden auch einige Erleichterungen von den Vorschriften der Thora (Sure 3,50):

> »Und (ich komme), das zu bestätigen, was von der Tora vor mir vorhanden war, und um euch einiges von dem zu erlauben, was euch verboten wurde.«

Bei diesem Vers könnte man also durchaus an die erwähnte Relativierung einzelner Thora-Vorschriften denken, von denen die neutestamentlichen Evangelien berichten: daß Jesus etwa die Sabbat- und Speisevorschriften großzügiger interpretiert (Markus 2,23-28; 7,15-23). Sure 57,27 erwähnt dementsprechend ausdrücklich die »Milde und Barmherzigkeit« der Nachfolger Jesu. Dies entspricht genau der Aufforderung Jesu an seine Jünger im 3. Kapitel des Johannesevangeliums:

> »34 Ein neues Gebot gebe ich euch: Liebet einander! Wie ich euch geliebt habe, so sollt auch ihr einander lieben. 35 Daran werden alle erkennen, daß ihr meine Jünger seid: wenn ihr einander liebt.«

Die Botschaft Jesu, sagt der Koran, ist weise, denn sie klärt, was bislang unklar geblieben ist, und sie gesteht großmütig zu, was bisher zu rigide gehandhabt wurde. Mehrfach heißt es, daß Gott

Jesus »Weisheit« (*hikmah*) gegeben, ja mehr noch: sie ihn *gelehrt* habe (Sure 3,48; 5,110). Das erinnert an die Kindheitsgeschichte in Lukas 2,41-52, wo die Staunen erregende Weisheit des Zwölfjährigen im Tempel geschildert wird. Am Ende der lukanischen Kindheitsgeschichte heißt es:

> »Jesus aber wuchs heran, und seine Weisheit nahm zu, und er fand Gefallen bei Gott und den Menschen.«

Wenn Jesus in Sure 3,49 fortfährt:

> »›und ich tue euch kund, was ihr eßt und in euren Häusern aufspeichert. Darin ist für euch ein Zeichen, so ihr gläubig seid‹«,

so ist das besondere Wissen Jesu offensichtlich ein Ausdruck seiner gottgelehrten Weisheit, die ihn, wie viele Kommentatoren erklären, die innersten Geheimnisse der Menschen erkennen läßt.[64]

Der im Auftrag Gottes zu den Juden gesandte Jesus ist eine Autorität, die nicht nur Gehör verlangt, sondern auch den Gehorsam der Hörenden. Ihre Gottesfurcht impliziert den Gehorsam Jesus gegenüber: »›Fürchtet Gott und gehorcht mir‹« (Sure 3,50 = 43,63). An einer Stelle des Korans ist sogar die Rede davon, daß diejenigen Juden, die sich seiner Botschaft im Ungehorsam verschlossen haben, von Jesus mit einem Fluch belegt werden (Sure 5,78-79):

> »Verflucht wurden diejenigen von den Kindern Israels, die ungläubig waren, durch den Mund Davids und Jesu, des Sohnes Marias. Dies dafür, daß sie ungehorsam waren und immer wieder Übertretungen begingen. Sie pflegten nicht einander das Verwerfliche, das sie taten, zu verbieten. Schlimm ist, was sie zu tun pflegten.«

Man kann hier mit Yusuf Ali an die Verwünschungspassagen in den Davidspsalmen (z.B. Psalm 69,23ff; 109) denken sowie, was Jesus betrifft, an die sogenannten »Weherufe« gegen die Pharisäer und Schriftgelehrten (Matthäus 23,13ff; Lukas 11,39ff) oder auch an den Ausspruch Jesu in Matthäus 12,34:

> »Ihr Schlangenbrut! Wie könnt ihr Gutes reden, wenn ihr böse seid? Denn wovon das Herz voll ist, davon spricht der Mund.«

Ein weiterer Aspekt der Verkündigung Jesu ist dem Koran zufolge die Warnung vor Spaltungen unter den Glaubenden, wie in dem bereits zitierten Vers 13 der Sure 42 zu lesen ist: »Bringt keine Spaltungen (sc. in die Religion) hinein.« Die muslimischen Korankommentare zeigen kaum Häme gegenüber dem in zahllose Kirchen, Konfessionen und Denominationen zersplitterten Christentum – im Gegenteil. Es wird zwar an die Muslime appelliert, es den Christen nicht gleich zu tun, doch ist genügend Realismus vorhanden, der die Kommentatoren (resignierend) erkennen läßt, daß es den Muslimen ebensowenig wie den Juden und den Christen gelingen werde, ihre Einheit zu bewahren. Schon Muhammad hatte einem berühmten Hadith zufolge vorausgesehen, daß sich Juden, in 71 Richtungen, Christen in 72 und die Muslime gar in 73 Richtungen aufspalten würden.

Für den Christen ist an dieser Stelle jedenfalls interessant festzustellen, daß die Warnung des koranischen Jesus vor Spaltungen in seiner Gemeinde schon im Neuen Testament zu finden ist, nicht nur beim johanneischen Christus (Johannes 17,21-22), sondern etwa auch bei Paulus (z.B. 1 Korinther 1,10-17). Auch an diesem Punkt der Botschaft Jesu kommen sich Koran und Neues Testament sehr nahe.

Bezogen auf seine Sendung durch Gott wird Jesus im Koran mit drei verschiedenen Titeln benannt. Der medinische Ankündigungsbericht nennt Jesus in Sure 3,46 »einen der Rechtschaffenen« (*min al-ṣâliḥîn*). In der parallel gestalteten Erzählung über Johannes den Täufer wird dieser in Vers 39 ebenfalls so genannt. Beide miteinander werden neben anderen Propheten in einer größeren Liste von Rechtschaffenen in Sure 6,85f aufgezählt. Dieser häufig im Koran auftretende Würdetitel wird allen denjenigen – vor allem aber den Propheten – zuerkannt, die des Heils teilhaftig sind und denen Gott »seine Freundschaft schenkt« (Sure 7,196).[65] Die Bezeichnung Jesu als Rechtschaffener erinnert an die neutestamentliche Titulierung Jesu als »Gerechter« (*díkaios*) etwa in Lukas 23,47; Apostelgeschichte 3,14; 7,52; 1 Petrus 3,18.

In seiner Verkündigung und Lebensführung erweist sich Jesus, der Rechtschaffene, als ein vorbildlicher Jude und Muslim zugleich. In Sure 19,31f sagt Jesus von sich:

»Und Er (sc. Gott) trug mir auf, das Gebet und die Abgabe (zu erfüllen), solange ich lebe, und pietätvoll gegen meine Mutter zu sein. Und Er machte mich nicht zu einem unglückseligen Gewaltherrscher.«

Der Jude Jesus, von dem man historisch annehmen darf, daß er die Pflichten, das Achtzehnbittengebet dreimal täglich zu beten, den

Zehnten zu geben und gegenüber den Eltern Ehrfurcht zu üben, selbstverständlich erfüllte, wird darüber hinaus im Koran schon als ein praktizierender Muslim gezeichnet. Kaum zufällig erfüllt er als Jude mit den genannten Pflichten bereits zwei der fünf »Pfeiler« (*arkân*) des späteren Islams: Jesus hält das Pflichtgebet (*ṣalât*) und die Pflichtabgabe (*zakât*) ein. In diesem Sinne hat Gott selbst Jesus zu einem Beispiel (*maṯal*) für die Kinder Israels gemacht (Sure 43,57.59). Es ist im übrigen weder Willkür noch Zufall, daß der Koran Jesus gerade diese beiden Pfeiler des Islams, das Gebet und die Pflichtabgabe, zuschreibt. Denn, wie Heribert Busse mit Recht bemerkt, sie

> »enthalten im Kern alle anderen Gebote, wie ja auch Jesus, nach dem größten Gebot im Gesetz befragt, die Gottesliebe und die Nächstenliebe nennt: ›An diesen beiden Geboten hängt das ganze Gesetz und die Propheten‹ (Matthäus 22,34-40; Markus 12,34-38). Die Zusammenfassung des Dekalogs in zwei Hauptstücken wird auch im Talmud gelehrt, so daß offen bleiben muß, ob Muhammad hier aus jüdischen oder christlichen Quellen schöpft.«[66]

Sodann wird Jesus schon in den mekkanischen Koransuren mehrfach »Prophet« (*nabî*) genannt. Bereits in den neutestamentlichen Evangelien wird Jesus öfters von seinen Mitmenschen »Prophet« genannt oder er nennt sich selber so (z.B. Markus 6,4.15; 8,28; Lukas 13,33; Johannes 4,19). Auch in Sure 19,30 stellt er sich selbst mit diesem Titel vor. Es ist neben Sure 61,6 das andere der beiden Ich-bin-Worte Jesu im Koran:

> »›Ich bin der Diener Gottes. Er ließ mir das Buch zukommen und machte mich zu einem Propheten.‹«

Daß Jesus dies schon als Kind von sich sagen kann, zeigt, daß das Prophetenamt (*nubûwah*) dem Koran zufolge keine menschliche Eigenschaft oder Fähigkeit darstellt, sondern sich allein göttlicher Berufung und Befähigung verdankt. Vom Propheten Jesus ist häufiger im Zusammenhang mit anderen Propheten die Rede. Die älteste Prophetenreihe des Korans unter Einschluß Jesu stammt ebenfalls noch aus mekkanischer Zeit, in der zu Anfang dieses Kapitels bereits zitierten Sure 42,13. Weitere Prophetenreihen unter Einschluß Jesu finden sich in Sure 2,136; 3,84; 4,163f; 6,85; 33,7, wobei die jüngeren, medinischen Reihungen noch ausführlicher sind. Sure 4,163f etwa zählt mit Jesus zusammen zwölf Propheten auf: Noah, Abraham, Ismael, Isaak, Jakob, Jesus, Ijob, Jona, Aaron, Salomo, David und Mose. Solche Prophetenreihen sind übrigens bereits im Talmud bekannt, etwa die Sieben-Hirten-Reihe: Adam, Seth, Methusalem, Abraham, Jakob, Mose, David. Das frühe Judenchristentum kennt große und kleine Prophetenreihen, z.b. die ebenfalls siebengliedrige: Henoch, Noah, Abraham, Isaak, Jakob, Mose, Jesus. Auch der Manichäismus kannte Prophetenreihen, z.b. Adam, Buddha, Zarathustra, Jesus, Mani.

Vielfach hört man bei Gesprächen im christlich-islamischen Dialog von christlicher Seite den Vorwurf an die Muslime:»Ihr betrachtet Jesus *nur* als Propheten!« Das ist unzutreffend. Denn seit Muhammads Wirksamkeit in Medina wird Jesus auch – und insgesamt sogar häufiger noch als»Prophet« – der Titel»Gesandter« (*rasûl*) beigelegt (vgl. Sure 3,49.53; 4,157.171; 5,75.111; 57,27; 61,6). Im Neuen Testament spricht Paulus von der»Sendung« Jesu in Römer 8,3 und Galater 4,4. Der Sendungsgedanke spielt auch eine wichtige Rolle in der johanneischen Christologie, derzufolge Jesus als der prophetische Bote bzw. Engel Gottes,»des Vaters«, verstanden wird, der als Gottes *exklusiver* Gesandter – nämlich als »der Sohn« – einen vom Himmel ausgehenden Botenweg durchläuft und am Ende wieder zum Sendenden, also zum»Vater«, zurückkehrt.[67] Wie verhält es sich im Vergleich dazu mit der Gesandtenvorstellung Jesu im Koran?

Ein Hauptunterschied dürfte sein: wenn Jesus im Koran»Prophet« und»Gesandter« genannt wird, sind diese Titel nicht exklusiv, sondern *inklusiv* zu verstehen. Als Gottes Prophet und Gesandter steht Jesus in einer langen Tradition. Die Christologie des Korans ist eingebettet in die umgreifende koranische Prophetologie. Zweimal wird im Koran ausdrücklich die *gleiche Würde* aller Propheten und Gesandten betont (Sure 2,136 = 3,84):

> »Sprecht: Wir glauben an Gott und an das, was zu uns herabgesandt wurde, und an das, was herabgesandt wurde zu Abrahahm, Ismael, Isaak, Jakob und den Stämmen, und an das, was Mose und Jesus zugekommen ist. Wir machen bei keinem von ihnen einen Unterschied. Und wir sind Ihm ergeben.«

Obwohl der Koran mehrfach die Gleichheit aller Boten Gottes betont, verwendet er – nicht nur für Jesus, sondern generell – zwei verschiedene Begriffe für die Boten: *nabî* (»Prophet«, 75mal im Koran) und *rasûl* (»Gesandter«, 331mal). Diese terminologische Unterscheidung des Korans impliziert auch eine qualitative, wie der Koran selber sagt (Sure 2,253):

> »Wir haben die einen von ihnen (sc. den Gesandten) vor den anderen bevorzugt. Unter ihnen sind welche, mit denen Gott gesprochen hat. Einige von ihnen hat Er um Rangstufen erhöht.«

Ob und inwiefern diese Unterscheidung bedeutet, daß der Prophet generell niedriger gestellt ist als der Gesandte, ist vom Koran her nicht eindeutig zu entscheiden.[68] Der Koran nennt zwanzig Boten ausdrücklich *nabî*, während der viel häufigere *rasûl*-Titel auf lediglich zwölf Männer explizit angewendet wird. Neun Boten werden sowohl *nabî* als auch *rasûl* genannt, z.B. Mose, Jesus und Muhammad. Unter den Gesandten werden im Koran neben Muhammad am häufigsten Mose (in 36 Suren/ca. 500 Verse) und Abraham (25/ca. 250) erwähnt. Muhammad, Mose, Abraham und Jesus werden in der islamischen Tradition gemeinhin als die sog. »Besitzer der Standhaftigkeit« (*ûlû-l-ʿazm*) besonders gewürdigt (Sure 46,35). Diese vier Gestalten – und nicht etwa nur Jesus, wie christlicherseits vielfach behauptet worden ist – nehmen im Koran in unterschiedlicher Weise eine Sonderstellung ein. Ihnen hat die Tradition je einen besonderen Titel gegeben: Abraham gilt als der »Freund Gottes« (*ḫalîl Allâh*), Mose als der »von Gott Angesprochene« (*kalîm Allâh*), Jesus als der »Geist Gottes« (*rûḥ Allâh*) und Muhammad als der »Gesandte Gottes« schlechthin (*rasûl Allâh*).

Auffällig ist der spezifische Gebrauch beider Termini im Koran, der am ehesten eine Art Definition dessen zuläßt, was ein »Prophet« im Unterschied zum »Gesandten« ist. Der Titel *nabî* taucht ausschließlich im Kontext der Familie, Verwandt- und Nachkommenschaft Abrahams auf, so daß man sagen kann: die koranischen »Propheten« sind in der Regel diejenigen Beauftragten Gottes, die an das *Volk Israel* gesandt worden sind, wobei interessanterweise die Schriftpropheten der Hebräischen Bibel – mit Ausnahme Jonas – nirgendwo im Koran erwähnt werden. Die Rede von den »Gesandten« hingegen setzt eine *universalistische Perspektive* voraus: daß Gott nämlich in jedem Volk und Stamm auf dieser Erde einen Gesandten erwählt habe, der ihnen in ihrer eigenen Sprache Gottes Botschaft und Willen kundtut, so daß am

Ende der (Heils-) Geschichte keine menschliche Gruppe von sich sagen kann, sie hätte keinen göttlichen Botschafter gehabt (Sure 35,24). Insofern hat der Gesandte, bezogen auf seine Zielgruppe, etwas Einmaliges und Einzigartiges. Ausschließlich von den Gesandten sagt der Koran noch Folgendes. Sie treten, abgesehen davon, daß sie mit einer Offenbarungsschrift kommen, auch mit besonderer Vollmacht und Autorität auf. Sie vollbringen Zeichen und fordern Gehorsam ein. Zwar müssen sie ebenso wie die Propheten mit Unglauben und sogar Widerstand rechnen. Aber Gott hat seine eigene Ehre so sehr an den Gesandten gebunden, daß dem Koran zufolge zwar Propheten getötet werden können (z.B. Sure 2,91; 3,21.112.181; 4,155), nicht aber ein Gesandter. Jedenfalls wird von keinem der neun namentlich im Koran erwähnten Gesandten erzählt, er sei von Menschenhand getötet worden. Gegen »Gott und seinen Gesandten« – eine Wendung, die 85mal bezogen auf Muhammad, einmal bezogen auf Jesus und viermal im Plural auftaucht – vermag keine menschliche Opposition und Intrige etwas auszurichten.

Die islamische Tradition hat die Ansätze zu einer terminologischen und sachlichen Unterscheidung innerhalb des Korans weiter systematisiert und vor allem eine eindeutige Wertung ausgesprochen. Nunmehr unterscheiden sich Propheten und Gesandte sogar erheblich voneinander. Propheten sind im Laufe der Geschichte wesentlich zahlreicher (die Angaben schwanken beträchtlich) aufgetreten als Gesandte. Während erstere sich mit der Ausrichtung der (altbekannten) Botschaft der ausschließlichen Hingabe an den Einen und Einzigen Gott begnügen und allenfalls die Wiederherstellung der religiösen Verhältnisse in diesem Sinne fordern (und bewirken), sind die Gesandten darüber hinaus von Gott begnadet und ausgestattet mit einer besonderen, meist schriftlichen Offenbarung (Sure 35,25). Das bedeutet nach allgemein islamischem Verständnis, wie es schon bei Baydâwî anzutreffen ist: alle Gesandte sind immer auch Propheten, umgekehrt jedoch sind nicht alle Propheten auch Gesandte. Nur derjenige Prophet ist auch ein Gesandter, der ein göttliches Offenbarungsbuch empfangen hat.[69]

Trotz eindeutig anderslautender Aussagen des Korans und dessen Interesse nicht an der Person, sondern an der Botschaft der Propheten, ist die *Sündlosigkeit* der Propheten (*'iṣmat al-anbiyâ'*) zu einem im Islam weit verbreiteten Dogma geworden. Auch von Jesus und manchmal sogar von Maria hat die Tradition behauptet,

41

sie seien ohne Sünde gewesen. Sowohl Bukhârî (gest. 870) als auch Muslim (gest. 875) haben in ihren Hadith-Sammlungen folgendes Wort Muhammads bewahrt:

>>Kein einziger Nachkomme Adams wird geboren, ohne daß ein Dämon ihn im Augenblick seiner Geburt berührt. Wen der Dämon berührt, stößt einen Schrei aus. Es hat keine Ausnahme gegeben außer bei Maria und ihrem Sohn.<<[70]

Dieses Hadith paßt gut zu Sure 19,19: der Vers nennt jedenfalls den Jesus*knaben* ausdrücklich »rein« (*zakî*). Auch kann man den Ausspruch Muhammads als eine Erfüllung des Gebets der Mutter Marias zu Gott nach deren Geburt in Sure 3,36 sehen:

>>>Und ich habe sie Maria genannt. Und ich suche bei Dir Zuflucht für sie und ihre Nachkommenschaft vor dem gesteinigten Satan.‹<<

Die Sündlosigkeit der Propheten wurde von diversen Theologenschulen mehr oder minder entschieden vertreten. Mutazilitische Theologen gehörten zu den ersten und strengsten Verfechtern des Dogmas und behaupteten eine umfassende, lebenslange Sündlosigkeit der Propheten, während ihre Gegner, die Ashariten, diese auf die Zeit der aktiven Wirksamkeit eines Propheten eingeschränkt wissen wollten. Sehr korannahe Theologen wie die Hanbaliten haben dieses Dogma mehr oder weniger abgelehnt.[71]

Von Gottes Boten und also auch Jesus Sündlosigkeit zu behaupten, ist mithin ein Topos *traditionell-islamischer* Prophetologie und Christologie. Der *Koran* hingegen weiß von Verfehlungen Abrahams und sogar Muhammads zu berichten (Sure 40,55; 48,2; 80,1-10). Dieses Fazit ist insofern bemerkenswert, als es in unmittelbarer Analogie zum Sachverhalt innerhalb des Christentums steht.

Die Sündlosigkeit Jesu ist nämlich auch im Christentum trotz Jesu Sündertaufe, von der Markus 1,4-9 berichtet, und dem Bekenntnis Jesu zum ausschließlichen Gutsein Gottes (Markus 10,18) zum Dogma erklärt worden. Ausnahmsweise wird freilich schon im Neuen Testament selber das »Ohne Sünde-Sein« Jesu behauptet (2 Korinther 5,21; Hebräer 4,15; 1 Petrus 2,22-24).[72] Von Jesus Sündlosigkeit zu behaupten, ist mithin auch ein Topos *traditionell-christlicher* Christologie, der ebenso wie im Islam in einer signifikanten Spannung steht zu den Aussagen der ältesten Zeugnisse in der eigenen Glaubenstradition. Warum haben beide

Religionen diese analoge Entwicklung genommen, die in bezug auf die Person Jesu hier sogar zu derselben dogmatischen Aussage geführt hat? Hinter der Idee der Sündlosigkeit steht religionsgeschichtlich die vielerorts anzutreffende Überzeugung von der Notwendigkeit eines *fehlerlosen* tierischen oder menschlichen Opfers zur Sühne von Sünden. Die Sündlosigkeit Jesu in der christlichen Dogmatik steht (ursprünglich) in einem sühnetheologischen Zusammenhang. In der islamischen Theologie hat die Sündlosigkeit Jesu (und Marias) zwar mit Erbsünde nichts zu tun (weshalb es auch keine »unbefleckte Empfängnis« gibt). Gleichwohl besitzt sie eine analoge Funktion. Ihr Ursprung liegt wohl in der Überzeugung von der Notwendigkeit eines *unfehlbaren* prophetischen Mittleramtes zwischen Gott und den Menschen. Christliche Christologie und islamische Prophetologie streben danach, die Gestalt ihrer Offenbarung für absolut zuverlässig und glaubwürdig zu erklären. Darum muß sie völlig frei von Sünde sein.

Kehren wir zurück zum Koran. Die Offenbarung, die Jesus von Gott empfängt, um sie den Juden zu bringen, ist »das Evangelium« (*al-inǧîl*), wie z.b. Sure 5,46 sagt:

»Und Wir ließen nach ihnen Jesus, den Sohn Marias, folgen, damit er bestätige, was von der Tora vor ihm vorhanden war. Und Wir ließen ihm das Evangelium zukommen, das Rechtleitung und Licht enthält und das bestätigt, was von der Tora vor ihm vorhanden war, und als Rechtleitung und Ermahnung für die Gottesfürchtigen.«

Das Wort »Evangelium« kommt im Koran zwölfmal vor, fast ausschließlich in medinischen Suren (3,3.48.65; 5,46f.66.68.110; 7,157; 9,111; 48,29; 57,27). Hinzu kommt Sure 19,30, wo von »dem Buch« (*al-kitâb*), das Jesus von Gott empfing, die Rede ist. Die Nachfolger Jesu, die Christen, bezeichnet der Koran (Sure 5,47) geradewegs als »Leute des Evangeliums« (*ahl al-inǧîl*).

Innerkoranisch ist mit »dem Evangelium« diejenige Offenbarung gemeint, die Gott Jesus schriftlich zukommen ließ. »Das Evangelium« meint also das *eine Evangelium Jesu*, das dieser von Gott in Buchform erhalten hat. Historisch betrachtet, ist das nicht richtig: Jesus hat mit Sicherheit seine Frohbotschaft ausschließlich mündlich weitergegeben. Die schriftliche Fixierung seiner Lehre setzte erst nach seinem Tod ein. Die Annahme legt sich nahe, daß Muhammad möglicherweise die Evangelienharmonie Tatians als *das* Evangelium der Christen (vgl. Sure 5,47; 7,157) für das Evangelium Jesu gehalten hat.[73]

Jesus ist im umfassenden Sinne ein »Gottesgelehrter«. Gott selbst hat ihn mehr als nur Weisheit gelehrt, wie Sure 3,48f sagt:

> »Und Er wird ihn lehren das Buch, die Weisheit, die Tora und das Evangelium. Und Er wird ihn zu einem Gesandten an die Kinder Israels machen«.

Jesu Verkündigung, wie sie der Koran darstellt, enthält keine exakten, wörtlichen Übereinstimmungen mit der Botschaft Jesu, wie wir sie vom Neuen Testament her kennen. Doch die Grundstruktur des Evangeliums Jesu im Koran steht in großer Nähe zur Verkündigung Jesu, wie sie die historisch-kritische Jesus-Forschung rekonstruiert hat und wie insbesondere die synoptischen Evangelien sie wiedergeben. Es ist eine *theozentrische* Botschaft, die Jesus bringt: er verkündigt nicht sich selbst, sondern Gott als den Einen und Einzigen Herrn aller Menschen, dem allein die Anbetung gebührt. Anders als theozentrisch kann die Botschaft Jesu schon deshalb nicht sein, da sie grundsätzlich in Übereinstimmung steht mit der Botschaft der Thora Moses sowie aller anderen Propheten, die Jesus vorangegangen sind. Seit jeher galt im Judentum (Deuteronomium 13,2-6) und im Judenchristentum der Glaube an den Einen Gott als Kriterium echter Prophetie.

Wie von der Thora und dem Koran gesagt wird, daß sie »Licht« (*nûr*) enthalten (Sure 5,44; 4,174), so ist auch Jesu Evangelium voller Licht (Sure 5,46). Der, wenn man es so ausdrücken darf, Licht-Kern der Botschaft Jesu, den der Koran öfters wiederholt, lautet (Sure 3,51): »›Gott ist mein Herr und euer Herr, so dienet Ihm. Das ist ein gerader Weg.‹«[74] Dementsprechend werden die namentlich unerwähnt bleibenden Jünger Jesu im Koran nicht nur als seine Nachfolger, sondern auch und zuerst als seine »Helfer zu *Gott*« (*anṣâr ilâ Allâh*) bezeichnet. Jesus fragt (Sure 3,52f; vgl. 61,14):

> »›Wer sind meine Helfer (auf dem Weg) zu Gott hin?‹ Die Jünger sagten: ›Wir sind die Helfer Gottes. Wir glauben an Gott. Bezeuge, daß wir gottergeben sind. Unser Herr, wir glauben an das, was Du herabgesandt hast, und wir folgen dem Gesandten. So verzeichne uns unter denen, die bezeugen.‹«[75]

Die koranische Bezeichnung für die Jünger ist *al-ḥawârîyûna*, ein möglicherweise aus dem Äthiopischen oder dem Syro-Aramäischen stammender Ausdruck. Seine exakte Bedeutung ist unter den Kommentatoren umstritten. Tabarî diskutiert einige Interpretationsmöglichkeiten und kommt zu dem Ergebnis, daß das Wort mit *hawar* (»weiß«) in Verbindung steht:

»die plausibelste Interpretation der Bedeutung des Wortes *hawâriyyûn* ist, daß sie (sc. die Jünger) so genannt wurden wegen der Weiße ihrer Gewänder und weil sie Gerber waren«.[76]

Spätere Kommentatoren bevorzugen eine spirituell-metaphorische Deutung, wie etwa Baydâwî in seinem Kommentar zu Sure 3,52: »Die Nachfolger Jesu wurden so genannt wegen der Reinheit ihrer Gesinnung und der Heiligkeit ihrer Gedanken.«[77]

Jesu Frage, wer seine Helfer zu Gott hin seien, ist nicht eindeutig zu erklären. Zamakhsharî zufolge könnte mit der Frage Jesu zweierlei gemeint sein. Entweder ist sie gemeint im Sinne von: »Wer sind diejenigen, die sich Gott anschließen, um mir zu helfen, wie er mir hilft?« Oder sie bedeutet: »Wer sind meine Helfer, wenn ich mich an Gott wende und bei ihm Schutz suche?«[78] Mit anderen Worten: der Anlaß der Frage Jesu ist entweder, daß er die Jünger in seine Nachfolge beruft, oder die Situation der Bedrohung durch die Juden, in welcher Jesus sich an sie wendet.

Die erste Möglichkeit vorausgesetzt, stellt sich die Frage, was dann »Helfer Gottes« heißt: Wie können Menschen Gott »helfen«? Mawdûdî (gest. 1979) kommentiert:

»Selbstverständlich ist Gott von der Hilfe Seiner Geschöpfe unabhängig. Aber in dem Lebensbereich, wo Er Selbst dem Menschen Entscheidungsfreiheit gegeben hat, will Er nicht durch Seine Macht die Menschen zu Gläubigen und zu gehorsamen Dienern machen. Stattdessen wendet Er die Methode der Ermahnung und Lehre an und zeigt ihnen den rechten Weg durch Seine Gesandten und Seine heiligen Schriften. Jemand, der sich für die Besserung der Menschen in diesem Sinne einsetzt, wird von Gott als Sein Helfer bezeichnet.«[79]

Die Bereitschaft der Jünger zur Nachfolge Jesu deutet Sayyid Qutb im Sinne eines Unterpfands (*bay'ah*) für Gott und seinen Gesandten. Qutb erläutert weiter:

45

»Der Gläubige schwört nicht nur, an Gott zu glauben und den von Ihm gezeigten Weg zu gehen, sondern zugleich auch, den Gesandten in Wort und Tat zum Vorbild zu nehmen.«[80]

Etliche Kommentatoren, z.b. Râzî, neigen eher der zweiten Möglichkeit zu und sehen Jesu Frage veranlaßt durch seine Anfeindung von seiten der Juden, worauf unten in Kapitel 8 zurückzukommen sein wird. Möchte man einen Bezug zum Neuen Testament herstellen, so könnte drittens in Sure 3,52f; 61,14 auch die doppelte Frage Jesu an seine Jünger anklingen (Markus 8,27-30):

»Jesus ging mit seinen Jüngern (...). Unterwegs fragte er die Jünger: Für wen halten mich die Menschen? Sie sagten zu ihm: Einige für Johannes den Täufer, andere für Elija, wieder andere für sonst einen von den Propheten. Da fragte er sie: Ihr aber, für wen haltet ihr mich? Simon Petrus antwortete ihm: Du bist der Messias! Doch er verbot ihnen, mit jemand über ihn zu sprechen.«

Diese Passage paßt gut zu einer Bemerkung in Sure 5,111, wo Gott sagt:

»Und als Ich den Jüngern offenbarte (sc. oder: eingab): ›Glaubt an Mich und an meinen Gesandten.‹ Sie sagten: ›Wir glauben. Bezeuge, daß wir gottergeben sind.‹«

In beiden Texten klingt an: Jesus konnte seine Botschaft lediglich ausrichten. Was immer man von ihm hielt, ob man ihm Glauben schenkte oder nicht – es lag nicht in seiner eigenen Macht. Mawdûdî schreibt in seinem Kommentar zu Sure 5,111:

»Auch der Glaube der Jünger war eines der Gnadengeschenke Gottes für Jesus; er selbst hätte nicht die Macht gehabt, einen einzigen Menschen auf den rechten Weg zu bringen.«[81]

Zum Wesen der Sendung Jesu gehört dem Koran zufolge auch, der unmittelbare Vorläufer Muhammads zu sein. Bereits in spätmekkanischer Zeit erwähnt der Koran, daß Juden und Christen »in der Tora und im Evangelium« die Ankündigung des Gesandten Muhammad »verzeichnet finden« (Sure 7,157). Was die Thora betrifft, weisen muslimische Exegeten besonders auf Deuteronomium 18,15.18-19 hin:

»Einen Propheten wie mich wird dir Jahwe, dein Gott, aus der Mitte deiner Brüder erstehen lassen, auf ihn sollt ihr hören. (...) Einen Propheten wie dich werde ich ihnen aus der Mitte ihrer Brüder erstehen lassen; ihm werde ich meine Worte in den Mund legen, und er hat ihnen alles zu verkünden, was ich ihm gebiete. Wenn aber jemand auf seine Worte, die er in meinem Namen verkündet, nicht hört, von dem werde ich Rechenschaft fordern.«

Diese Verheißung hat eine längere »Erfüllungsgeschichte« in vorislamischer Zeit. Bereits die Essener von Qumran hatten diese Verse auf ihren »Lehrer der Gerechtigkeit« als eines zweiten Mose bezogen; zugleichwohl warteten sie noch auf den »Lehrer der Gerechtigkeit am Ende der Tage«. Dem Judenchristentum galt Jesus als der neue Mose.[82] Im Neuen Testament bezieht allein Lukas die Verheißung von Deuteronomium 18 direkt auf Jesus (Apostelgeschichte 3,22; 7,37), während Matthäus zwar Jesus als den zweiten Mose und eschatologischen Lehrer der Gerechtigkeit darstellt (Bergpredigt), doch nicht explizit auf jene Verheißung Bezug nimmt.

Muslimische Kommentatoren verweisen über Deuteronomium 18 hinaus auf zahlreiche weitere Stellen in der Hebräischen Bibel und im Neuen Testament, die ihrer Ansicht nach Andeutungen auf Muhammad enthalten. Schon Muhammad soll einmal gesagt haben:

»Ich bin, unter den Menschen, derjenige, der dem Sohn Marias am nächsten steht. Die Propheten sind Kinder ein und desselben Vaters, aber verschiedener Mütter. Zwischen Jesus und mir ist kein Prophet gewesen.«[83]

Wie Mose in der Thora das Kommen Muhammads prophezeit, so tut Jesus dasselbe, doch mit deutlicheren Worten im Evangelium. Der allgemeine Hinweis von Sure 7,157 wird in Sure 61,6, also in medinischer Zeit, aktualisiert und in die Christologie integriert. Es gehört zur Botschaft Jesu, Muhammads Kommen anzukündigen:

»Und als Jesus, der Sohn Marias, sagte: ›O Kinder Israels, ich bin der Gesandte Gottes an euch, um (...) einen Gesandten zu verkünden, der nach mir kommt: sein Name ist Aḥmad.‹«

Aḥmad bedeutet soviel wie »der Gepriesene, der Hochgelobte« und hat in der Wurzel dieselben drei Konsonanten (ḥ-m-d) wie Muḥammad. Daher wird ismuhû aḥmadu von islamischen Auslegern durchweg als Eigenname (»sein Name ist Aḥmad«), mithin als Anspielung auf Muhammad verstanden. Zamakhsharî etwa, der glänzendste arabische Grammatiker unter den klassischen Kommentatoren, deutet *aḥmadu* als einen der Beinamen Muhammads. Nicht anders die zeitgenössischen Theologen. Der Zaydit Mehdi Razvi, von 1975 bis 1995 Imam der deutschsprachigen Gemeinde am Islamischen Zentrum Hamburg, erläutert:

> »Der Unterschied liegt in der Steigerung: Muhammad bedeutet einfach ›gepriesen‹ (aber intensiv), Ahmad jedoch ›der von allen Gepriesene‹. Es wird gelehrt, daß der heilige Gesandte unter den Erdenbewohnern Muhammad, bei den Himmelsbewohnern jedoch Ahmad genannt wird.«[84]

Nach Ansicht der islamischen Koranexegeten in Vergangenheit und Gegenwart finden sich (implizite) Ankündigungen Muhammads durch Jesus auch in den neutestamentlichen Evangelien. Bereits der erste Biograph Muhammads, Muhammad ibn Ishâq (gest. 767), stellte einen direkten Bezug zwischen den johanneischen Parakletverheißungen und Sure 61,6 her.[85] Ibn Ishâq bezieht sich besonders auf Johannes 15,26:

> »Wenn aber der Beistand (gr. *ho paráklêtos*) kommt, den ich euch vom Vater aus senden werde, der Geist der Wahrheit, der vom Vater ausgeht, dann wird er Zeugnis für mich ablegen.«

In der Ibn Ishâq vorliegenden syrisch-palästinensischen Evangelienübersetzung stand für »der Beistand« *al-munaḥḥ'mânâ*, das Ibn Ishâq zufolge das Wort für den Namen Muhammads sei. Zeitgenössische islamische Exegeten hingegen argumentieren entweder mit dem ihrer Ansicht nach ursprünglichen griechischen Wortlaut im Johannesevangelium: die Christen hätten den Text später entstellt und das ursprüngliche *períklytos*, was dasselbe wie *Aḥmad* bedeute, durch *paráklêtos* ersetzt.[86] Manche zeitgenössische muslimische Ausleger verweisen auch auf das Barnabasevangelium, weil sie es für das echte Evangelium des Apostels Barnabas halten: in Kapitel 112 kündigt dort Jesus Muhammad sogar explizit mit Nennung seines Namens an.[87]

Alles in allem ist wiederum eine erstaunliche Analogie zu beobachten: wie das Neue Testament den jüdischen Propheten Johannes den Täufer als Vorläufer Jesu betrachtet (Markus 1,1-11; Johannes 1,19-34; 3,22-30) – was auch der Koran tut (Sure 3,38-41;

19,1-15) –, so wird Jesus seinerseits im Koran als Vorläufer Muhammads in Anspruch genommen. Sure 61,6 dient mithin dem Aufweis der Einheit und Kontinuität der göttlichen Offenbarungs- bzw. Prophetengeschichte.

Wir halten als Fazit fest: Wie in der Hebräischen Bibel und im Judenchristentum hängt im Koran die *Prophetologie* aufs engste mit der *Soteriologie* zusammen. Heilvoll, heilsam, heilbringend ist allerdings nicht der göttliche Bote selber, wohl aber seine Botschaft, sofern sie theozentrisch ausgerichtet ist. Das gilt für alle Gesandten und Propheten gleichermaßen, auch für Jesus, bis hin zu Muhammad, in dessen Gottesbotschaft die soteriologische Prophetologie, also das dem Heil der Menschen dienende Prophetentum nach Auffassung des Korans gipfelt. So hat auch die Botschaft des koranischen Jesus, weil er *Gottes* Prophet und Gesandter an Israel ist, eine soteriologische Dimension, einen Heilscharakter, freilich nicht in einem christlichen Sinne.

Sonstige Inhalte der Verkündigung Jesu – vor allem Aussagen, die an die Reich-Gottes-Gleichnisse erinnern, wie wir sie aus den synoptischen Evangelien Matthäus, Markus und Lukas kennen – begegnen mehr oder weniger *anonym* im Koran. So erinnert etwa die Rede in Sure 90,10-20 vom Begehen des steilen Wegs, der konkret

> »die Befreiung eines Sklaven oder, am Tag der Hungersnot, die Speisung einer verwandten Waise oder eines Bedürftigen, der im Staub liegt«

bedeutet, an das Gleichnis vom großen Weltgericht in Matthäus 25,31-46, wo die »Böcke zur Linken (Gottes)« von den »Schafen zur Rechten« geschieden werden, welche sich durch Speisung der Hungrigen, Bekleidung der Nackten, Besuch der Kranken und Gefangenen des Heiles würdig erweisen. Einige dieser verborgenen, gleichnishaften Worte Jesu im Koran seien im Folgenden ihren Entsprechungen im Neuen Testament gegenübergestellt, ohne daß den Gemeinsamkeiten und Unterschieden hier näher nachgegangen werden kann.[88]

Sure 2,261-265 erinnert sowohl an das Gleichnis vom Sämann (Markus 4,2-8) als auch an das vom Platzregen (Matthäus 7,24-27):

Sure 2,261-265	Markus 4,2-8
Mit denen, die ihr Vermögen auf dem Weg Gottes spenden, ist es wie mit einem Saatkorn, das sieben Ähren wachsen läßt mit hundert Körnern in jeder Ähre. Gott gibt das Doppelte, wem Er will. Gott umfaßt und weiß alles. Diejenigen, die ihr Vermögen auf dem Weg Gottes spenden und, nachdem sie gespendet haben, nicht auf ihr Verdienst pochen und nicht Ungemach zufügen, haben ihren Lohn bei ihrem Herrn, sie haben nichts zu befürchten, und sie werden nicht traurig sein. Freundliche Worte und Verzeihen sind besser als ein Almosen, dem Ungemach folgt, Gott ist auf niemanden angewiesen und langmütig. O ihr, die ihr glaubt, vereitelt nicht eure Almosen, indem ihr auf euer Verdienst pocht und Ungemach zufügt, gleich dem, der sein Vermögen spendet, um von den Menschen gesehen zu werden, und nicht an Gott und den Jüngsten Tag glaubt.	Und er (sc. Jesus) sprach lange zu ihnen und lehrte sie in Form von Gleichnissen. Bei dieser Belehrung sagte er zu ihnen: Hört! Ein Sämann ging aufs Feld, um zu säen. Als er säte, fiel ein Teil der Körner auf den Weg, und die Vögel kamen und fraßen sie. Ein anderer Teil fiel auf felsigen Boden, wo es nur wenig Erde gab, und ging sofort auf, weil das Erdreich nicht tief war; als aber die Sonne hochstieg, wurde die Saat versengt und verdorrte, weil sie keine Wurzeln hatte. Wieder ein anderer Teil fiel in die Dornen, und die Dornen wuchsen und erstickten die Saat, und sie brachte keine Frucht. Ein anderer Teil schließlich fiel auf guten Boden und brachte Frucht; die Saat ging auf und wuchs empor und trug dreißigfach, ja sechzigfach und hundertfach.
	Matthäus 7,24-27
Mit ihm ist es wie mit einem Felsen, der von Erdreich bedeckt ist. Es trifft ihn ein Platzregen und macht ihn zu einem kahlen Ding. Sie verfügen über nichts von dem, was sie erworben haben. Und Gott leitet die ungläubigen Leute nicht recht. Mit denen, die ihr Vermögen spenden im Streben nach dem Wohlwollen Gottes und zur Festigung ihrer Seelen, ist es wie mit einem Garten auf einer Anhöhe. Es trifft ihn ein Platzregen, und er bringt den doppelten Ernteertrag. Und wenn ihn kein Platzregen trifft, dann ist es der Tau. Und Gott sieht wohl was ihr tut.	Wer diese meine Worte hört und danach handelt, ist wie ein kluger Mann, der sein Haus auf Fels baute. Als nun ein Wolkenbruch kam und die Wassermassen heranfluteten, als die Stürme tobten und an dem Haus rüttelten, da stürzte es nicht ein; den es war auf Fels gebaut. Wer aber meine Worte hört und nicht danach handelt, ist wie ein unvernünftiger Mann, der sein Haus auf Sand baute. Als nun ein Wolkenbruch kam und die Wassermassen heranfluteten, als die Stürme tobten und an dem Haus rüttelten, da stürzte es ein und wurde völlig zerstört.

Gleich in zwei Suren, nämlich in Sure 104 sowie in der später offenbarten Sure 18,32-44, klingt Jesu Gleichnis vom reichen Kornbauer in Lukas 12,13-21 an:

Sure 104	Lukas 12,13-21
Wehe jedem Stichler und Nörgler, der sein Vermögen zusammenbringt und es zählt und dabei meint, sein Vermögen würde ihn unsterblich machen! Nein, er wird bestimmt in die Zermalmende (sc. die Hölle) geworfen werden. Woher sollst du wissen, was die Zermalmende ist? Es ist das angefachte Feuer Gottes, das die Herzen durchdringt. Es überdeckt sie in langgestreckten Säulen.	Einer aus der Volksmenge bat Jesus: »Meister, sag meinem Bruder, er soll das Erbe mit mir teilen.« Er erwiderte ihm: »Mensch, wer hat mich zum Richter oder Schlichter bei euch gemacht?« Dann sagte er zu den Leuten: »Gebt acht, hütet euch vor jeder Art von Habgier. Denn der Sinn des Lebens besteht nicht darin, daß ein Mensch aufgrund seines großen Vermögens im Überfluß lebt.«
Sure 18,32-44	Und er erzählte ihnen folgendes Beispiel:
Und führe ihnen als Gleichnis zwei Männer an. Dem einen von ihnen gaben Wir zwei Gärten mit Weinstöcken, und Wir umgaben sie mit Palmen und legten dazwischen Saatfelder an. Beide Gärten brachten ihren Ernteertrag und ließen nichts davon fehlen. Und dazwischen ließen Wir einen Bach hervorbrechen. Er erhielt (daraus) Früchte. Da sagte er zu seinem Gefährten, während er sich mit ihm unterhielt: »Ich habe mehr Vermögen als du und auch eine stärkere Schar.« Und er betrat seinen Garten, indem er sich selbst Unrecht tat. Er sagte: »Ich glaube nicht, daß dieser (Garten) jemals verschwinden wird, und ich glaube nicht, daß die Stunde heraufkommen wird. Und wenn ich zu meinem Herrn zurückgebracht werde, werde ich sicher als Rückzugsort etwas Besseres als ihn finden.«	»Auf den Feldern eines reichen Mannes stand eine gute Ernte. Da überlegte er hin und her: ›Was soll ich tun? Ich weiß nicht, wo ich meine Ernte unterbringen soll.‹ Schließlich sagte er: ›So will ich es machen: Ich werde meine Scheunen abreißen und größere bauen; dort werde ich mein ganzes Getreide und meine Vorräte unterbringen. Dann kann ich zu mir selber sagen: Nun hast du einen großen Vorrat, der für viele Jahre reicht. Ruh dich aus, iß und trink, und freu dich des Lebens!‹ Da sprach Gott zu ihm: ›Du Narr! Noch in dieser Nacht wird man dein Leben von dir zurückfordern. Wem wird dann all das gehören, was du angehäuft hast?‹« So geht es jedem, der nur für sich selbst Schätze sammelt, aber vor Gott nicht reich ist.

Sein Gefährte sagte zu ihm, während er sich mit ihm unterhielt: »Willst du denn den verleugnen, der dich aus Erde, dann aus einem Tropfen erschaffen und dann dich zu einem Mann gebildet hat? Aber, was mich betrifft: Er, Gott, ist mein Herr, und ich geselle meinem Herrn niemanden bei. Hättest du doch, als du deinen Garten betreten hast, gesagt: ›(Es ist), was Gott will; es gibt keine Kraft außer durch Gott‹! Wenn du auch siehst, daß ich weniger Vermögen und Kinder habe als du, so möge mein Herr mir etwas Besseres als deinen Garten geben und über ihn aufeinanderfolgende Pfeile vom Himmel schicken, so daß er zu einem schlüpfrigen Boden wird, oder daß sein Wasser versiegt, so daß du es nicht mehr wirst finden können.« Seine Früchte wurden ringsum erfaßt. Da begann er, seine Handflächen umzudrehen über das, was er für ihn ausgegeben hatte, während er bis zu den Wipfeln verödet war, und zu sagen: »O hätte ich doch meinem Herrn niemanden beigesellt!« Und er hatte keine Schar, die ihn anstelle Gottes unterstützte, und er fand auch selbst keine Unterstützung. In dem Fall gehört allein dem wahren Gott die Möglichkeit, Freundschaft zu gewähren. Er ist der Beste im Belohnen, und Er verschafft den besten Ausgang.

In Sure 57,12-15 schließlich finden sich Elemente aus dem Gleichnis von den klugen und den törichten Jungfrauen in Matthäus 25,1-13:

Sure 57,12-15 (Übersetzung von Paret)	Matthäus 25,1-13
Am Tag, da du siehst, wie den gläubigen Männern und Frauen ihr Licht vor ihnen und in ihrer Rechte dahineilt (und ihnen zugerufen wird): »Euch wird heute frohe Botschaft zuteil: Gärten, in deren Niederungen Bäche fließen, und in denen ihr (ewig) weilen werdet!« Das ist das große Glück. Am Tag, da die heuchlerischen Männer und Frauen zu denen, die gläubig sind, sagen: »Wartet auf uns, damit wir von euch Licht bekommen!« Man sagt (dann zu ihnen): »Geht zurück, nach hinten, und sucht (dort) nach Licht!« Und eine Mauer mit einem Tor wird zwischen sie gesetzt. Innerhalb davon befindet sich die Barmherzigkeit, und außerhalb, diesseits, die (Höllen-) Strafe. Die Heuchler rufen den Gläubigen zu: »Haben wir es nicht mit euch gehalten?« Diese sagen: »Ja. Aber ihr habt euch selber in Versuchung geführt, abgewartet, Zweifel gehegt und euch von euren (eigenen) Wünschen betören lassen, bis (schließlich) die Entscheidung eintraf. Und der Betörer (d.h. der Satan) hat euch hinsichtlich Gottes betört. Heute wird nun weder von euch noch von denen, die ungläubig sind, Lösegeld angenommen. Das Höllenfeuer, das für euch zuständig ist, wird euch aufnehmen – ein schlimmes Ende!«	Dann wird es mit dem Himmelreich sein wie mit zehn Jungfrauen, die ihre Lampen nahmen und dem Bräutigam entgegengingen. Fünf von ihnen waren töricht, und fünf waren klug. Die törichten nahmen ihre Lampen mit, aber kein Öl, die klugen aber nahmen außer den Lampen noch Öl in Krügen mit. Als nun der Bräutigam lange nicht kam, wurden sie alle müde und schliefen ein. Mitten in der Nacht aber hörte man plötzlich laute Rufe: »Der Bräutigam kommt! Geht ihm entgehen!« Da standen die Jungfrauen alle auf und machten ihre Lampen zurecht. Die törichten aber sagten zu den klugen: »Gebt uns von eurem Öl, sonst gehen unsere Lampen aus.« Die klugen erwiderten ihnen: »Dann reicht es weder für uns noch für euch; geht doch zu den Händlern und kauft, was ihr braucht.« Während sie noch unterwegs waren, um das Öl zu kaufen, kam der Bräutigam; die Jungfrauen, die bereit waren, gingen mit ihm in den Hochzeitssaal, und die Tür wurde zugeschlossen. Später kamen auch die anderen Jungfrauen und riefen: »Herr, Herr, mach uns auf!« Er aber antwortete ihnen: »Amen, ich sage euch: Ich kenne euch nicht.« Seid also wachsam! Denn ihr wißt weder den Tag noch die Stunde.

KAPITEL 6

Die Wundertaten Jesu

Eine dem Koran zufolge nicht notwendige und schon gar nicht vorrangige Eigenschaft der Gesandten ist die göttliche Bevollmächtigung dazu, Wundertaten zu vollbringen. Jesus ist diese Vollmacht gegeben. Seine Taten werden im Koran, wie bei den anderen Propheten, »Beweise« (*bayyinât*), manchmal auch »Zeichen« (*âyât*) genannt. Bevor wir uns den einzelnen Wundern Jesu im Koran direkt zuwenden, möchte ich zunächst auf zwei grundlegende Beobachtungen zum rechten Verständnis der Wunder hinweisen.

Jesus tut seine Wunder aufgrund einer doppelten Voraussetzung. Zum Einen hat Gott ihn *von Geburt an* gestärkt mit dem »Geist der Heiligkeit« (*ruh al-qudus*), was in dieser Weise im Koran nur von Jesus gesagt wird (Sure 5,110; vgl. 2,87.253).[89] Das erinnert an die Erzählungen der Evangelien von der Geist-Begabung Jesu bei seiner Taufe im Jordan durch Johannes (z.B. Markus 1,9-11). Das Motiv der »Stärkung« Jesu durch einen Engel begegnet im Neuen Testament nur zu Beginn der Passionsgeschichte, wie Lukas sie erzählt (22,43): Jesus im Garten Gethsemane ringt im Gebet um die Erkenntnis des rechten Willens Gottes – »Da erschien ihm ein Engel vom Himmel und gab ihm (neue) Kraft.«

Der »Geist der Heiligkeit«, der dem Koran zufolge Jesus von Anbeginn stärkend begleitet, wird von den muslimischen Auslegern als identisch betrachtet mit »unserem Geist«, der Maria die Geburt Jesu ankündigt: mit Gabriel. Tabarî führt in seiner Erläuterung zu Sure 2,87 aus: Gabriel und Jesus seien gleichsam Geistesverwandte, die nicht nur Geist von Gott *haben*, sondern zugleich Geist *sind* aufgrund ihrer unmittelbaren Erschaffung durch Gott ohne menschlich-männliche Mitwirkung. »Heiligkeit«

aber bedeute die absolute (sündlose) »Reinheit«. Bei diesen Ausführungen Tabarîs muß man beinahe an eine Engel-Christologie denken und sich Jesus als einen Engelbruder Gabriels vorstellen.[90] Tabarsî, der schiitische Vermittlungstheologe, erläutert:

> »Wenn gefragt wird, warum Jesus unter allen Propheten besonders erwähnt wird als einer, der von Gabriel unterstützt wird – wo doch jeder Prophet ebenfalls von ihm unterstützt wird –, wird zu sagen sein: er (sc. Jesus) wird besonders erwähnt, weil Gabriel ihn von Kindesbeinen an bis zum Mannesalter begleitet hat. Er war mit ihm, wo immer er ging, so daß, als die Juden sich verschworen, um ihn zu töten, er (sc. Gabriel) ihn nicht verließ, bis er ihn hinauf in den Himmel nahm.«[91]

Zum Anderen kann Jesus seine Taten allein »mit Gottes Erlaubnis« (bi-idni Allâh) tun. Beides kommt in folgender Beschreibung der Wunder Jesu zum Ausdruck, in der Gott selbst Jesus anredet (Sure 5,110):

> »O Jesus, Sohn Marias, gedenke meiner Gnade zu dir und zu deiner Mutter, als Ich dich mit dem Geist der Heiligkeit stärkte, so daß du zu den Menschen in der Wiege und als Erwachsener sprachst; und als Ich dich das Buch, die Weisheit, die Tora und das Evangelium lehrte; und als du aus Ton etwas wie eine Vogelgestalt mit meiner Erlaubnis schufest und dann hineinbliesest und es mit meiner Erlaubnis zu einem Vogel wurde; und als du Blinde und Aussätzige mit meiner Erlaubnis heiltest und Tote mit meiner Erlaubnis herauskommen ließest.«

Diese Sätze erinnern im ganzen an die Auflistungen der Wunder Jesu bei den synoptischen Evangelien, beispielsweise in Lukas 6,17-19:

> »(...) und viele Menschen aus ganz Judäa und Jerusalem und dem Küstengebiet von Tyrus und Sidon strömten herbei. Sie alle wollten ihn (sc. Jesus) hören und von ihren Krankheiten geheilt werden. Auch die von unreinen Geistern Geplagten wurden geheilt. Alle Leute versuchten, ihn zu berühren; denn es ging eine Kraft von ihm aus, die alle heilte.«

Auch einzelne, konkrete Bezüge in Sure 5,110 zu neutestamentlichen Heilungsgeschichten sind erkennbar. Der Schluß »und Tote mit meiner Erlaubnis herauskommen ließest« (wa-tuhriğu al-mawtâ bi-idnî) erinnert an die in Johannes 11,1-44 erzählte

Geschichte von der Auferweckung des bereits in einer Gruft bestatteten Lazarus. In der koranischen Parallelstelle (Sure 3,49) ist die Formulierung abgewandelt: »und ich mache Tote wieder lebendig mit Gottes Erlaubnis« (*wa-uḥyi al-mawtâ bi-iḏni Allâh*). Im Koran ist es ein Zeichen der göttlichen Schöpfermacht, Tote zum Leben zu erwecken (z.B. Sure 75,40). An dieser Macht – die freilich in den Evangelien wie·im Koran auf den Rückruf in das Leben *vor* dem Tod beschränkt bleibt! – darf Jesus nach Gottes Willen ausnahmsweise partizipieren. Baydâwî bemerkt daher zu Sure 3,49 ausdrücklich, daß Jesus »allein durch Gebet« heilte[92], was im Kontext zumindest einer Totenauferweckung auch im Neuen Testament für Jesus gilt (Johannes 11,21f.41f):

> Martha sagte zu Jesus: » (...) Alles, worum du Gott bittest, wird Gott dir geben.« (...) Jesus aber erhob seine Augen und sprach: »Vater, ich danke dir, daß du mich erhört hast. Ich wußte, daß du mich immer erhörst (...)«.

Der Koran ist eindeutig: Jesus kommt keine eigene Wundermacht zu. Seine Taten sind allein mit Gottes Willen und Unterstützung durch Engelskraft möglich. Das Zeugnis des Neuen Testmaents ist hingegen ambivalent: auf der einen Seite ist Jesus hier in derselben Weise an Gottes Willen und Unterstützung gebunden wie im Koran: Jesus *bittet* um Heilung; ihm ist von Gott Vollmacht *gegeben,* um Außerordentliches sagen und tun zu können (z.B. Matthäus 28,18; Markus 1,22.27; Lukas 4,36; Johannes 5,26f). Auf der anderen Seite jedoch wird Jesus in den Evangelien auch als ein Charismatiker geschildert, der *in sich selbst* enorme Wunderkräfte zu besitzen scheint – »es ging eine Kraft von ihm aus, die alle heilte« (Lukas 6,19; vgl. die Geschichte von der am Blutfluß leidenden Frau in Lukas 8,40-48!) – und diese Vollmacht an die Jünger weitergibt, so daß sie mit *seiner* Vollmacht Wunder vollbringen (z.B. Markus 3,15).

Kurz gesagt: Jesu Macht im Koran ist stets Gottes Macht, die durch ihn wirkt – Jesu Macht im Neuen Testament ist darüber hinaus an manchen Stellen auch die Macht eines göttlichen Jesus, der »alle Macht im Himmel und auf Erden« (Matthäus 28,18) besitzt, der »das Leben in sich hat« (Johannes 5,26) und der einen Namen trägt, »der größer ist als alle Namen« (Philipper 2,9). Doch auch noch bei diesen superlativischen Aussagen über Jesus wird nie vergessen zu betonen, daß dies alles Jesus von Gott »gegeben« sei.

Neben dem Hinweis darauf, daß Jesus Wunder nur aufgrund einer doppelten Voraussetzung tun kann, ist eine zweite grundlegende Beobachtung für das Verständnis dieses Themas zu erwähnen. Man muß im Koran sorgfältig unterscheiden zwischen den Wundern Gottes *durch* Jesus und Gottes Wundern *an* Jesus. So lassen sich insgesamt folgende Wunder in bezug auf die Person Jesu im Koran aufzählen:

A. Wunder bei der Geburt Jesu durch Gottes unmittelbar wirksames Eingreifen:
1. Jesu Erschaffung (jungfräuliche Geburt und Empfängnis) in Maria (Mekka/Medina)
2. Das Wunder der Erquickung Marias (Mekka)

B. Wunder des Knaben und Mannes Jesus:
3. Wiegenwunder (Mekka/Medina)
4. Vogelwunder (Medina)
5. Speise(tisch)wunder (Medina)
6. Summarien der Wundertätigkeit Jesu (Medina)

C. Wunder am Lebensende Jesu durch Gottes unmittelbar wirksames Eingreifen:
7. Jesu Bewahrung vor den Angriffen seiner Feinde (Medina)
8. Jesu Tod und seine Erhöhung zu Gott (Medina).

Auf die drei Taten Jesu, die im Koran besonders erwähnt werden (B. 3. bis 5.), sei nun etwas näher eingegangen.

Das Wiegenwunder kommt sowohl in der mekkanischen (Sure 19,29-33) als auch in der medinischen (Sure 3,46; 5,110) Zeit der Wirksamkeit Muhammads vor. Jesus spricht nicht erst als Erwachsener (*kahl*), sondern bereits als ein Kind zweimal zu den Menschen: zunächst tröstend zu seiner Mutter, sodann auf dem Arm Marias (mekkanisch) bzw. in der »Wiege« (*mahd*, medinisch) zu den Menschen. Wie wir bereits in Kapitel 4 sahen, nimmt Jesus mit seiner Rede Maria vor den Verdächtigungen und Verleumdungen ihrer Angehörigen in Schutz, indem er sich als »Gottes Diener« vorstellt und seinen göttlichen Auftrag beschreibt (Sure 19,30). Dem Ägypter Qarâfî (gest. 1285) zufolge *mußte* der Jesusknabe geradezu die Unberührtheit seiner Mutter verteidigen, andernfalls wäre er indirekt an der Entehrung Marias mitschuldig geworden. Eine solche Pietätlosigkeit sei bei ihm jedoch undenkbar.[93]

Râzî und Tabarsî erwähnen in ihren Kommentaren, daß die Christen dieses Wunder nicht anerkennten, da es im Neuen Testament nicht vorkomme. Das ist korrekt: ein sprechendes Jesuskind ist den neutestamentlichen Evangelien unbekannt. Das Motiv vom *redenden Kind* in der Form, daß es auf dem Arm seiner Mutter zu anderen Menschen spricht, ist der christlichen Tradition nicht völlig fremd. Es begegnet jedoch in den zwischen 180 und 190 entstandenen Petrusakten (Kapitel 15). Auch das Motiv von Jesus, der unmittelbar nach seiner Geburt zu sprechen beginnt, ist in der christlichen Tradition nicht völlig unbekannt. Im Arabischen Kindheitsevangelium spricht gleich in Kapitel 1 Jesus in der Wiege zu Maria und stellt sich ihr mit den Worten vor:

> »Ich bin Jesus, Gottes Sohn, der Logos, den du in der Weise geboren hast, wie es dir der Engel Gabriel angekündigt hat. Gesandt hat mich mein Vater zum Heil der Welt.«[94]

Der Gegensatz der Jesusbilder könnte trotz der Gemeinsamkeit nicht größer sein: hier stellt sich ein Gesandter vor, der Gottes Sohn zu sein beansprucht – im Koran stellt sich derselbe Gesandte als Gottes Diener vor.

Eine weitere Tat Jesu im Koran ist das Vogelwunder (Sure 3,49; vgl. 5,110):

> »Und Er wird ihn zu einem Gesandten an die Kinder Israels machen: ›Ich komme zu euch mit einem Zeichen von eurem Herrn: Ich schaffe euch aus Ton etwas wie eine Vogelgestalt, dann blase ich hinein, und es wird zu einem Vogel mit Gottes Erlaubnis (...)‹«.[95]

Auffällig ist, daß das Wort für »schaffen« (*ḫalaqa*), das 173mal im Koran vorkommt und fast ausschließlich als Tun Gottes gilt (162mal), an dieser und der parallelen Stelle das Tun Jesu charakterisiert. Wie Gott selbst den Menschen »aus Ton erschafft« (*ḫalaqa min al-ṭîn*, Sure 6,2; 32,7 u.ö.), so erschafft Jesus hier aus Ton einen Vogel. Von einer auch nur annähernden göttlichen Schöpferwürde Jesu kann freilich im Koran nicht die Rede sein. Schon deshalb nicht, weil Jesu Schaffen ausdrücklich in der Kraft des Geistes und mit Gottes Billigung geschieht. In Sure 5,110 wiederholt Jesus gleich *zweimal* die Erlaubnisformel, wie Baydâwî erklärt,»um das Hirngespinst derer zu widerlegen, die seine Göttlichkeit behaupten.«[96] Hinzu kommt, daß Jesus lediglich in das Geschaffene »haucht« (*nafaḫa*). Gott aber haucht dem Menschen ausdrücklich *von seinem Geist* ein (Sure 15,29; 32,9; 38,72), was selbst für Jesu eigene Erschaffung in Maria gilt (Sure 21,91; 23,50). Diesen kleinen, aber entscheidenden Unterschied übersieht Adel Theodor Khoury, wenn er schreibt:»Durch das Einhauchen *seines Geistes* belebt Gott alle Menschen (...) – *so* belebt Jesus auch Vogelgestalten aus Ton«[97]. Jesus bläst nur hinein, aber er *haucht nicht von seinem Geist* dem Vogel bzw. den Vögeln ein. Es wird hier gerade *nicht* analog zu Gott formuliert.

Drittens wird die Wirksamkeit von Jesu Schaffen zwar mit denselben Worten wie bei Gottes Schaffen beschrieben[98], aber auch hier ist zu beachten, daß dabei allein Gott das von ihm Geschaffene durch seinen Befehl »Sei!« (*kun*) ins Dasein ruft, während Jesus dieser Schöpferruf nicht zukommt. Vielmehr verdankt er sich selber diesem Ruf (Sure 3,47.59; 19,35)! Qurtubî (gest. 1273) erläutert:

>»das Formen des Tons und das Hineinhauchen waren Handlungen Jesu, doch der Akt des Erschaffens war Gottes Tat. Ähnlich bei der Empfängnis Jesu: der Akt des Hineinhauchens in Maria war Gabriels Tun, aber der Akt des Erschaffens war Gottes Tat.«[99]

Râzî argumentiert ebenfalls mit Gabriel und dem göttlichen Wunder der Empfängnis Jesu, hält aber eine andere Schlußfolgerung für wahrscheinlicher:

>»Der Qur'an deutet an, daß Jesus gezeugt wurde vom Hauchen Gabriels in Maria hinein. Gabriel ist ein Geist und ein vollständig spirituelles Wesen. Es ist daher nicht unwahrscheinlich, daß der Atem Jesu Leben und Geist einflößen könnte.«[100]

Ibn al-ʿArabî gibt dem Vogelwunder eine mystisch-allegorische Auslegung. Der Vogel stellt die nach der wahren Gotteserkenntnis sich sehnende Seele dar, die aber noch gefesselt ist an das Irdisch-Vergängliche, symbolisiert durch den Ton. Erst durch das Einhauchen der göttlichen Weisheit, wie sie der Atem Jesu repräsentiert, werde die Seele ein lebendiges Wesen und vermag sich zum Himmel, in den Raum der göttlichen Wahrheit, emporzuschwingen.[101]

Daß das Vogelwunder Jesu dem Erweis der Schöpfermacht *Gottes* dient, der Menschen durch Wort und Tat daran teilhaben läßt, wann und wie es Ihm gefällt, erweist nicht zuletzt die unmittelbare innerkoranische Parallele dazu: das Vogelwunder Abrahams (Sure 2,260):

> »Und als Abraham sagte: ›Mein Herr, zeig mir, wie Du die Toten wieder lebendig machst.‹ Er sprach: ›Glaubst du denn nicht?‹ Er sagte: ›Doch. Aber mein Herz soll Ruhe finden.‹ Er sprach: ›Dann nimm vier Vögel, richte sie auf dich zu (und schlachte sie). Dann lege auf jeden Berg ein Stück von ihnen, und dann rufe sie. Sie werden zu dir eilends kommen. Und wisse, daß Gott mächtig und weise ist.‹«

Auch in diesem Fall ist es so, daß Abrahams Ruf lediglich kraft der Erlaubnis Gottes die Vögel wieder zum Leben erweckt. Beide koranischen Vogelwunder dienen der Demonstration der alleinigen und unbeschränkten schöpferischen Allmacht Gottes. Wer das glaubt, dessen Herz findet die ersehnte Ruhe.

Im Neuen Testament findet sich auch dieses Wunder nicht, wohl aber in der außerkanonischen christlichen Tradition. Im Kindheitsevangelium des Thomas, entstanden gegen Ende des zweiten Jahrhunderts, ist in Kapitel 2 folgender Wunderbericht zu lesen:

> »1 Als dieser Knabe Jesus fünf Jahre alt geworden war, spielte er an einer Furt eines Baches; das vorbeifließende Wasser leitete er in Gruben zusammen und machte es sofort rein; mit dem bloßen Worte gebot er ihm. 2 Er bereitete sich weichen Lehm und bildete daraus zwölf Sperlinge. Es war Sabbat, als er dies tat. Auch viele andere Kinder spielten mit ihm. 3 Als nun ein Jude sah, was Jesus am Sabbat beim Spielen tat, ging er sogleich weg und meldete dessen Vater Joseph: ›Siehe, dein Knabe ist am Bach, er hat Lehm genommen, zwölf Vögel gebildet und hat den Sabbat entweiht.‹ 4 Als nun Joseph an den Ort gekommen war und (es) gesehen hatte, da herrschte er ihn an: ›Weshalb tust du am Sabbat, was man nicht tun darf?‹ Jesus aber klatschte in die Hände und schrie den Sperlingen zu: ›Fort mit euch!‹ Die Sperlinge öffneten ihre Flügel und flogen mit Geschrei davon. 5 Als aber die Juden das sahen, staunten sie, gingen weg und erzählten ihren Ältesten, was sie Jesus hatten tun sehen.«[102]

Abgesehen von der Anzahl der Vögel, besteht der Unterschied zur koranischen Darstellung des Wunders darin, daß Jesus an einem

Sabbat durch Klatschen in die Hände und Zuruf das Wunder selber vollbringt, wohingegen Jesus im Koran – ob als Knabe oder Erwachsener, ob an einem Sabbat oder nicht, wird nicht gesagt – durch seinen Atem und aufgrund der göttlichen Erlaubnis das Wunder tut.

Am ausführlichsten von allen Wundern Jesu wird gegen Ende der Wirksamkeit Muhammads in Sure 5 das mit der Speise, die (auf einem Tisch) vom Himmel kommt, beschrieben:

>»112 Als die Jünger sagten: ›O Jesus, Sohn Marias, kann dein Herr uns einen Tisch vom Himmel herabsenden?‹ Er sagte: ›Fürchtet Gott, so ihr gläubig seid.‹ 113 Sie sagten: ›Wir wollen davon essen, so daß unsere Herzen Ruhe finden und daß wir wissen, daß du uns die Wahrheit gesagt hast, und daß wir zu denen gehören, die darüber Zeugnis geben.‹ 114 Jesus, der Sohn Marias, sagte: ›O Gott, unser Herr, sende auf uns einen Tisch vom Himmel herab, daß er für uns, für den ersten von uns und den letzten von uns, ein Fest sei, und ein Zeichen von Dir. Und versorge uns. Du bist der beste Versorger.‹ 115 Gott sprach: ›Ich werde ihn auf euch hinabsenden. Wer von euch hernach ungläubig wird, den werde Ich mit einer Pein peinigen, mit der Ich keinen von den Weltenbewohnern peinige.‹«

Etliche muslimische Koranausleger nehmen zunächst eine sprachliche Klärung des arabischen Wortes *mâ'idah* vor. Es meine nicht eigentlich den Tisch als solchen, sondern primär die aufgetischte, zum Essen fertig zubereitete Speise. Daryabâdî erläutert:

>»Mâ'ida bedeutet nicht nur ›ein Tisch mit Speisen darauf‹, sondern auch ›Speisen an sich‹ ohne einen Tisch. In diesem Zusammenhang ist möglicherweise nicht von einem Tisch die Rede. Es geht um ein Wunder von zubereiteter himmlischer Speise, um das die Jünger baten.«[103]

Man kann *mâ'idah* demnach direkt, wie Muhammad Ali es tut, mit »Speise« (*food*) oder, so Muhammad Asad, mit »Mahl(zeit)« (*repast*) übersetzen. Ahmad von Denffer gibt in seiner Koranübersetzung *mâ'idah* mit »Speisetafel« wieder und erklärt, das Wort könne auch einfach »Speisung« bedeuten. Denn:

>»Das Wort ›Tisch‹, wie in anderen Übersetzungen zu finden, ist mißverständlich, da seinerzeit wohl meist am Boden sitzend gegessen wurde.«[104]

Schon Tabarî meint, der Bericht sei als Anspielung auf die in den Evangelien erzählten Berichte von der Speisung der 5000 bzw. 4000 Menschen durch eine wunderbare Brot- und Fischvermehrung (z.b. Markus 6,30-44; 8,1-10) zu verstehen. Die Bitte in dem in Vers 114 zitierten Gebet Jesu »O Gott, unser Herr, (...) versorge uns. Du bist der beste Versorger« erinnert an die Brot-Bitte des Vaterunsers »Unser tägliches Brot gib uns heute« (vgl. Matthäus 6,1; Lukas 11,3).[105] Mithin könnte man in Sure 5,111ff eine motivgeschichtlich zwar mit der Abendmahlsvorstellung verwandte, aber im Grunde viel ältere Tradition erblicken: die vom Hunger des Menschen nach dem Brot, das Gott schenkt und gleichsam »vom Himmel kommt«. Vorstellungen von einem himmlischen Brot sind mehrfach in der jüdisch-christlichen Überlieferung und später unter gnostischen Christen belegt. Psalm 78 schildert das in Exodus 16 beschriebene Manna- und Wachtelwunder und sagt in den Versen 18-29 unter anderem:

> »In ihrem Herzen versuchten sie (sc. die Israeliten) Gott, forderten Speise für ihre Gier. Und sie haderten gegen Gott und sagten: ›Kann Gott uns den Tisch bereiten hier in der Wüste?‹ (...) Und Manna ließ er (sc. Gott) auf sie regnen zur Speise, er gab ihnen Himmelsbrot.«[106]

Im Neuen Testament ist neben Matthäus 6,11 an Johannes 6,30-35 zu denken. Die Jünger fragten Jesus:

> »Welches Zeichen tust du, damit wir es sehen und dir glauben? Was tust du? (...) Jesus sagte zu ihnen: Amen, amen, ich sage euch: Nicht Mose hat euch das Brot vom Himmel gegeben, sondern mein Vater gibt euch das wahre Brot vom Himmel. Denn das Brot, das Gott gibt, kommt vom Himmel herab und gibt der Welt das Leben. Da baten sie ihn: Herr, gib uns immer dieses Brot! Jesus antwortete ihnen: Ich bin das Brot des Lebens (...).«[107]

Natürlich sind auch noch andere traditionsgeschichtlichen Deutungen denkbar. Westliche Ausleger ziehen gerne eine direkte Linie vom koranischen Speisetischwunder zur christlichen Mahlfeier am »Tisch des Herrn« (1 Korinther 10,21) und zur Liturgie der Einsetzung des Abendmahls (Markus 14,17ff; 1 Korinther 11,23ff) bzw. der zugrundeliegenden jüdischen Tradition des Passahmahls. Auch bringen sie die Strafandrohung in Sure 5,115 (»Wer von euch hernach ungläubig wird, den werde Ich mit einer Pein peinigen, mit der Ich keinen von den Weltenbewohnern peinige«) mit

1 Korinther 11,27-29 in Verbindung, wo Paulus im Zusammenhang von Überlegungen zur angemessenen Feier des Herrenmahls schreibt:

> »Wer also unwürdig von dem Brot ißt und aus dem Kelch des Herrn trinkt, macht sich schuldig am Leib und am Blut des Herrn. Jeder soll sich selbst prüfen; erst dann soll er von dem Brot essen und aus dem Kelch trinken. Denn wer davon ißt und trinkt, ohne zu bedenken, daß es der Leib des Herrn ist, der zieht sich das Gericht zu, indem er ißt und trinkt.«[108]

Die meisten muslimischen Kommentatoren hingegen betonen, Sure 5,112ff habe nichts mit der christlichen Abendmahlstradition zu tun. So erklärt Ahmad von Denffer:

> »der Bericht über das Passah-Mahl im Neuen Testament hat überhaupt keinen Bezug auf eine Herabsendung oder ein Wunderzeichen, während im Koran ja gerade die wundersame Herabsendung des Tisches, und nicht etwa das Mahl, das zentrale Element darstellt. Es handelt sich dabei wieder um ein Zeichen für Allahs Allmacht und es geht, anders als beim Passahmahl im Neuen Testament, im Grunde genommen nicht um die Person Jesu.«[109]

Beim Speise(tisch)wunder wirft die Spannung zwischen der Glaubensbereitschaft der Jünger, von der Vers 111 spricht, und den in den unmittelbar folgenden Versen geäußerten Zweifeln der Jünger an Gott, inhaltliche Probleme auf. Sie werden ganz unterschiedlich beantwortet. Khoury und Paret folgen in ihren Übersetzungen der Jünger-Frage in Vers 111 der üblichen Lesart des arabischen Textes (*hal yastaṭīʿu rabbuka...*). Gemeint ist den meisten islamischen Kommentatoren zufolge nicht, daß die Jünger an Gottes *Macht* zweifeln, ihnen Speise (auf einem Tisch) vom Himmel herabzusenden, sondern unsicher darüber sind, ob Gott wohl dazu *bereit* sei. Eine andere Lesart des arabischen Textes (nach Kisâʾî: *hal tastaṭīʿu rabbaka...*) versteht die Frage der Jünger als Ausdruck ihres Zweifels an *Jesus:* ob er wohl in der Lage sei, Gott dazu zu bewegen, ihnen Speise vom Himmel herabzusenden.[110] Das Ansinnen der Jünger wird auch gedeutet als Ausdruck ihrer Sehnsucht nach Glaubensgewißheit, wie sie sogar Abraham selbst geäußert habe (Sure 2,260), oder als bloße Wundersucht eines unvollkommenen Glaubens, wie man Jesu Reaktion in Vers 112 entnehmen kann. Abdul H. Siddiqui erklärt:

»Die Worte Jesu zeigen deutlich, daß er die Forderungen seiner Jünger nicht befürwortet, denn sie beinhalten einen naiven Wunsch nach Wundern als Beweis für Gottes Wohltaten.«[111]

Tabarî und mit ihm die Mehrheit der muslimischen Koranausleger gehen davon aus, daß es nicht bei der Absichtserklärung Gottes in Vers 115 bleibt, sondern daß er tatsächlich (einen Tisch mit) Speisen vom Himmel herabgesandt hat. Doch darüber sagt der Koran selber nichts.[112]

Wir halten abschließend fest: Die wunderbaren Taten Gottes an Jesu Lebenseingang durch Sein unmittelbar wirksames Eingreifen sowie an Jesu Lebensausgang ebenfalls durch Gottes unmittelbare Intervention bilden gleichsam einen *theologischen Rahmen* um Jesu »eigene« Wundertätigkeit. Theologisch ist dieser Rahmen insofern zu nennen, als er zusätzlich deutlich macht: die Wunder Jesu dienen nicht seiner eigenen Verherrlichung, sondern geschehen der Nöte der Menschen wegen und zur höheren Ehre Gottes.

KAPITEL 7

Der Mensch Jesus

Sowohl in Suren der mekkanischen als auch der medinischen Zeit wird Jesus ausdrücklich »Knecht« bzw. »Diener Gottes« (*'abd Allâh*) genannt. Diese Bezeichnung ist weniger ein besonderer Titel für Jesus, werden doch auch andere Propheten so genannt (vgl. Sure 18,1; 38,17.41.44f; 72,19). Sie ist vielmehr – aus der Sicht einer monotheistischen Religion – die grundsätzliche Bestimmung des Menschseins als solchen vor Gott. Der Anthropologie des Korans zufolge besitzt der Mensch gleichsam eine *'abd*-Struktur. Die buchstäbliche Bedeutung von *'abd* ist »Sklave«, »Knecht«. Das Wort ist im Koran jedoch viel stärker religiös eingefärbt, als es diese quasisoziologischen Übersetzungen erkennen lassen. Das ist schon im Judentum so. In der Hebräischen Bibel wird Mose vielfach »Knecht Jahwes« (*'ebed JHWH*) genannt. Die berühmten sog. »Gottesknechtslieder« (Jesaja 42,1-4; 49,1-6; 50,4-9; 52,13-53,12) beschreiben eindrücklich die Vorstellung der Gottesknechtschaft eines Menschen bzw. des ganzen Volkes Israel.

Auch im Koran zielt das Wort *'abd* nicht so sehr auf Sklavendienst (*'abada*), sondern auf die gottesdienstliche Anbetung und Verehrung Gottes (*'ibâda*). Schon seit der ersten Phase der Wirksamkeit Muhammads macht der Koran geltend, daß das Wesen und die Bestimmung des Menschen im Gottes-Dienst bestehe (Sure 51,56; vgl. 7,194; 13,15f; 21,26):»Und Ich habe die Djinn und die Menschen nur dazu erschaffen, daß sie Mir dienen.« Der Mensch als »Diener« ist, was er ist, in seiner Verwiesenheit und seinem Angewiesensein auf Gott als seinem alleinigen »Herrn« (*rabb*). Auch Jesu Bezeichnung als *'abd* ist von dieser fundamentalen Herr-Knecht-Relation zwischen Gott und Mensch bestimmt. Solches *'abd*-Sein des Menschen bedeutet allerdings nicht die blinde Unterwerfung eines unmündigen Sklaven, sondern »die Entfaltung des eigentlichen Kerns seines Daseins«, wie Abdoldjavad Falaturi (gest. 1996) betont.[113] Daher könnte ʿabd Allâh auch mit »Verehrer« oder »Anbeter« Gottes übersetzt werden. Im Deutschen hat sich die doppeldeutige Kompromißübersetzung »Diener Gottes« eingebürgert (so z.B. Ullmann, Paret und Khoury).

Auch im Neuen Testament und sonst im urchristlichen Schrifttum wird Jesus gelegentlich als »Knecht Gottes« (gr. *paîs/doûlos toû theoû*) bezeichnet (vgl. Apostelgeschichte 3,13.26; 4,27.30; Philipper 2,7; Didache 9,2-3; 10,2-3; 1 Klemensbrief 16; 59), aber nicht mit demselben Gewicht wie im Koran. Es ist deutlich: mit dem aus der jüdisch-christlichen Tradition stammenden Titel des »Gottesknechts« (ʿabd Allâh) soll ebenso wie mit der Bezeichnung »Sohn Marias« gesagt werden, daß Jesus nicht der »Sohn Gottes« ist.

Bereits Jesu in der Wiege gesprochenes Wort an die Menschen ist ein Bekenntnis zu seinem schlechthinnigen Verwiesensein auf Gott, um von Anfang an jegliche Behauptung, er sei mehr als ein Mensch, gewissermaßen im Keim zu ersticken. So spricht Jesus in Sure 19, mit einem eindeutigen Ich-bin-Wort beginnend:

»30 (...) ›Ich bin der Diener Gottes. Er ließ mir das Buch zukommen und machte mich zu einem Propheten. 31 Und Er machte mich gesegnet, wo immer ich bin. Und Er trug mir auf, das Gebet und die Abgabe (zu erfüllen), solange ich lebe, 32 und pietätvoll gegen meine Mutter zu sein. Und Er machte mich nicht zu einem unglückseligen Gewaltherrscher. 33 Und Friede sei über mir am Tag, da ich geboren wurde, und am Tag, da ich sterbe, und am Tag, da ich wieder zum Leben erweckt werde.‹ 34 Das ist Jesus, der Sohn Marias. Es ist das Wort der Wahrheit, woran sie zweifeln. 35 Es steht Gott nicht an, sich ein Kind zu nehmen. Preis sei Ihm! Wenn Er eine Sache beschlossen hat, sagt Er zu ihr: Sei!, und sie ist. 36 (Sc. Jesus sprach:) ›Und Gott ist mein Herr und euer Herr; so dienet Ihm. Das ist ein gerader Weg.‹ 37 Dann wurden die Parteien untereinander uneins. Wehe denen, die nicht glauben, vor dem Erleben eines gewaltigen Tages!«

Die Behauptung einer Gottessohnschaft Jesu kann sich dem Koran zufolge nicht auf Jesus berufen. Mehr noch, sie steht geradewegs im Widerspruch zu seinem *Selbstzeugnis:* Gott ist nicht sein Vater, sondern sein Herr. Genausowenig wie die Engel, die in der unmittelbaren Gegenwart Gottes leben, ist Jesus zu stolz dafür, sich dem Einen und Einzigen Gott als sein Geschöpf unterzuordnen, wie Sure 4,172 betont:

> »Der Messias wird es sicher nicht aus Widerwillen ablehnen, Diener
> Gottes zu sein, und auch nicht die in die Nähe (Gottes) zugelassenen
> Engel. Wenn einer es aus Widerwillen ablehnt, Ihm zu dienen, und
> sich hochmütig zeigt, so wird Gott doch sie allesamt zu sich versammeln.«

Diese Kernsätze der Christologie des Korans sind seit Ende des 7. Jahrhunderts in Fels gehauen. Eine Inschrift am Jerusalemer Felsendom handelt von Jesus als dem Diener Gottes: sie zitiert Sure 4,171f; 19,33-36 und enthält die an Gott gerichtete Bitte, Jesus zu segnen. 'Umair ibn Hâni' (gest. 745) hat wenig später nach Maßgabe dieses koranischen Kernsatzes das Bekenntnis zu Jesus als dem »Diener und Gesandten Gottes« sogar in das islamische Glaubensbekenntnis aufgenommen, das dadurch dreiteilig wurde.[114]

Abdullah Yusuf Ali verweist in seinem Kommentar zu Sure 4,172 auf einen wichtigen Zug im Leben Jesu hin, der sich bis in den Beginn der Passionsgeschichte durchhalte und der sein Selbstverständnis als Gottes Diener bestätige:

> »Oft wachte Christus und betete, als ein demütiger Verehrer Gottes;
> und sein Todeskampf im Garten von Gethsemane war voller mensch-
> licher Würde, Leiden und Selbstdemütigung.«[115]

Zwar wird von Jesus, wie von den Engeln, gesagt, er sei einer von denen, die Gott »nahegestellt« sind (Sure 3,45). Dennoch bleibt Jesus ein Mensch. Wie anders hätte er ein vorbildhafter Gesandter, ein »Beispiel« (maṯal) sein können, dem Menschen gehorchen, dienen und nachfolgen (Sure 43,59.63)? Dieses Argument spielt im christologischen Dialog zwischen Christen und Muslimen eine wichtige Rolle, wie ich im Schlußkapitel dieses Buches ausführen werde.

Zwei Passagen des Korans dokumentieren den Streit um Jesus zwischen Christen und Muslimen, der schon zu Lebzeiten Muhammads entbrannte und in gewisser Weise den jahrhunderte-langen innerchristlichen Streit um Jesus unter neuen Vorzeichen fortsetzte, wie wir gleich noch ausführlicher sehen werden.

Sure 43, die zweitälteste christologische Sure des Korans, belegt diesen Streit bereits für die zweite Phase der Wirksamkeit

Muhammads in Mekka. Beherrschendes Thema dieser *al-zuḫruf* (»Der Prunk«) genannten Sure sind, wie Abdullah Yusuf Ali erläutert,

>»die Kontraste zwischen der tatsächlichen Herrlichkeit der Wahrheit und Offenbarung und dem trügerischen Geglitzer dessen, was Menschen gerne glauben und verehren. Sie (sc. die Sure) zitiert die Beispiele von Abraham, Mose und Jesus, um den Trug aufzudecken und die Wahrheit hochzuhalten.«[116]

Die christologische Passage in Sure 43 mache Jesu Rang deutlich:

>»57 Und als der Sohn Marias als Beispiel angeführt wurde, da erging sich dein Volk gleich in lautem Spott. 58 Und sie sagten: ›Wer ist besser, unsere Götter oder er?‹ Sie führten ihn dir nur zum Streiten an. Nein, sie sind streitsüchtige Leute. 59 Er ist nichts als ein Diener, den Wir begnadet haben und zu einem Beispiel für die Kinder Israels gemacht haben. 60 Und wenn Wir wollten, könnten Wir aus euren Reihen Engel bestellen, die als (eure) Nachfolger auf Erden leben würden.«

Sodann geben einige Verse in Sure 3 wahrscheinlich Einblick in einen Streit um Jesus, den Muhammad viele Jahre später in medinischer Zeit mit südarabischen Christen geführt hat:

>»59 Mit Jesus ist es vor Gott wie mit Adam. Er erschuf ihn aus Erde, dann sagte Er zu ihm: Sei!, und er war. 60 Es ist die Wahrheit von deinem Herrn. Darum sei nicht einer von den Zweiflern. 61 Und wenn man mit dir darüber streitet nach dem, was zu dir an Wissen gekommen ist, dann sprich: Kommt her, laßt uns unsere Söhne und eure Söhne, unsere Frauen und eure Frauen, uns selbst und euch selbst zusammenrufen und dann den Gemeinschaftseid leisten und den Fluch Gottes auf die Lügner herabkommen lassen. 62 Das ist gewiß der wahre Bericht. Und es gibt keinen Gott außer Gott. Gott ist der Mächtige, der Weise. 63 Wenn sie sich abkehren, so weiß Gott über die Unheilstifter Bescheid.«

Allen muslimischen Koranauslegern zufolge ist der historische Hintergrund und Anlaß der Offenbarung dieser Verse an Muhammad ein christologisches Streitgespräch, das dieser mit einer christlichen Delegation aus Nadjrân im Jahre 631 geführt hatte.[117] Im Kern ging es um die Frage, ob Jesus göttlich bzw. Gottes Sohn sei oder ein Mensch, wie alle anderen Propheten auch. Da sei – so die muslimischen Kommentatoren – der Engel Gabriel erschienen und habe Muhammad die zitierten Verse eingegeben. Damit sei der Streit entschieden gewesen. Immerhin sei es den Christen in der Folge gelungen, sich nicht dem kollektiven Gottesurteil (*mubâhalah*) stellen zu müssen, sondern Muhammad zum Abschluß eines Schutzvertrages mit den Nadjrânern zu bewegen. Muslime bezeichnen daher Vers 61 geradezu als die *âyat-al-mubâhalah*.

Warum überhaupt dieser Streit um die Gottessohnschaft Jesu zwischen Christen und Muslimen? Er ist die Folge einer aus meiner Sicht verhängnisvollen Entwicklung – nicht pauschal und überall *des* Christentums (wie leider viele Muslime bis heute meinen), sondern bestimmter einflußreicher Kreise und Gruppen *im* Christentum, die ihre Auffassung, die sie von ihren semitisch-hebräischen Wurzeln zunehmend entfremdete, am Ende zur einzig orthodoxen, rechtgläubigen Auffassung erklärten.

Denn in der Tat: in den Königs- und Thronbesteigungspsalmen der Hebräischen Bibel heißt der Gesalbte, der König Israels »Sohn Gottes«, doch nicht im Sinne einer mythologisch und physisch verstandenen Doppelnatur als Gott und Mensch zugleich wie in den altägyptischen, assyrischen oder babylonischen Religionen. Die dahinterliegende Vorstellung einer »Zeugung« des Sohnes Gottes, woran noch Psalm 2,7 erinnert, ist metaphorisch umgedeutet worden: »Sohn Gottes« ist in hebräisch-jüdischem Kontext in einem deklaratorischen, juristischen und adoptianischen, mithin in einem *übertragenen* Sinne zu verstehen. Der Gottessohntitel ist in der gesamten Bibel kein das Wesen oder die physische Natur betreffende Seinsaussage, sondern ein Terminus, der eine besondere Zugehörigkeit irdisch-menschlicher Wesen zu Gott zur Geltung bringt.

Was nun Jesus selbst betrifft, so hat man nach einhelliger Auffassung christlicher Exegeten davon auszugehen, daß dieser den Titel »Sohn Gottes« niemals für sich selbst in Anspruch genommen hat. Vielmehr ist er »von verschiedenen Seiten und in sehr unterschiedlichem Sinn *an ihn herangetragen* worden«.[118] Das hat Jesus jedoch nicht davon abgehalten, die Gottessohnvorstellung zu gebrauchen. Freilich tut er dies in einem metaphorisch-ethischen und zugleich inklusivisch-kollektiven Sinne. Beispielsweise in Matthäus 5,9, wo er die Friedensstifter »Söhne Gottes«

69

nennt, oder in Matthäus 5,44f, wo Jesus die Menschen zur Feindesliebe aufruft, »damit ihr Söhne eures Vaters im Himmel werdet« (vgl. auch Römer 8,14-17.19; Epheser 1,5; Hebräer 12,7). Im Verlaufe jahrhundertelanger christologischer Streitigkeiten ist die Rede von der *exklusiven* Gottessohnschaft Jesu auf den Konzilien von Nizäa (325), Konstantinopel (381) und Chalcedon (451) dogmatisiert worden, und das zudem in einem *metaphysischen*, substanzontologischen Sinne, ähnlich wie in den altorientalischen Götterkulten, von der auch die Ideologie der Apotheose des römischen Kaiserkultes beeinflußt war. Das sog. »Nicaeno-Constantinopolitanum« (381) bekennt von Jesus, er sei »gezeugt, nicht geschaffen, wesensgleich dem Vater« (gr. *gennêthénta ou poiêthénta, homooúsion tô patrí*). Alle andersglaubenden Christen wurden von den Konzilsvätern als häretisch verdammt. Einige Kirchen, darunter die arianischen, monophysitischen und nestorianischen Kirchen, haben das Chalcedonense von 451 abgelehnt.

Auf diesem Hintergrund ist der Widerspruch des Korans zu verstehen. Obwohl Jesus unter außergewöhnlichen Umständen erschaffen wurde, ist er dennoch wie Adam ein Geschöpf Gottes. Jesus ist irdisch – »aus Erde« (*min turâbin*), wie Sure 3,59 sagt – und nicht himmlisch. Er ist zeitlich und nicht präexistent. Er ist durch Einhauchen des Geistes »erschaffen« (*halaqa*) und nicht von Gott »gezeugt«; gleichen Wesens mit Adam und nicht mit »dem Vater«, wie das Konzil von Konstantinopel gesagt hatte. Neben Sure 3,59 dokumentieren auch die fast gleichlautenden Worte in Sure 3,47 und 19,35 Gottes allmächtiges Handeln allein durch das Wort: der Befehl »Sei!« (*kun*) genügt, um Jesus nicht anders als Adam ins Dasein zu rufen.[119] Interessant ist die Beobachtung: diese Verse in Sure 3 und Sure 19 erinnern deutlich an den Widerspruch der Arianer gegen die Vorstellung einer göttlichen Zeugung und Gottgleichheit des Logos vor aller Zeit. Wie bereits in Kapitel 3 erwähnt, behauptete Arius das bloße Geschaffensein des Logos als des obersten aller Geschöpfe. Deshalb sei er, so Arius, »fremd und in allem unähnlich gegenüber dem Wesen und der Eigenart des Vaters«. Die christologische Antithese des Korans trifft sich hier mit der arianischen Christologie.

Mit dem Hinweis auf den vollmächtigen Schöpferruf, dem sich Jesus verdankt, sind die beiden Erzählungen von der jungfräulichen Empfängnis Jesu auf den Punkt gebracht. Adam und Jesus verkörpern die Souveränität und Wirkmächtigkeit des göttlichen *kun* – in diesem Sinne heißt Jesus, wie wir hörten, »Wort von Gott«. Dies ist der Tenor der islamischen Auslegung. Exemplarisch seien zwei Zitate angeführt. Ibn Kathîr erklärt:

> »Der, welcher Adam erschuf ohne einen Vater, ist gewiß in der Lage, Jesus ebenso zu erschaffen. Wenn es demzufolge möglich ist, göttliche Sohnschaft für Jesus zu beanspruchen allein aus dem Grund, daß er erschaffen wurde ohne einen Vater, dann wäre es noch begründeter, dies für Adam zu beanspruchen. Es besteht allerdings (sc. unter Muslimen) ein genereller Konsens darüber, daß dies ein trügerischer Anspruch ist. Ja, dieser Anspruch für Jesus ist sogar besonders trügerisch und heimtückisch. Vielmehr wollte der Herr, gepriesen sei Seine Herrlichkeit, Seine Allmacht manifestieren, indem Er Adam erschuf ohne Mann oder Frau, Eva von einem Mann ohne Frau, und Jesus von einer Frau ohne Mann, sowie den Rest der Menschheit von einem Mann und einer Frau.«[120]

Schon Râzî argumentierte fast zwei Jahrhunderte früher ganz ähnlich:

> »Adam hatte weder Vater noch Mutter; gleichwohl darf man nicht meinen, daß er ein Sohn Gottes war. Dasselbe muß von Jesus gesagt werden. Mehr noch, wenn es möglich ist, daß Gott Adam aus Staub erschuf, warum ist es nicht möglich, daß Er Jesus aus dem Blut Marias erschaffen könnte? In der Tat ist dies (sc. eine solche Annahme bei Jesus) noch vernünftiger, denn die Hervorbringung eines Lebewesens aus dem Blut im Schoße der Mutter ist vernünftiger als seine Hervorbringung aus trockenem Staub.«[121]

Der Koran lehnt die Gottessohnschaft Jesu letztlich aus denselben beiden Gründen ab, wie er in älteren Passagen bereits die polytheistische Auffassung der Gegner Muhammads in Mekka zurückweist. Gott duldet als der Eine und Einzige keinen Teilhaber an Seiner Seite. Wer das nicht beachtet, macht sich der unverzeihlichen Sünde der »Beigesellung« schuldig.[122] Und: Gott ist erhaben darüber, eine Gefährtin zu haben, mit der er Kinder zeugen würde. Gott hat – im biologischen, mithin wörtlichen Sinne – weder Töchter noch Söhne. Derlei Behauptungen, die suggerieren, Gott sei ein irgendwie geschlechtlich spezifizierbares Wesen, sind Anthropomorphismen, menschliche, allzu menschliche Phantasien. In Sure 6,100-101 etwa ist zu lesen:

»Und sie haben Gott Teilhaber gegeben: die Djinn, wo Er sie doch erschaffen hat. Und sie haben Ihm Söhne und Töchter angedichtet, ohne (richtiges) Wissen. Preis sei Ihm! Er ist erhaben über das, was sie da schildern. Der Schöpfer der Himmel und der Erde, woher soll Er ein Kind haben, wo Er doch keine Gefährtin hat und Er (sonst) alles erschaffen hat? Und Er weiß über alle Dinge Bescheid« (vgl. auch Sure 17,111; 23,91f; 72,3).

Die Vorstellung einer Einwohnung (arab. *ḥulûl* = gr. *enoíkêsis*) Gottes in einem Menschen (Jesus) bzw. der Einung (arab. *ittiḥâd* = gr. *hénôsis*) des Wesens Gottes mit der menschlichen Natur ist für den Koran ebenso undenkbar wie die Vorstellung, dem Einen Gott einen weiteren Gott oder eine Göttin beizugesellen bzw. ihm Söhne oder Töchter zuzuschreiben:

»Gott (...) hat keinen Partner, weder Vater noch Mutter, weder Sohn noch Tochter; Er hat weder Gestalt noch Form; Er wohnt weder in einem menschlichen noch sonst in einem Körper.«[123]

Der Koran weist mehrfach die Vorstellung, daß »Gott einen Sprößling (zu) sich nehmen« könnte (*ittiḫaḏa Allâh waladan*), zurück (Sure 2,116f; 10,68; 19,35.88.92; 21,26; 43,81). Die meisten islamischen Kommentatoren verstehen diese Wendung – gleichgültig, ob sie Jesus direkt erwähnt oder nicht – als Kritik an der Christologie der orientalischen Christen, was zumindest bei denjenigen Suren plausibel sein könnte, die wenigstens an anderer Stelle explizit die Gestalt Jesu thematisieren.[124] Die Kritik an dieser für Muhammad *fast* undenkbaren Vorstellung – im Schlußkapitel komme ich auf eine Ausnahme zu sprechen – wird in den oben zitierten Versen 30–35 schon der mekkanischen Sure 19 auf die Christologie angewandt. Abdullah Yusuf Ali erläutert zu Vers 35:

»Einen Sohn zu zeugen ist ein physischer Akt, der auf den Bedürfnissen der animalischen Natur der Menschen beruht. Der Allerhöchste ist unabhängig von allen Bedürfnissen, und es ist Ihm gegenüber herabwürdigend, Ihm einen solchen Akt zuzusprechen. Dies ist schlicht das Relikt eines heidnischen und anthropomorph-materalistischen Aberglaubens.«[125]

Sein allmächtiges Schöpfer*wort* macht jede irdische (Josef) oder himmlische Vaterschaft (Gott) überflüssig. Die Beschreibung der

Gottesknechtschaft Jesu in Sure 19,30ff wird an einer späteren Stelle der Sure nochmals aufgenommen. Dabei wird die Wendung *ittiḫada Allâh waladan* von Vers 35 noch dreimal wiederholt. Der Schluß dieser zweiten Gottesknecht-Passage korrespondiert direkt mit dem Anfang der ersten Gottesknecht-Passage: Vers 93 gibt generalisierend das Ich-bin-Wort Jesu von Vers 30 wieder. Aufgrund der eindeutigen Bezüge zu Vers 30–35 ist es mir unverständlich, weshalb viele westliche Exegeten – anders als die muslimischen! – Sure 19,88-93 nicht zu den christologischen Versen des Korans rechnen (zit. nach der Übersetzung Ullmanns, die Verszahlen wurden von mir eingefügt):

> »88 Sie sagen (d.h. die Christen): Der Allbarmherzige hat sich einen Sohn gezeugt. 89 Damit äußern sie aber eine Gottlosigkeit, 90 und nur wenig fehlte, daß nicht die Himmel zerrissen, und die Erde sich spaltete, und die Berge zusammenstürzten ob dem, 91 daß sie dem Allbarmherzigen Kinder zuschreiben, 92 für den es sich nicht ziehmt, Kinder zu zeugen. 93 Keiner im Himmel und auf der Erde darf sich dem Allbarmherzigen anders nähern, als nur um sein Diener sein zu wollen.«

An einer einzigen Stelle im Koran wird eindeutig und explizit die Gottes*sohn*schaft *Jesu* zurückgewiesen (Sure 9,30):

> »(...) Und die Christen sagen: ›Der Messias ist Gottes Sohn (*ibn Allâh*)‹. Das ist ihre Rede aus ihrem eigenen Munde. Damit reden sie wie die, die vorher ungläubig waren. Gott bekämpfe sie! Wie leicht lassen sie sich doch abwenden!«[126]

Jesus – jedenfalls in einem physisch-biologisch-ontologischen Sinne – für den Sohn Gottes zu halten, ist eine unerlaubte theologische Grenzüberschreitung, eine christologische »Übertreibung«, wie Sure 4,171 sagt:

> »O ihr Leute des Buchs, übertreibt nicht in eurer Religion und sagt über Gott nur die Wahrheit. (...) Gott ist doch ein einziger Gott. Gepriesen sei Er und erhaben darüber, daß Er ein Kind habe. Er hat, was in den Himmeln und was auf der Erde ist.«

Den ersten Teil: »übertreibt nicht in eurer Religion« oder »treibt es in eurer Religion nicht zu weit« (*lâ taġlû fî dînikum*, so auch in Sure 5,77), wie Paret übersetzt, erläutert Zamakhsharî folgendermaßen:

»Die Juden sind zu weit gegangen, indem sie Christus in seiner Stellung herabgesetzt haben, da sie ihn für ein illegitimes Kind (von Maria) hielten. Und die Christen sind zu weit gegangen, indem sie ihn über Gebühr erhöht haben, da sie ihn für einen Gott hielten.«[127]

Der Koran – kurz vor dem Tod Muhammads – bewertet solches Übertreiben in Sure 5,17 als »Unglauben« (*kufr*):

»Ungläubig sind gewiß diejenigen, die sagen: ›Gott ist der Messias, der Sohn Marias.‹ Sprich: Wer vermag denn gegen Gott überhaupt etwas auszurichten, wenn Er den Messias, den Sohn Marias, und seine Mutter und diejenigen, die auf der Erde sind, allesamt verderben lassen will? Gott gehört die Königsherrschaft der Himmel und der Erde und dessen, was dazwischen ist. Er erschafft, was Er will. Und Gott hat Macht zu allen Dingen.«

Daryabâdî bemerkt dazu schlicht: »Jesus ist ein sterblicher Mensch und der Sohn einer sterblichen Mutter.«[128] Ähnlich heißt es im Koran einige Verse später (Vers 72):

»Ungläubig sind diejenigen, die sagen: ›Gott ist der Messias, der Sohn Marias‹, wo doch der Messias gesagt hat: ›O ihr Kinder Israels, dienet Gott, meinem Herrn und eurem Herrn.‹ Wer Gott (andere) beigesellt, dem verwehrt Gott das Paradies. Seine Heimstätte ist das Feuer.«

Muslimische Ausleger verweisen hier immer wieder auf die theozentrische Botschaft Jesu, wie sie auch die neutestamentlichen Evangelien bezeugen (Matthäus 4,10; Markus 12,29f; Lukas 18,19). Man muß unbedingt berücksichtigen: der Vorwurf des Unglaubens in Sure 5,17.72 richtet sich nicht generell an alle Christen, sondern er richtete sich historisch konkret gegen monophysitische Christen. In ihren Gottesdiensten war und ist es bis heute selbstverständlich, Christus mit »unser Gott« oder sogar mit »allmächtiger Gott« anzurufen! Demgemäß ist er in ihren Augen auch über die selbstverständlichsten menschlichen Bedürfnisse erhaben gewesen.[129] An diesem Punkt meldet der Koran ebenfalls seinen Widerspruch an. Abgesehen von den Selbstzeugnissen Jesu gelten ihm auch Jesu menschliche Bedürfnisse als ein Beweis seiner Nicht-Göttlichkeit. Denn ein Gott hat keine Bedürfnisse, wie Menschen sie haben. Jesus und auch seine Mutter jedoch haben gegessen und getrunken, was nur gewöhnliche Sterbliche zu tun pflegen bzw. genötigt sind (Sure 5,75):

»Der Messias, der Sohn Marias, ist nichts anderes als ein Gesandter; vor ihm sind etliche Gesandte dahingegangen. Seine Mutter ist eine Wahrhaftige. Beide pflegten, Speise zu essen. Siehe, wie Wir ihnen Zeichen deutlich machen, und dann siehe, wie sie sich abwenden lassen.«

Sayyid Qutb bemerkt in seinem Kommentar zu diesem Vers:

»Daß er Nahrung zu sich genommen hat, ist im Leben Jesu – Gottes Friede sei mit ihm – sowie im Leben seiner wahrhaften Mutter eine Tatsache. Sie ist eine Eigenheit von erschaffenen Lebewesen und ein Zeichen des Mensch-Seins von Jesus und seiner Mutter. Wer Nahrung zu sich nimmt, stillt damit ohne Zweifel ein menschliches Bedürfnis, und es kann kein Gott sein, der dies tut, um zu leben. Denn Gott lebt, besteht und erhält Sich Selbst, ohne Essen zu benötigen.«[130]

Ebenso entschieden wie die Gottessohnschaft bzw. Göttlichkeit Jesu lehnt der Koran auch eine Gottesvorstellung ab, welche er folgendermaßen wiedergibt (Sure 4,171):»Und sagt nicht: Drei. Hört auf, das ist besser für euch. Gott ist doch ein einziger Gott.« Auch diese Vorstellung der Christen wird verurteilt (Sure 5,73):

»Ungläubig sind diejenigen, die sagen: ›Gott ist der Dritte von dreien‹, wo es doch keinen Gott gibt außer einem einzigen Gott. Wenn sie mit dem, was sie sagen, nicht aufhören, so wird diejenigen von ihnen, die ungläubig sind, eine schmerzhafte Pein treffen.«

Die beiden zitierten Verse machen jeden (christlichen) Leser stutzig. Kann hier tatsächlich eine *christliche* Gottesvorstellung gemeint sein? Wenn aber ja, welche? Schon Tabarî merkt an, daß der Widerspruch zur Göttlichkeit Jesu in Sure 5,72 sich speziell gegen den Christuskult der monophysitischen Jakobiten (*Yaʿqûbîya*) richte.[131] Abdullah Yusuf Ali erläutert zu Sure 4,171:

»Wie ein törichter Diener durch einen exzessiven Eifer für seinen Herrn in die Irre gehen mag, so können in der Religion die Exzesse der Menschen diese zur Gotteslästerung treiben oder zu einer Gesinnung, die genau im Gegensatz zur Religion steht. (...) An dieser Stelle wird die christliche Haltung verurteilt, welche Jesus zu einer Gleichheit mit Gott erhöht; die in manchen Fällen Maria beinahe abgöttisch verehrt; die Gott einen physischen Sohn zuschreibt und welche wider alle Vernunft die Doktrin der Trinität erfindet, die gemäß dem Athanasianischen Glaubensbekenntnis geglaubt werden muß, um nicht für ewig in die Hölle verdammt zu sein.«[132]

Die islamische Koranauslegung weist in der Tat historisch in die richtige Richtung. Das Gottesbild der Christen, das dem Koran vor Augen steht und dem er direkt widerspricht, ist eine Art *familiärer Drei-Götter-Glaube*, der aus der »Dreiheit« (*taṯlîṯ*) von Gott, dem Vater, Maria, seiner göttlichen Gefährtin, und aus Jesus als ihrem gemeinsamen göttlichen Sohn besteht. So ist vor allem Sure 5,116 zu verstehen:

> »Und als Gott sprach: ›O Jesus, Sohn Marias, warst du es, der zu den Menschen sagte: ›Nehmt euch neben Gott mich und meine Mutter zu Göttern?‹ Er sagte: ›Preis sei Dir! Es steht mir nicht zu, etwas zu sagen, wozu ich kein Recht habe. Hätte ich es gesagt, dann wüßtest Du es‹.«

Seit dem fünften Jahrhundert befand sich die Christenheit im Dauerstreit um die dogmatische Beschreibung der Natur(en) Jesu. Gegenüber der für orthodox erklärten chalcedonensischen Zwei-naturenlehre sprach die antichalcedonensische Bewegung von der einen Natur (gr. *mía physis*) des inkarnierten Gott-Logos. Wortführer der Monophysiten im sechsten Jahrhundert war Severus, Patriarch von Antiochien (gest. 538). Er vertritt eine konsequente Christologie »von oben«, in welcher die menschliche Wahrnehmung der Jesu Person, wie Alois Grillmeier urteilt,

> »überhaupt nicht in den Blick (kommt). Auch das immer wiederholte Bekenntnis zur Wirklichkeit einer menschlichen Seele und Geistigkeit Christi ändert daran nichts.«[133]

In dieser Zeit war im orientalischen Christentum zudem ein tritheistischer Streit entbrannt. Ein bekannter Verfechter des Tritheismus war Johannes Grammaticus Philoponus (gest. um 575), der in der Christologie ebenfalls monophysitisch dachte. Ihm galt die Einheit Gottes als reine Abstraktion des menschlichen Verstandes; darum sprach er von einer substantiellen Götter-Dreiheit: »so ist einer Gott Vater, einer Gott Sohn und einer Gott Heiliger Geist.«[134] Zur Zeit Muhammads wurden die Monophysiten und Tritheisten im Byzantinischen Reich unterdrückt, zeitenweise sogar verfolgt. Die Kunde von den tritheistischen und christologischen Streitigkeiten der Christen war bis nach Arabien und zu Muhammad gedrungen, wie der Koran mehrfach erkennen läßt, wenn er wiederholt von der christlichen »Uneinigkeit« (*iḫtilâf*) spricht (Sure 3,55; 4,157; 19,37; 43,65).

Zur Erklärung dafür, warum der Koran eine christliche Gottesvorstellung so wiedergibt, wie er es tut, ist darüber hinaus die *Volksfrömmigkeit* der orientalischen Christen insbesondere aus dem syrischen, ägyptischen, äthiopischen und arabischen Raum, mit denen Muhammad es zu tun hatte, zu berücksichtigen. Die orientalisch-christliche Frömmigkeit zeichnete sich durch dreierlei aus:

1. Sie neigte von Anfang an zu einer mehr *tritheistischen* als monotheistischen Gottesauffassung, was sich für die Christen in Ägypten und Äthiopien aufgrund der dort immer noch gegenwärtigen altägyptischen Vorstellung von Göttertriaden erklären läßt.[135]

2. Dieselben Christen bekannten sich zugleich zu einem *monophysitischen* Verständnis der Person Christi, das sich seinerseits

3. mit einer besonderen *Marienverehrung* verband, die sich in der Volksfrömmigkeit, mit fließenden Übergängen, bis hin zum Marienkult und einer mehr oder weniger göttlichen Verehrung Marias steigern konnte. Cyrill, der Bischof von Jerusalem (gest. 386), war wohl der erste Theologe, der Maria »Muttergottes« bzw. »Gottesgebärerin« (gr. *párthenos hê theotókos*) nannte.[136]

Schon im 17. Jahrhundert haben christliche Theologen bei der Auslegung des Korans auf die »Kollyridianer(innen)« hingewiesen, die von Epiphanius von Salamis (gest. 402) erwähnt werden. So bezeichnete dieser eine Gruppe trakischer Frauen, die nach Arabien ausgewandert waren und der Muttergottes (arab. *umm Allâh* oder *al-Sayyidah*) göttliche Verehrung erwiesen. Analog zum rituellen Genuß des Leibes Jesu im Abendmahl brachten sie Maria besondere (Brot-) Kuchen (gr. *kollyrides*) dar. Noch im 6. Jahrhundert muß diese Gruppe, die sich selber wohl als »Philomarianiten« bezeichnete, existent oder doch allgemein bekannt gewesen sein, wie ihre Erwähnung bei Leontius von Byzanz (gest. 543) zeigt. Theodor Klauser zufolge ist es

> »so gut wie sicher, daß diese Sektenbildung auf der Annahme beruhte, daß mit dem sich einbürgernden Gottesgebärerintitel Marias Göttlichkeit ausgesprochen werden sollte.«[137]

Dies wird bestätigt durch die Existenz weiterer Gruppierungen im Orient, deren tritheistische Gottesvorstellung bekannt war. Der armenische Bischof Maruta (gest. um 419) berichtet von einem Zweig der Montanisten:

>Diese nennen die selige Maria Göttin und sagen, ein Archon (sc. ein Himmelswesen) habe sich ihr verbunden und es sei von ihr der Sohn Gottes geboren worden«.[138]

Diese Montanistengruppe, die man »Marianiten« nannte, erwähnt noch Eutychius (gest. 944), Patriarch von Alexandrien, in seinen Annales. Auch sie hätten Delegierte zum Konzil von Nizäa entsandt, »die bekräftigten, daß Christus und selbst Maria zwei Götter neben (sc. dem Einen) Gott seien«.[139] Doch ist es keineswegs so, daß die göttliche Verehrung Marias allein auf sektiererische Kreise beschränkt blieb; vielmehr handelt es sich dabei um *ein im Orient weit verbreitetes, volksreligiöses Phänomen.* Davon zeugen die apokryphen Kindheitsevangelien, die nicht allein zum Ruhme des Jesusknaben, sondern auch zur Verherrlichung Marias geschrieben wurden.[140] Im Arabischen Kindheitsevangelium etwa wird Maria wiederholt als »erhabene, göttliche Maria« bezeichnet. Hier findet man einen familiären Drei-Götter-Glauben sogar explizit beschrieben, nämlich in Gestalt der vergöttlichten »Heiligen Familie« (Kapitel 17). Nach einem Wunder des Jesusknaben rufen die Bewohner einer ägyptischen Stadt aus: »Es besteht kein Zweifel: Joseph und Maria und dieser Knabe sind Götter, keine Menschen.«[141]

Angesichts der Fülle und Vielfalt von dogmatisch-theologischen und volksreligiösen Auffassungen und Spekulationen, die es im orientalischen Christentum bezüglich des Wesens Gottes und der Person Jesu und Marias gab, ist es nicht angebracht, Muhammad bzw. dem Koran zu unterstellen, er habe »die christliche« Trinitätslehre, Christologie oder Mariologie falsch verstanden, bewußt entstellt oder sich mit seiner lebhaften Phantasie zusammengereimt, wie von christlichen Theologen und Islamwissenschaftlern jahrhundertelang behauptet wurde.[142] Das Nein des Korans zur triadisch-christlichen Gottesauffassung ist mit Sicherheit durch das monotheistische Credo, wie es Sure 112 zum Ausdruck bringt, motiviert. Möglicherweise ist es zugleich ein Echo der nestorianischen Kritik am Christus- und Marienkult. Nestorius (gest. nach 451), der Bischof von Konstantinopel, hatte die Bezeichnung Marias als der »Gottesgebärerin« abgelehnt und sein *christotókos* dagegengesetzt, aus Sorge, daß man in den Augen des Volkes Maria mit diesem Titel zur Göttin mache.[143] Das nestorianische Christentum, das sich im Laufe des 5. Jahrhunderts von der römischen Reichskirche gelöst hatte und eine Christologie vertrat, die primär das vorbildhafte Menschsein Jesu in seiner Verbundenheit mit Gott betonte (Synode von Beth Lapat 484), breitete sich von Südarabien seit dessen Eroberung durch die Perser (597) auch über die arabische Halbinsel aus. Zur Zeit Muhammads waren Nestorianismus und Monophysitismus die in Syrien und Arabien am weitesten verbreiteten Formen des Christentums.[144]

Zurück zum Koran! Dieser weist, wie nun deutlich geworden sein dürfte, nicht pauschal *die* christliche Gottesauffassung zurück, sondern ganz gezielt die triadisch-tritheistischen Gottesvorstellungen der orientalisch-christlichen Volksfrömmigkeit, mithin eine *übersteigerte Christus- und Marienverehrung,* die starke Tendenzen zur Vergottung Jesu und Marias beinhaltete. Daraus darf freilich keine antihäretische Gesinnungsgenossenschaft mit dem sich als orthodox bezeichnenden westlichen Christentum gefolgert werden. Der Koran lehnt nicht nur einen familiären Tritheismus, sondern auch – wie übrigens schon die älteste Form des Christentums, das Judenchristentum – *jede* mögliche Form eines trinitarischen Gottesbildes ab, gelte sie christlicherseits nun als orthodox oder als häretisch. Das ist die fast ausnahmslose Auffassung islamischer Kommentatoren.[145] Eine wie auch immer verstandene »Trinität« widerspreche dem koranischen Grund-Bekenntnis zu der ungeschmälerten, absoluten Einheit und Einzigkeit Gottes (*tawhîd*). Dieses Bekenntnis bringt Sure 112, die in die erste Periode der Wirksamkeit Muhammads in Mekka zurückgeht, anschaulich zum Ausdruck, weshalb ich sie eingangs im Vorwort als die intellektuelle Essenz des Korans bezeichnet habe. Sie sei nochmals zitiert (eigene Übersetzung):

»Im Namen Gottes, des Barmherzigen und sich Erbarmenden. 1 Sprich: Er ist Gott, ein Einziger, 2 Gott ganz und gar. 3 Er hat nicht gezeugt, und Er ist nicht gezeugt worden. 4 Und keiner kann sich mit Ihm vergleichen.«

Mit Recht haben zu allen Zeiten muslimische Kommentatoren, christliche Ausleger wie auch westliche Koranwissenschaftler in diesem Credo des Islams nicht nur eine Zurückweisung des mekkanischen Polytheismus erkannt, sondern auch und womöglich sogar primär eine pointierte Antithese zum bereits zitierten christologischen Dogma, wie es im vierten Jahrhundert auf den Konzilien von Nizäa und Konstantinopel sowohl gegen das Judenchristentum als auch gegen das arianische Christentum formuliert worden war: Jesus sei »gezeugt, nicht geschaffen, wesensgleich dem Vater«. Dagegen protestiert Sure 112,3 direkt mit der Wendung *lam yalid walam yûlad:* »Er (sc. Gott) hat nicht gezeugt, und Er ist nicht gezeugt worden«! Deshalb kann sich keiner der Propheten und Gesandten, weder Mose, Jesus noch Muhammad, auch weder ein Engel noch ein Teufel oder sonst ein Wesen im Himmel und auf Erden oder unter der Erde mit Gott vergleichen. Repräsentativ für das muslimische Verständnis des islamischen Credos sei die Erläuterung von Muzammil H. Siddiqi zitiert:

»Daß Gott Einer ist in seiner Person und einzigartig in Seinen Eigenschaften, ist die fundamentale Bekräftigung des Islams. Dualität, Trinität, Multiplizität – nichts von alledem ist mit der Göttlichen Einheit vereinbar. (...) Wenn die Trinität, islamisch betrachtet, ›drei Personen‹ bedeutet, dann ist sie schlicht und einfach Polytheismus, wenngleich ein begrenzter. Und Einheit und Polytheismus sind überhaupt nicht miteinander vereinbar. Wenn die christliche Trinität für drei Seinsweisen, Ausdrucksformen, Namen, Eigenschaften oder was auch immer Gottes stehen, dann sehen die Muslime keinen Grund oder Zwang, diese auf drei zu begrenzen.«[146]

In der Tat: das Bemühen der meisten trinitarischen Vorstellungen, von Jesus so zu denken, wie man von Gott denkt – wie der berühmte Anfangssatz des Zweiten Clemensbriefes (entstanden um 100 n.Chr.) fordert –, widerspricht wohl schon im *Ansatz* dem islamischen (und urchristlichen) Credo, daß Gott keinen Ebenbürtigen – keinen ebenbürtig zu *Denkenden* auch nur! – an seiner Seite haben könne.

Warum also widerspricht der Koran und mit ihm die islamische Theologie der Gottessohnschaft Jesu, verstanden als seine Göttlichkeit im vollen Sinne des Wortes? Am Ende dieses Kapitels seien die verschiedenen Antworten des Korans noch einmal zusammenfassend aufgeführt. Es sind ingesamt sechs Gründe, drei christologische und drei im engeren Sinne theologische:

1. Jesu unbestreitbares *Menschsein* einschließlich entsprechender Bedürfnisse, die nur ein Mensch, nicht aber ein Gott haben kann (Sure 5,75);
2. Jesu *Vorbildfähigkeit (maṭal)* für andere Menschen steht und fällt mit seinem uneingeschränkten Menschsein (Sure 43,59.63). Einem Gott(essohn) kann kein Mensch nacheifern;
3. Jesu wahrhaftiges und unbezweifelbares *Selbstzeugnis* Gott gegenüber, niemals für sich eine göttliche Würde beansprucht zu haben (Sure 5,116-117);
4. Gottes *Einheit, Einzigkeit und Unvergleichlichkeit (tawḥîd)* läßt keinen Gleichrangigen an Seiner Seite zu (z.B. Sure 112);
5. Gottes *Transzendenz und Erhabenheit* verbietet jegliche anthropomorphe Rede des Menschen von Ihm (z.B. Sure 6,100-101);
6. Die Behauptung von der Göttlichkeit bzw. Gottessohnschaft Jesu enthält logische Widersprüche in bezug auf das Gottesverständnis und führt zu *grotesk-absurden Implikationen,* etwa zu göttlicher Selbstanbetung oder zum Pantheismus. Darauf weist Râzî in einem Streitgespräch mit einem ungenannten Christen hin: durch ununterbrochene Überlieferung stünde fest,

»daß Jesus sich mit großer Hingabe der Anbetung und dem Gehorsam gegen Gott (erhaben sei er!) widmete. Wenn er ein Gott wäre, wäre dies unmöglich, denn Gott betet sich nicht selbst an. (...) Da du es als möglich betrachtest, daß Gott im Körper Jesu wohnt, wie weißt du, daß Gott nicht auch in meinem Leib, in deinem Leib und im Leib jeden Tieres und jeder Pflanze und jeden leblosen Wesens wohnt?«[147]

Aus dem Neuen Testament kennen wir die Erzählung von der Versuchung des fastenden Jesus in der Wüste durch den Teufel (Matthäus 4,1-11; Lukas 4,1-13). Sie gipfelt bekanntlich darin, daß Jesus die Verführung zur Anbetung *des Teufels* mit dem Hinweis auf das erste Gebot, Gott allein sei anzubeten, zurückweist. Diese Geschichte wird in der islamischen Mystik dahingehend variiert, daß Jesus durch Iblîs – der Name des Teufels im Koran – dazu verführt werden soll, nicht etwa dem Versucher, sondern *sich selber* Göttlichkeit anzumaßen. Dieses in unterschiedlichen Erzählvarianten wiederkehrende Motiv begegnet bei dem persischen Mystiker Ruzbihan-i Baqli (gest. 1209) in folgender Form, in der Jesus hart von Iblîs bedrängt wird:

»(...) Iblîs sagte ›O Jesus, deine Angelegenheit ist so weit gekommen, daß du der Gott auf Erden bist, und Er ist der Gott im Himmel.‹ Jesus sagte: ›Gott ist einer, und ich bin Sein Diener.‹ Aber er insistierte so lange, daß Jesus ganz verwirrt wurde. Er rief zu Gott – erhaben ist Er – und Gabriel kam, ergriff den Verfluchten und schleuderte ihn an die Sonnenscheibe. Gleich darauf kam er zurück und sagte: ›O Jesus, deine Angelegenheit ist so weit gekommen, daß Gott die Toten belebt und du die Toten belebst; Er ist der Gott des Himmels und du bist der Gott der Erde.‹ Jesus zitterte und sagte: ›Ich bin Sein Diener und der Sohn der Jungfrau.‹ Er erbat von Gott, daß er ihn befreie. Michael ergriff den Verfluchten und schleuderte ihn gegen die Sonnenscheibe. (...)«[148]

Jesus erweist sich dem Koran zufolge gerade dadurch als der vollkommen vorbildhafte Mensch und Gottesknecht, daß er nicht begehrt, mehr als das zu sein. Darum wird Gottes Schutz ihn keinen Augenblick im Stich lassen. Darum wird Gottes Großmut ihn am Ende belohnen, wie wir in den folgenden Kapiteln sehen werden.

KAPITEL 8

Das Geheimnis des Kreuzes

Unglaube und Ungehorsam, Widerstand und Anfeindungen bis in die Todesgefahr hinein gehören – wie Muhammad aus eigener Erfahrung weiß – von Anbeginn zum Schicksal der Propheten. Wiederholt erwähnt der Koran, daß Menschen immer wieder versucht haben, die zu ihnen gesandten Propheten – zum Teil mit Erfolg – zu Tode zu bringen (Sure 2,61.87.91; 3,21.112.181.183; 5,70; 6,34.). Trotzdem gilt im Prinzip (Sure 3,145):

>»Und niemand kann sterben außer mit der Erlaubnis Gottes gemäß einer Schrift mit festgelegter Frist.«

Auch Jesus hat die Feindschaft derjenigen jüdischen Zeitgenossen, die ihm keinen Glauben schenkten, zu spüren bekommen. Jesus wurde aufgrund seiner Wundertaten von den Juden sogar der »Zauberei« (*siḥr*) beschuldigt, wie in Sure 5,110 Gott selbst konstatiert:

>» (...) und als Ich die Kinder Israels von dir zurückhielt, als du mit den deutlichen Zeichen zu ihnen kamst, worauf diejenigen unter ihnen, die ungläubig waren, sagten: ›Das ist nichts als eine offenkundige Zauberei.‹«

Abdul H. Siddiqui bemerkt dazu:

>»Wie merkwürdig ist doch die Mentalität fehlgeleiteter Menschen! Wenn sie in einem Menschen göttliches Wirken feststellen, vergöttlichen sie diesen Menschen, oder sie setzen ihn herab auf die Stufe der Hexenmeister, wobei sie die durch ihn sichtbar gewordenen Wunder als Magie abtun.«[149]

Jedem Kenner des Neuen Testaments kommt das bekannt vor. Mit Recht verweist Abdullah Yusuf Ali auf Lukas 11,15:

»Einige von ihnen (sc. den Juden) aber sagten: Mit Hilfe von Beelzebul, dem Anführer der Dämonen, treibt er (sc. Jesus) die Dämonen aus.«[150]

Sure 61,6 erwähnt wie Sure 5,110 denselben Vorwurf:

»Als er nun mit den deutlichen Zeichen zu ihnen kam, sagten sie: ›Das ist eine offenkundige Zauberei.‹«

Der Text ist allerdings nicht eindeutig: der Vorwurf kann sich sowohl auf Jesus als auch auf Muhammad beziehen, von dessen Ankündigung durch Jesus unmittelbar zuvor die Rede ist. Nach Ansicht Tabarîs und besonders der zeitgenössischen muslimischen Exegeten richtet sich der Vorwurf an Muhammad. Ein Beleg für diese Interpretation ist Sure 74,24f, eine der ältesten Suren des Korans, wo Muhammad explizit derselbe Vorwurf gemacht wird. In jedem Fall gilt: Gottes Gesandte werden, wann und wo sie auch auftreten, immer wieder mit denselben Unterstellungen des Unglaubens und den Nachstellungen offenkundiger oder heimtückischer Feindschaft konfrontiert.

Bedroht von seinen Feinden, wendet Jesus sich hilfesuchend an die Jünger (Sure 61,14; ähnlich Sure 3,52):

»›Wer sind meine Helfer (auf dem Weg) zu Gott hin?‹ Die Jünger sagten: ›Wir sind die Helfer Gottes.‹ Eine Gruppe der Kinder Israels glaubte, und eine (andere) Gruppe war ungläubig. Da stärkten Wir diejenigen, die glaubten, gegen ihre Feinde, und sie bekamen die Oberhand.«

Râzî macht darauf aufmerksam, daß die Frage Jesu an seine Jünger sich sowohl auf ihre Berufung in die Nachfolge beziehen könnte als auch auf die Situation der drohenden Gefangennahme Jesu durch seine Feinde, wie der Schluß von Sure 61,14 nahelege. Ebenso könnte sich seiner Ansicht nach die Bemerkung in Sure 2,87 (= 2,253), daß Gott Jesus »mit dem heiligen Geist gestärkt« hat, nicht allein seine Befähigung zu Wundertaten meinen, sondern auch die Hilfe, die Jesus von Gabriel sein ganzes Leben über und daher auch in Todesgefahr erhalten habe. In der Tat: die Fortsetzung in Sure 2,87 (= 5,70) legt wohl letzteren Zusammenhang nahe:

»Wollt ihr euch denn jedesmal, wenn euch ein Gesandter etwas bringt, was ihr nicht mögt, hochmütig verhalten und einen Teil (von ihnen) der Lüge zeihen und einen (anderen) Teil töten?«[151]

Râzîs Vermutung findet Anhalt an einer Stelle im Neuen Testament. Bereits im Kapitel 6 über die Wunder Jesu wurde auf Lukas 22,43 hingewiesen: daß zu Beginn der Passion dem betenden Jesus im Garten Gethsemane »ein Engel vom Himmel« erschien und Jesus »(neue) Kraft gab«. Von dieser einen Stelle abgesehen, ist das Motiv der Stärkung des angefochtenen, mit Gott um Seinen Willen ringenden Jesus durch einen Engel insbesondere in der außerkanonischen, judenchristlichen Tradition lebendig gewesen – eines der vielen Indizien dafür, daß Muhammad mit Judenchristen Kontakt gehabt haben dürfte. Jesu Stärkung durch einen Engel hatte im leider nur fragmentarisch erhalten gebliebenen judenchristlichen Nazaräerevangelium besonderes Gewicht.[152]

Bis zu diesem Punkt gibt es also einen prinzipiellen *Konsens* zwischen dem Zeugnis des Neuen Testaments (vgl. z.B. Lukas 4,28-30; Markus 3,6; 11,18; 14,1) und dem des Korans: Jesus ist von seinen Zeitgenossen angefeindet worden. Im Gespräch mit den Juden Medinas vernimmt Muhammad eine Behauptung, die im Koran an einer einzigen Stelle mit folgenden Worten wiedergegeben wird (Sure 4,157): »›Wir haben den Messias Jesus, den Sohn Marias, den Gesandten Gottes, getötet.‹« Menschlicher Frevel gegen Gott geht so weit, daß man sogar vor dem Mordversuch an einem *Gesandten* nicht zurückschreckt! Bis hierher geht der Koran, nicht weiter. Es bleibt beim *Versuch* der Menschen, Jesus zu töten. Gott aber weiß ihn vor den mörderischen Absichten seiner Gegner zu bewahren. Seine Bewahrung ist größer als jede Bedrohung durch Menschen sein kann. Sein »Ränke schmieden« (*makara*) übertrifft alle menschlichen Intrigen, wie Sure 3,54 betont:

»Sie schmiedeten Ränke, und Gott schmiedete Ränke. Gott ist der beste derer, die Ränke schmieden.«

Deshalb widerspricht der Koran den Juden entschieden (Sure 4,157): »Sie haben ihn aber nicht getötet, und sie haben ihn nicht gekreuzigt.«

Ein Gesandter (*rasûl*) Gottes steht mehr noch als der Prophet unter Gottes besonderem Schutz, der ihn zwar nicht schlechthin vor der Möglichkeit der Ermordung schützt. Doch Jesus ist seinen Häschern auf wunderbare Weise entkommen. Auch sonst wird von keinem namentlich im Koran erwähnten Gesandten berichtet, er sei durch Menschenhand getötet worden. In bezug auf den tödlich bedrohten Muhammad wird in Sure 8,30 wörtlich dasselbe gesagt, wie in Sure 3,54 über Jesus:

>»Sie schmiedeten Ränke, und Gott schmiedete Ränke. Gott ist der beste derer, die Ränke schmieden.«

Ähnliches sagt der Koran auch über den Mörder Mose, der die Rache der Ägypter zu fürchten hatte (Sure 20,40). Auch der mit dem Feuertod bedrohte Abraham – zwar im Koran nicht explizit »Gesandter« genannt, aber sicherlich von derselben Würde wie ein Gesandter – wird durch Gottes »List« errettet (vgl. Sure 21,68-71; 29,24; 37,97f).

Das *Daß* der Bewahrung Jesu vor einem gewaltsamen Tod durch Menschenhand, also seine *Nichtkreuzigung*, die in Sure 4,157 anklingt, bestätigt der eingangs zitierte Vers 110 der Sure 5, in dem Gott ausdrücklich sagt, er halte die aufgebrachten Juden von Jesus zurück. Allerdings ist das *Wie* dieser göttlichen Intervention vom Koran her nicht eindeutig zu erklären. Sure 4,157-158 sagt im weiteren lediglich:

>»Sie haben ihn aber nicht getötet, und sie haben ihn nicht gekreuzigt, sondern es erschien ihnen eine ihm ähnliche Gestalt (*wa-lâkin šubbiha lahum*). Diejenigen, die über ihn uneins sind, sind im Zweifel über ihn. Sie haben kein Wissen über ihn, außer daß sie Vermutungen folgen. Und sie haben ihn nicht mit Gewißheit getötet, sondern Gott hat ihn zu sich erhoben. Gott ist mächtig und weise.«

Die Worte *wa-lâkin šubbiha lahum* des Kreuzigungsverses (Sure 4,157f) gehören zu den dunkelsten und daher umstrittensten, die exegetische Spekulation am meisten stimulierenden Worten des ganzen Korans. Zamakhsharî und ihm folgend Râzî sowie einige andere Kommentatoren führen aus, daß es aufgrund der Mehrdeutigkeit des Verbums *šabbaha* (Stamm II: es kann sowohl »ähnlich machen« bedeuten als auch »scheinbar, unklar, zweifelhaft sein lassen«) verschiedene Möglichkeiten gebe, das entscheidende Wort *šubbiha* (das Perfekt Passiv von *šabbaha*) zu übersetzen. Ich möchte insgesamt vier Varianten, die sich auf zwei Grundtypen zurückführen lassen, unterscheiden. Aus quasi göttlicher Perspektive gibt es zwei Deutungsmöglichkeiten:

1. Jesus selbst ist gemeint: »er wurde ähnlich gemacht/verähnlicht«.

2. Eine andere, anstelle Jesus gekreuzigte Person ist gemeint: »er (ein anderer) wurde ihm (Jesus) ähnlich gemacht«. Problematisch an dieser Variante ist freilich nicht nur, daß im Text *šubbiha lahum* und nicht *šubbiha lahu* (Singular!) steht, sondern auch, wie schon Zamakhsharî selber einräumt, daß von einer weiteren Person neben Jesus explizit im Text nicht die Rede ist. Auf diese Person kann nur indirekt geschlossen werden aufgrund der Feststellung in Vers 157, es sei nicht Jesus gewesen, der gekreuzigt wurde. In diesen beiden Varianten ist das Passiv jeweils als Passivum Divinum aufgefaßt, das heißt Gott als handelndes oder verursachendes Subjekt unausgesprochen vorausgesetzt.

Die anderen beiden Deutungsmöglichkeiten beziehen sich auf den Akt der Kreuzigung, so daß hier nicht die göttliche Sicht, sondern eine menschliche Perspektive eingenommen wird:

3. Jesus selbst ist gemeint: »es erschien ihnen nur so (als ob sie Jesus gekreuzigt hätten)«. Dieser Variante folgt Friedrich Rückerts Übersetzung: »Es täuschte sie ein Scheinbild nur«.
4. Eine andere, anstelle Jesus gekreuzigte Person ist gemeint: »es schien ihnen (ein anderer Jesus) ähnlich gemacht zu sein«. Die Übersetzungen Parets (»vielmehr erschien ihnen [ein anderer] ähnlich«) und Khourys (»es erschien ihnen eine ihm ähnliche Gestalt«) folgen dieser Option, mit dem Vorteil, anders als Variante 2 das Wort *lahum* grammatikalisch korrekt im Plural zu übersetzen. Auch die zeitgenössischen muslimischen Übersetzungen folgen überwiegend dieser vierten Übersetzungsmöglichkeit, die man aufgrund des betont illusorischen Charakters der menschlichen Wahrnehmungsfähigkeit des Kreuzesereignisses *Illusionstheorie* nennen könnte.

Hinter den vier wichtigsten Übersetzungsmöglichkeiten werden, wie gesagt, zwei Grundtypen, zwei Theorien der Interpretation erkennbar: die Doketismus- und die Substitutionstheorie. Variante 1 und 3 folgen der Doketismustheorie (Scheintheorie), die besagt: *Jesus* ist der Gekreuzigte, aber er wurde nur zum Schein gekreuzigt, hat nur scheinbar gelitten und ist zum Schein gestorben, welche Erklärungen im Einzelnen auch immer angeführt werden. Variante 2 und 4 hingegen folgen der Substitutionstheorie (Ersatztheorie), die besagt: *ein anderer* wurde *an Jesu statt* gekreuzigt. Dieser Ersatzmann hat tatsächlich gelitten und ist am Kreuz gestorben.

Die klassischen islamischen Korankommentatoren haben alle mehr oder weniger Kenntnis vom Inhalt der kanonischen und wohl auch einiger außerkanonischer Berichte der christlichen Passionsgeschichte. Je besser ihre Kenntnis von diesen Berichten war, desto größer war offenbar auch ihre Lust an Spekulationen über die Vorgänge vor, bei und nach der Erhöhung Jesu, von denen faktisch im Koran selber nichts berichtet wird.[153] Aufs Ganze gesehen, vertreten die meisten klassischen wie auch modernen Koranausleger einschließlich der meisten islamischen Mystiker (z.b. Rûmî) die Substitutionstheorie, und zwar in Gestalt einer (oder mehrerer) der folgenden vier Hauptdeutungen (bei zahlreichen Untervarianten im Detail).

A. Tabarî vertritt eine Deutung, die seinen Angaben nach bis auf Wahb ibn Munabbih (gest. 728) zurückgeht. Die Jünger, die bei Jesus sind, werden *alle* dem Aussehen Jesu ähnlich gemacht. Die Juden töten einen der Jünger in der Meinung, er sei Jesus, während dieser zu Gott erhöht wird (wie Sure 4,158 ausdrücklich sagt). Die meisten Kommentatoren haben diese *Verwechslungsvariante* abgelehnt, vor allem deshalb, weil es ein Zeichen göttlichen Unrechts (*zulm*) wäre, wenn er es zuließe, daß ein Unschuldiger an Jesu statt getötet würde.

B. Die zweite Deutungsvariante, die daher mit einem *freiwilligen* Ersatzmann Jesu operiert, wird von den meisten klassischen Kommentatoren bevorzugt. Sie ist Tabarî zufolge bereits von ʿAbdallah ibn ʿAbbâs sowie von Qatâda vertreten worden. Jesus habe seine Jünger gefragt:

> »›Wer unter euch ist bereit, mit meiner Ähnlichkeit (*shabahî*) umkleidet und getötet zu werden?‹ Einer von ihnen antwortete: ›Ich wäre bereit, o Prophet Gottes.‹ So wurde dieser Mann getötet und Gott schützte Seinen Propheten und nahm ihn auf bei Sich.«[154]

C. Die dritte Deutung führt den Gedanken der unfreiwilligen, mithin *bestrafenden* Substitution ein. Das Gesicht desjenigen, den die Juden entsenden, um Jesus zu töten (Zamakhsharî läßt ihn ungenannt, Râzî nennt ihn »Titayus«, Baydâwî »Titanus«) wird demjenigen Jesu ähnlich gemacht, so daß er selber, als er den erhöhten Jesus nicht findet, von den Juden ergriffen und trotz seiner Proteste abgeführt wird. Der gedungene Mörder wird am Ende selber gekreuzigt.

D. Die vierte, ebenfalls bestrafende Variante, auf die insbesondere moderne Kommentatoren zurückgreifen, unterscheidet sich von der dritten nur darin, daß sie den unfreiwillig an Jesu statt Getöteten mit *Judas* identifiziert. Hier wird der von den neutestamentlichen Evangelien bezeugte Verräter Jesu zum Gekreuzigten.

Râzî faßt die verschiedenen Antworten der klassischen Kommentatoren aus seiner Sicht folgendermaßen zusammen:

»Die Gelehrten sind sich darüber nicht einig. Sie haben verschiedene Erklärungen erwähnt. Als erste Erklärung haben viele Theologen vorgetragen, daß Gott ihn (Jesus) zu sich erhoben hat, als die Juden beschlossen hatten, ihn zu töten; da befürchteten die Vorsteher der Juden einen Aufruhr im Volk. So haben sie einen (anderen) Menschen genommen, ihn gekreuzigt und den Leuten vorgetäuscht, er wäre Christus. Die zweite Erklärung besagt, daß Gott einem anderen Menschen eine Ähnlichkeit mit ihm (sc. Jesus) verliehen hat. Wie aber? Darüber gibt es verschiedene Möglichkeiten: 1. Titayus der Jude ging in ein Haus, in dem sich Christus aufgehalten hatte, hinein. Er fand ihn dort nicht. Gott aber verlieh ihm seine Ähnlichkeit. Als er hinausging, wurde er für Jesus gehalten; er wurde gefangen und gekreuzigt. 2. Man hatte einen Mann bestellt, um Jesus zu überwachen. Jesus wurde aber in den Himmel erhoben, und Gott verlieh seine Ähnlichkeit jenem Aufpasser, den man tötete, während er beteuerte: Ich bin doch nicht Jesus. 3. Einer seiner Anhänger meldete sich freiwillig: Gott verlieh ihm dann die Ähnlichkeit Jesu, und so wurde er herausgeholt und getötet, Jesus aber wurde erhoben. 4. Einer seiner Begleiter heuchelte und verriet Jesus, damit sie ihn töteten. Als er mit den Juden eintrat, um ihn wegzuschleppen, verlieh ihm Gott seine Ähnlichkeit, und er wurde getötet und gekreuzigt. Diese Möglichkeiten widersprechen und widerlegen sich. Aber Gott weiß besser über die Wirklichkeit der Dinge Bescheid.«[155]

Auch die meisten modernen muslimischen Koranausleger vertreten die Substitutionstheorie. Dabei hält man vielfach den Verräter Judas für denjenigen, der zur Sühne für seinen Verrat an Jesu statt am Kreuz sterben muß. Diese Variante hat seit Rashîd Ridâ (gest. 1935) unter den zeitgenössischen Auslegern besonders Anklang gefunden, weil das Barnabasevangelium diese Auffassung in den

Kapiteln 214 bis 217 bestätigt.[156] Judas verrät für dreißig Goldstükke Jesus an die Hohenpriester. Jesus aber wird, während die elf Jünger schlafen, auf Gottes Befehl hin von vier Engeln in den dritten Himmel erhöht. Als Judas in das Gemach eindringt,

>tat der wunderbare Gott Wunderbares in solcher Weise, daß Judas in Sprache und Aussehen eine solche Ähnlichkeit mit Jesus annahm, daß wir glaubten, er sei Jesus« (298).

Das gesamte Martyrium, das die neutestamentlichen Evangelien von Jesus berichten, erleidet hier Judas trotz seiner Versuche, den Irrtum aufzuklären:

»›Ich bin ja Judas Ischariot und nicht Jesus, welcher ein Zauberer ist und mich durch seine Kunst so verwandelt hat‹« (301).

Judas wird verhört und fast auf den Tod gegeißelt --

»Gott aber, bei dem der Ausgang beschlossen war, bewahrte Judas für das Kreuz, damit er jenen schrecklichen Tod erleide, für den er einen anderen verkauft hatte« (303).

Schließlich wird Judas gekreuzigt. Vor seinem Tod ruft er aus:

»›Gott, warum hast du mich verlassen, da der Übeltäter entkommen ist und ich zu Unrecht sterbe?‹ Wahrlich sage ich (sc. Barnabas), daß Judas in Stimme, Gesicht und Gestalt Jesus so sehr gleich war, daß seine Jünger und Anhänger ganz und gar glaubten, er sei Jesus« (304).

Deutlich wird der Charakter der *bestrafenden* Substitution, welcher in den Augen der zeitgenössischen Exegeten der Gerechtigkeit Gottes mehr entspricht als die Leiden eines (wenn auch freiwilligen) Unschuldigen anstelle Jesu, wie die Mehrzahl der klassischen Kommentatoren annahm. Gleichzeitig wird in der Darstellung des Barnabasevangeliums die von den modernen Auslegern bevorzugte Illusionstheorie (Übersetzungsvariante 4) von *wa-lâkin šubbiha lahum* in Sure 4,157 erkennbar. Die Illusion ist so perfekt, daß Freund und Feind getäuscht werden, ein Gedanke, der auch von klassischen Kommentatoren schon erwogen wurde. Auch der Ägypter ʿAbd al-Hamîd Djûda al-Sahhâr läßt es in seiner bedeutenden Biographie Jesu (1951) Judas sein, der anstelle Jesu am Kreuz stirbt. Allerdings wird dieser Judas sehr sympathisch charakterisiert: ohne zu klagen, eher in der Absicht einer Selbstbestrafung für seine an Jesus gehegten Zweifel läßt er sich kreuzigen.[157]

Ahmad Shafaat vertritt in seinem auf der Grundlage des Islams geschriebenen »Evangelium« gleichfalls die Substitutionstheorie. Seiner Meinung nach ist es jedoch nicht Judas, sondern Jesus Barabbas, der durch eine Verwechslung gekreuzigt wird, während Gott seinen Gesandten Jesus lebend zu sich erhöht.[158]

Die Substitutionstheorie ist von einzelnen muslimischen Theologen auch in Zweifel gezogen oder sogar abgelehnt worden. Zu diesen Kritikern gehörten anfänglich besonders die Mutaziliten, deren betont rationalistischer Theologie zufolge es inakzeptabel erschien, von Gott zu denken, er würde zulassen oder gar durch ein aktives Täuschungsmanöver selber herbeiführen, daß ein anderer an Jesu statt sterben würde. Unmöglich sei es, solch ungerechtes Handeln von Gott auszusagen. In diesem Sinne wendet später sogar deren Gegner Râzî ein:

> »Wenn ein anderer mit der Ähnlichkeit Jesu bekleidet wurde, während er selbst in den Himmel aufgenommen wurde, und die Menschen gleichwohl glaubten, der Ersatzmann sei Jesus gewesen, würde dies bedeuten, daß sie absichtsvoll in Verwirrung und Unwissen gestürzt worden wären. Dies wäre der weisen Vorsehung Gottes nicht würdig.«[159]

Bereits der Mutazilit Zamakhsharî äußerte, wie oben bereits erwähnt, aufgrund allein grammatikalischer Erwägungen Bedenken gegen die interpretatorische Einführung einer im Koran selber nicht genannten Person. Der konservativere Baydâwî, der generell seinem Lehrer Zamakhsharî in geraffter Form unter Weglassung seiner rationalistisch-theologischen Inhalte folgt, wiederholt dessen Einwände und fügt die Vermutung an, ohne sie weiter zu diskutieren:

> »(...) oder es mag sein, daß gar niemand getötet wurde, sondern vielmehr sein (sc. Jesu) Getötetwerden fälschlich behauptet und unter den Menschen verbreitet wurde.«[160]

Einige zeitgenössische Kommentatoren, für die der Wortlaut des Korans allein maßgeblich ist, zeigen sich grundsätzlich skeptisch gegenüber der Substitutionstheorie sowie allen exegetischen Spekulationen von seiten der klassischen Kommentatoren oder etwa auch des Barnabasevangeliums.[161] Diese Ausleger vertreten entweder die Meinung, daß der Vorgang der Kreuzigung als solcher

91

reine menschliche Einbildung gewesen sei und folglich niemand gekreuzigt wurde, wie Baydâwî schon erwogen hatte. Oder sie folgen einer anderen Grundoption, die ich die *Mysteriumstheorie* nenne: demnach hüllt der Koran das Lebensende Jesu – ähnlich wie dessen Beginn – bewußt in das Dunkel des unergründlichen göttlichen Geheimnisses. Die Auslegung dieser Kommentatoren von Sure 4,157f ist frei von jeglicher Harmonisierung, sei es mit den kanonischen Evangelienberichten von Jesu Passion, sei es mit der klassischen Koranauslegung. Einige exemplarische Deutungen seien im Folgenden zitiert. Muhammad Asad schreibt:

>»der Koran leugnet kategorisch die Geschichte der Kreuzigung Jesu. Es existieren unter Muslimen viele phantastische Legenden, die uns erzählen, daß im letzten Augenblick Gott Jesus durch eine Person ersetzte, die ihm sehr ähnlich sah (...) und in der Folge an seiner statt gekreuzigt wurde. Allerdings findet keine dieser Legenden auch nur die geringste Unterstützung von seiten des Korans oder der authentischen Traditionen, und die Geschichten, die in diesem Zusammenhang von den klassischen Kommentatoren produziert wurden, müssen in Gänze zurückgewiesen werden. Sie stellen nicht mehr dar als verwirrte Versuche, die koranische Aussage, daß Jesus *nicht* gekreuzigt wurde, zu harmonisieren mit der anschaulichen Beschreibung der Evangelien von seiner Kreuzigung.«[162]

Asad selber möchte die Worte *wa-lâkin šubbiha lahum* in Sure 4,157 im Sinne einer Kreuzigungslegende verstehen, die erst lange nach Jesu Tod aufgekommen sei

>»mit der Absicht, daß er (sc. Jesus) am Kreuz gestorben sei zur Sühne für die ›Erbsünde‹, mit welcher die Menschheit angeblich belastet sei; und diese Legende hatte sich so fest unter den späteren Nachfolgern Jesu etabliert, daß sogar seine Feinde, die Juden, daran zu glauben begannen.«

Deutlich argumentiert auch Ahmad von Denffer gegen die exegetischen Theorien der Kommentatoren und greift dabei ebenfalls auf den Gedanken Baydâwîs (ohne ihn zu nennen) zurück, daß gar keine Kreuzigung stattgefunden habe:

>»Der Koran selbst warnt allerdings vor all diesen Spekulationen eindringlich mit den Worten: ›Und jene, die darüber uneinig sind, sind selbst (alle) im Zweifel darüber. Sie haben kein (gesichertes) Wissen

darüber außer dem Befolgen von Vermutungen...‹ (4:156). Diese Aussage müssen sich auch die Koranausleger gefallen lassen (...). Die koranische Aussage über die Kreuzigung Jesu ist die genaue Anti-These zur Aussage des Christentums. Gott kam nicht herab auf die Erde, um sich kreuzigen zu lassen, sondern Gott erhob Jesus, den seine Feinde kreuzigen wollten, zu Sich und vereitelt die Kreuzigung überhaupt. Nicht der ohnmächtige Jesus leidet am Kreuz, sondern der allmächtige Gott rettet und schützt vor Leiden und Not.«[163]

Sehr zurückhaltend im Sinne der Mysteriumstheorie äußert sich Abdullah Yusuf Ali in seinem Kommentar:

»Das Ende des Lebens Jesu auf Erden ist im selben Maße in Geheimnis gehüllt wie seine Geburt und tatsächlich auch der größere Teil seines privaten Lebens, von den drei hauptsächlichen Jahren seines Verkündigungsdienstes abgesehen. Es hat keinen Nutzen, die vielen Zweifel und Konjekturen unter den frühen christlichen Sekten und unter den muslimischen Theologen zu diskutieren. (...) Die koranische Lehre ist: daß Christus von den Juden weder gekreuzigt noch getötet wurde, ungeachtet gewisser scheinbarer Umstände, welche in den Köpfen einiger seiner Feinde diese Illusion bewirkten; daß Debatten, Zweifel und Konjekturen über solche Dinge vergeblich sind; und daß er (sc. Jesus) aufgenommen wurde bei Gott.«[164]

Die Zurückhaltung gerade der zeitgenössischen muslimischen Ausleger begründet sich immer wieder durch den Verweis auf die folgenden Sätze in Sure 4,157:

»Diejenigen, die über ihn (sc. Jesus) uneins sind, sind im Zweifel über ihn. Sie haben kein Wissen über ihn, außer daß sie Vermutungen folgen. Und sie haben ihn nicht mit Gewißheit getötet.«

Sayyid Qutb schreibt dazu in seinem Kommentar:

»Sowohl Juden als auch Christen tappen im Dunkeln. Die Juden stellen die Behauptung auf, sie hätten Jesus gekreuzigt und gestehen ihm die Eigenschaft, Gesandter Gottes zu sein, nur zu, um seiner zu spotten. Und die Christen sagen, er sei gekreuzigt und begraben worden, am dritten Tage aber auferstanden. Die Geschichte schweigt über die Geburt des Messias und sein Lebensende, als ob es nicht ihre Sache wäre. Weder die einen noch die anderen sprechen von etwas, worüber sie Gewißheit haben, sondern ziehen übereilte Schlußfolgerungen aus unterschiedlichen Überlieferungen. Die vier Evangelien, in denen die Geschichte von Jesu Gefangennahme, Kreuzigung, seinem Tod, seiner Grablegung und seiner Auferstehung überliefert ist, sind alle geraume Zeit nach Jesu Leben verfaßt worden. In dieser Zeit waren seine Religion und seine Anhänger unterdrückt, und es war schwierig, in solch einem Klima der Geheimhaltung, der Angst und der Verfolgung, die ursprüngliche Geschichte zu rekonstruieren.«[165]

Die Doketismustheorie hat im Islam vergleichsweise wenige Anhänger gefunden. Sie ist meist nur von islamischen Randgruppen oder Außenseitern in verschiedenen Varianten vertreten worden. Ismailitische Theologen und Korankommentatoren vertreten eine gnostisch-neuplatonisch gefärbte Christologie, die auf einer Art Zweinaturenlehre Jesu als des »Messias-Geistes« (al-masîh al-rûh) basiert und kaum mehr von manchen christlich-gnostischen Auffassungen zu unterscheiden ist. Ihrer Märtyrertheorie zufolge hätten die Juden zwar beabsichtigt, Jesus vollständig zu vernichten, und ihn tatsächlich ans Kreuz geschlagen. Doch »sie haben ihn nicht mit Gewißheit getötet« (mâ qatalûhu yaqînan)! Dieser Satz des Korans müsse in dem Sinne verstanden werden, daß sie Jesus nicht *wirklich* getötet haben. Durch Gottes Fügung sei nur Jesu äußere, menschliche Hülle (nâsût) gekreuzigt und getötet worden, doch sein göttliches Wesen (lâhût) sei unantastbar geblieben. Diese Auslegung vertraten etwa die »Lauteren Brüder« im 10. Jahrhundert in Basra und später ähnlich auch der Asharit Abû Hâmid al-Ghazzâlî (gest. 1111), einer der größten Theologen des Mittelalters. Sie alle berufen sich besonders auf das Märtyrer-Wort des Korans (Sure 3,169f, ähnlich 2,154):

> »Halte diejenigen, die auf dem Weg Gottes getötet wurden, nicht für tot. Sie sind vielmehr lebendig bei ihrem Herrn, und sie werden versorgt, und sie freuen sich dabei über das, was Gott ihnen von seiner Huld zukommen ließ.«[166]

Der gegenwärtig prominenteste Vertreter der Doketismustheorie ist der schiitische Theologe Mahmoud Ayoub, der in seiner Darstellung der islamischen Christologie eher ein grundsätzlich theologisches als ein historisches Fazit zieht:

> »Damit ist die Leugnung der Tötung Jesu eine Leugnung der Macht von Menschen, das göttliche Wort zu besiegen und zu zerstören, welches allezeit siegreich ist. (...) Der menschliche Anspruch (hier

exemplarisch vertreten von der jüdischen Gesellschaft zur Zeit der irdischen Existenz Christi), Macht zu haben über Gott, kann nur eine Illusion sein.«[167]

Am Ende dieses Durchgangs durch die islamische Auslegungsgeschichte des koranischen Kreuzigungsverses sei noch die Bewegung der Ahmadiyya erwähnt. Ihre Korankommentatoren folgen der doketischen Deutung in Gestalt der Ohnmachtstheorie. Auch sie heben in Sure 4,157 auf die Worte »sie haben ihn nicht mit Gewißheit getötet« ab. Das »Kreuzigen« (ṣalaba) Jesu, das der Koran ablehnt, verneine nicht, daß Jesus überhaupt gekreuzigt worden wäre, sondern lediglich, daß er am Kreuz gestorben sei. Jesu »Tod« am Kreuz sei in Wirklichkeit nur ein Schein(tod), genauer: eine Ohnmacht oder Bewußtlosigkeit gewesen. Bei ihrer Argumentation verweisen die Ahmadiyya-Exegeten auf zahlreiche Angaben der neutestamentlichen Passionsgeschichten (vor allem auf Markus 15,44 und Johannes 19,32f). Ich gebe in Kürze die Darstellung von Nasir Ahmad wieder.[168]

> »Jesus hatte selbst seine Errettung vom Kreuz vorausgesagt. Er wollte das Zeichen Jonas zeigen (Matt. 12:40), der lebendig war im Bauche des grossen Fisches, wie Jesus bestimmt war, lebendig im Herzen der Erde zu sein« (15). Jesus wurde tatsächlich gekreuzigt, aber die »durch den Trank erfolgte Bewusstlosigkeit wurde versehentlich für den Tod gehalten« (15).

Nasir Ahmad gelangt zu dem Ergebnis,

> »dass Jesus nicht am Kreuze starb, dass er vom Kreuze im bewusstlosen Zustand abgenommen wurde und, nachdem er von seinen ergebenen Freunden mit Sorgfalt gepflegt worden war, kam er zum Bewusstsein und verliess die Gruft lebend, wie er auch prophezeit hatte« (17).

In Kürze sei an dieser Stelle bemerkt, was viele Christen und Muslime nicht wissen: die Ohnmachtstheorie, deren Interesse erkennbar daran liegt, die Auferstehungsberichte des Neuen Testaments vernünftig zu erklären, kam erstmals in der christlichen Theologie des 18. und 19. Jahrhunderts auf! Einen nur scheinbaren Tod Jesu am Kreuz lehrten damals prominente deutsche Theologen wie etwa Karl Friedrich Bahrdt, Heinrich Eberhard Gottlob Paulus oder Friedrich Daniel Ernst Schleiermacher.[169]

Das weitere Geschick Jesu sieht Nasir Ahmad in Sure 23,50 und Johannes 10,16 belegt, wo Jesus von den »anderen Schafen« außerhalb Israels spricht:

> »Er bezog sich auf die 10 verlorenen Stämme Israels (nur zwei Stämme lebten in Palästina), die in Afghanistan, Kashmir und anderen Ländern zerstreut waren. Nach seiner wunderbaren Rettung ging er also nach dem Osten auf die Suche dieser Stämme.« (17)

Dort hätte Jesus, so Nasir Ahmad, bis ins hohe Alter gelebt; sein Grab in Srinagar in Kashmir kann man noch heute sehen.

Bei diesem Überblick über die innerislamische Auslegungsgeschichte des koranischen Kreuzigungsverses sind wir immer wieder auf Verweise der Kommentatoren auf diverse christliche Gruppen und Sekten im Orient gestoßen, die offenbar schon lange vor dem Koran eine andere Auffassung über das Leiden und Sterben Jesu hatten, als es in den neutestamentlichen Evangelien geschildert wird. Um diese Hinweise und nicht zuletzt auch die Aussagen des Korans selber in Sure 4,157f besser verstehen zu können, sei im Folgenden ein kurzer historisch-theologischer Rückblick unternommen auf das Verständnis des Kreuzesleidens Jesu im orientalischen Christentum der vorislamischen Zeit.

Welche theologische Bedeutung der Tod Jesu besitzt und welches Gewicht ihm überhaupt zukommt, ist im Christentum in der Tat von Anfang an sehr unterschiedlich beantwortet worden. Die neutestamentliche und frühchristliche Theologie ist jedenfalls keineswegs generell eine »Theologie des Kreuzes« gewesen.[170] In der gegen Paulus gerichteten judenchristlichen Christologie wird der Kreuzestod Jesu zwar nicht verneint, doch kommt ihm keine Heilsbedeutung zu.[171] Unter Rückbezug auf das Johannesevangelium, das an dieser Stelle pointiert von der »Erhöhung« Jesu im Sinne der »Erhebung Jesu auf den Thron des Kreuzes« und seiner Rückkehr als des Gesandten zu Dem, der ihn gesandt hat, spricht[172], breiteten sich insbesondere im östlichen Christentum eine doketische sowie zwei gnostizierende Deutungen des Kreuzesgeschehens aus.

Den Hintergrund für die eigentlich doketische Deutung des Kreuzes, wie sie vorwiegend monophysitischen Christen vorgeworfen wird, bildet die mystische Vorstellung, daß die göttliche Natur des in Christus fleischgewordenen Logos die menschliche Natur Jesu bis zur Ununterscheidbarkeit durchdrungen und absorbiert habe.[173] Seit 520 spitzten sich in Ägypten die christologischen Streitigkeiten unter den Monophysiten zu. Bischof Julian von Halikarnaß (gest. nach 527) und seine nach ihm benannte Anhängerschaft behaupteten eine in der jungfräulichen Empfängnis und Geburt Jesu begründete Unsterblichkeit (gr. *athanasía*) und Unverderblichkeit (*aphthar-sía*) des Leibes Jesu, mithin auch seine Leidensunfähigkeit (*apátheia*), wodurch die Kreuzigung und ihre Leiden – so der Vorwurf der Severianer – zum bloßen Schein würde. Deren Führer, Severus von Antiochien, ließ eine Aphtarsie Jesu zwar auch von Anbeginn gelten, doch nur in einem übertragenen Sinne (als Sündlosigkeit Christi), wohingegen die Unverderblichkeit seines *Leibes* erst seit der Auferstehung gegeben sei. Severus warf Julian Doketismus vor. Es kam zur Spaltung der Monophysiten. Severus selber deutet, wenn auch gemäßigter, das Kreuz Christi ebenfalls doketisch, wenn er sagen kann: Christus »ist leidensunfähig geblieben, sofern er Gott (!) ist, aber er ist dem Leiden nicht fremd«, sofern er nämlich einen menschlichen Leib besitzt.[174]

Von der Doketismustheorie sind die beiden anderen Deutungen sorgfältig zu unterscheiden, denn für die gnostizierenden Christen ist, wie die Nag-Hammadi-Texte zeigen, nicht der Doketismus als solcher, sondern der *Dyophysitismus,* also die Lehre von einem doppelten Christus bzw. einer Doppelnatur Christi, kennzeichnend. Kerinth (um 100), »der Vater der Zwei-Naturen-Lehre« (Adolf von Harnack), spricht vom himmlischen Christus, der so sehr eine rein göttliche Gestalt ist, daß er ihm als leidensunfähig gilt. Dieser habe sich bei der Taufe mit dem irdischen Menschen Jesus von Nazareth verbunden und sich von diesem vor der Passion wieder getrennt. Auch Valentinus (gest. nach 160) und seine Anhänger vertraten diese Zweinaturentheorie, derzufolge Jesus seiner menschlichen Natur nach wirklich (!) am Kreuz gelitten habe und gestorben sei, aber seiner göttlichen, mithin leidensunfähigen Natur nach Leid und Tod entrückt gewesen sei. In den Johannesakten (zweite Hälfte des 2. Jahrhunderts) offenbart der entrückte Jesus am Karfreitag Johannes das Geheimnis des Kreuzes: es ist das heilschaffende Lichtkreuz im Unterschied zu dem hölzernen Kreuz von Golgatha. Jesus sagt zu dem Jünger:

»Johannes, für die Menge unten in Jerusalem werde ich gekreuzigt und mit Lanzen und mit Rohren gestoßen und mit Essig und Galle

getränkt. Mit dir aber rede ich, und was ich rede, höre!‹« Weiter sagt
Jesus: »›Auch bin ich nicht der am Kreuz, den du jetzt nicht siehst,
sondern (dessen) Stimme du nur hörst (...); vielmehr ist, was sie von
mir sagen werden, niedrig und meiner nicht würdig. (...) Kümmere
dich also nicht um die Masse, und die außerhalb des Mysteriums sind,
verachte. Erkenne nämlich, daß ich ganz beim Vater (bin) und der Vater bei mir (ist). Nichts von dem also, was sie über mich sagen werden,
habe ich gelitten‹«.[175]

Dasselbe Motiv der Unterscheidung zwischen dem sterbenden
Fleisch-Jesus und dem entrückten Geist-Jesus begegnet wenig spä-
ter in der Apokalypse des Petrus (entstanden um 200). In einer Art
Traumvision spricht der Erlöser zu Petrus:

»›Der, den du neben dem Holz (stehend) heiter sein und lachen siehst,
das ist der lebendige Jesus. Der aber, in dessen Hände und Füße sie
die Nägel schlagen, das ist sein fleischliches (Abbild), nämlich das
›Lösegeld‹, welches (allein) sie zuschanden machen (können). Das ist
nach seinem Bild entstanden. Sieh ihn und mich doch (genau) an! (...)
Denn jener, den sie angenagelt haben, ist der Erstgeborene und (...)
(der Mensch) des Kreuzes, der unter dem Gesetz ist. Der aber, der nahe bei ihm steht, ist der lebendige Erlöser, der zuvor in ihm war, der
ergriffen und (doch wieder) freigelassen wurde und (nun) (scha-
den)froh dasteht, weil (er) sieht, daß die, die ihm Übles angetan haben,
untereinander zerspalten sind. Deswegen (gilt:) er lacht über ihre
Blindheit, weil er weiß, daß sie Blindgeborene sind. Es wird also (nur)
das Leidensfähige (leiden), insofern als der Leib das ›Lösegeld‹ ist. Der
aber, den sie freilassen (mußten), ist mein lebloser Leib. Ich (selbst)
aber bin der nur geistig wahrnehmbare Geist, erfüllt von strahlendem
Licht. Den hast du zu mir kommen sehen.‹«[176]

Die Doppelnatur Christi konnte von den gnostizierenden Christen
so stark betont werden, daß der Zusammenhang zwischen dem
himmlischen leidensunfähigen Christus und dem am Kreuz leidenden und sterbenden irdischen Jesus mitunter vollends aufgelöst war.
Der am Kreuz Sterbende wurde schlichtweg »ein anderer«. Aus der
Zweinaturentheorie der einen Person Jesu resultierte nachgerade eine *Substitutionstheorie,* die mit zwei völlig verschiedenen Personen
rechnete. Nach Auskunft von Irenäus soll bereits Basilides (gest.
160) gelehrt haben, daß nicht Jesus, sondern Simon von Cyrene, der
Jesu Kreuz tragen mußte, an Jesu statt gekreuzigt worden sei:

»Der wurde dann aus Unwissenheit und Irrtum gekreuzigt, nachdem er von ihm (Christos) so verwandelt worden war, daß man ihn für Jesus hielt; Jesus selbst hatte die Gestalt Simons angenommen, stand dabei und machte sich über ihn lustig.«[177]

Die Basilidianer, deren Existenz mindestens bis ins 4. Jahrhundert nachweisbar ist, haben wohl auch eine verwandte Gruppe, die Sethianer, beeinflußt. Im sog. »Zweiten Logos des Großen Seth« sagt Jesus nämlich:

»ich wurde ihnen nicht ausgeliefert – wie sie geplant hatten. Ich war doch überhaupt nicht dem Leiden unterworfen. Jene bestraften mich (mit dem Tode), doch ich starb nicht wirklich, sondern (nur) dem Anschein nach, damit ich nicht durch sie zuschanden gemacht würde (...). Wahrlich (nicht) mich sahen und bestraften sie, ein anderer (...) war jener, der die Galle und den Essig trank; nicht ich war es, der mit dem Rohr geschlagen wurde; ein anderer war es, der das Kreuz auf seiner Schulter trug, nämlich Simon. Ein anderer war es, dem die Dornenkrone aufs Haupt gesetzt wurde. Ich aber ergötzte mich in der Höhe (...). Und ich lachte über ihren Unverstand.«[178]

Kehren wir nun wieder zum Koran selber zurück und fassen zusammen. Die mehrdeutigen Worte *wa-lâkin šubbiha lahum* in Sure 4,157 sind in der islamischen Exegese sehr unterschiedlich ausgelegt worden. Etliche Kommentatoren in Vergangenheit und Gegenwart vertreten die Doketismustheorie oder die Mysteriumstheorie, denenzufolge das Kreuzesgeschehen an Karfreitag in dieser oder jener Weise ein menschlicher Trugschluß, eine Illusion oder eben ein unergründliches Geheimnis Gottes war und ist. Die Worte zu Beginn des Kreuzigungsverses *mâ qatalûhu wa-mâ ṣalabûhu* werden dann in dem Sinne verstanden und übersetzt: »sie haben ihn (sc. Jesus) *nicht* getötet, und sie haben ihn *nicht* gekreuzigt, sondern es erschien ihnen nur so (sc. als ob sie es getan hätten)«.

Die meisten Kommentatoren stimmen jedoch darin überein, daß der Koran nicht das *historische Ereignis* einer Kreuzigung als solcher verneint, wohl aber die Kreuzigung *Jesu*. Vielmehr sei ein anderer an Jesu statt gekreuzigt worden, so daß man die Worte zu Beginn des Kreuzigungsverses *mâ qatalûhu wa-mâ ṣalabûhu* auch – was grammatikalisch möglich ist – übersetzen könnte mit: »sie haben nicht *ihn* getötet, und sie haben nicht *ihn* gekreuzigt, sondern es erschien ihnen eine ihm ähnliche Gestalt«. Diese Substitutionstheorie bieten die Kommentatoren in unterschiedlichen Varianten: über eine Verwechslung, einen freiwilligen Ersatzmann oder eine göttliche Bestrafung (vor allem Judas) wird gemutmaßt, ohne daß sich die Kommentatoren unbedingt auf die eine oder die andere Variante festlegen.

Bei der Auslegung des Kreuzigungsverses kommt es jenseits all dieser Theorien und Spekulationen vor allem auf folgende Beobachtungen an: wie der Kontext von Sure 4,157f deutlich macht, thematisiert der Koran »das Kreuz« zwar faktisch im Widerspruch zur christlichen Auffassung von der Kreuzigung Jesu, doch tut er dies nicht in antichristlicher, sondern in gezielt *antijüdischer* Absicht. Der Kreuzigungsvers ist nämlich eingebettet in eine längere polemische Passage gegenüber den Juden, ihres Unglaubens wegen und der daraus folgenden Absicht, die Propheten zu ermorden:

> »155 (Verflucht wurden sie,) weil sie ihre Verpflichtung brachen, die Zeichen Gottes verleugneten, die Propheten zu Unrecht töteten und sagten: ›Unsere Herzen sind unbeschnitten‹ – vielmehr hat Gott sie wegen ihres Unglaubens versiegelt, so daß sie nur wenig glauben; 156 und weil sie ungläubig waren und gegen Maria eine gewaltige Verleumdung aussprachen«.[179]

Die Ablehnung der Kreuzigung Jesu widerspricht zwar faktisch der christlichen Mehrheitsüberzeugung von einer Kreuzigung Jesu; jedoch bedeutet dieses koranische Nein zur Kreuzigung Jesu keine Ablehnung der christlich behaupteten, soteriologisch wie auch immer beschriebenen Kreuzes*theologie*. Denn von einer möglichen Heilsbedeutung des Kreuzes hat Muhammad höchstwahrscheinlich nichts gewußt, was daran liegen mag, daß Muhammad Paulus und seine Kreuzestheologie wohl gar nicht kannte. An keiner Stelle des Korans werden die Christen diesbezüglich *explizit* eines Irrtums beschuldigt.[180] Warum bestreitet dann der Koran überhaupt die Kreuzigung *Jesu*? Mindestens zwei Gründe sind deutlich erkennbar:

1.· Es gibt einen negativ-polemischen Grund: dieser besteht darin, anmaßende jüdische Behauptungen in bezug auf Jesus zurückzuweisen. Es ist schon schlimm genug, wenn Menschen hin und wieder einen Propheten Gottes zu Tode bringen. Doch läßt Gott – genausowenig wie schon bei Abraham, Mose und zuletzt bei Muhammad in Mekka – zu, daß seinem *Gesandten* Jesus auch nur ein Haar gekrümmt werde.

2. Darüber hinaus gibt es einen positiv-assertorischen Grund: dieser besteht darin, die schlechthinnige Souveränität und Überlegenheit Gottes (lat. *deus semper maior;* arab. *Allâhu akbar*) gegenüber jeder Form menschlicher Opposition gegen Gott und seinen Willen zu erweisen. Wenn schon gilt, daß die Ermordung eines gewöhnlichen Menschen vor Gott so schwer wiegt, als hätte der Mörder »die Menschen alle getötet« (Sure 5,32), wieviel mehr gilt dies, wenn es sich dabei um die Tötung eines *Gesandten Gottes* gehandelt hätte! Nicht Jesus ist gekreuzigt worden, vielmehr droht die Kreuzigung, die eine »Schande im Diesseits« ist, allen denen als Strafe,

»die gegen Gott und seinen Gesandten Krieg führen und auf der Erde umherreisen, um Unheil zu stiften« (Sure 5,33).

Deutet man von hier aus Sure 4,157, so ist klar: die Kreuzigung ist nicht das schändliche Schicksal Jesu, wohl aber droht sie allen denen, die Gottes Pläne und Willen gewaltsam durchkreuzen wollen. Die göttliche Souveränität erhellt auch aus der unmittelbaren Fortsetzung des Kreuzigungsverses in Form einer doppelten Verneinung:

»sie haben ihn nicht mit Gewißheit getötet. Nein, Gott hat ihn zu sich erhoben. Gott ist mächtig und weise« (Sure 4,157f, zit. nach der Übersetzung Parets).

Die souveräne Überlegenheit der List, Macht und Weisheit Gottes über das mörderische Ränkespiel der Feinde Jesu wird daher vielfach von den muslimischen Auslegern betont. Doch hätte gerade dieser Hinweis auf Gottes Größe die exegetische Spekulation der Kommentatoren im Blick auf das, was tatsächlich am Karfreitag auf Golgatha geschehen sein mag, zügeln sollen. Meiner eigenen Auffassung nach denkt der Koran weder doketisch noch gnostisch von Jesus, auch nicht in bezug auf sein Lebensende. Insofern die monophysitisch geprägte Doketismustheorie besagt, daß Jesus nicht leiden *konnte,* kommt eine Interpretation des Kreuzigungsverses im Sinne dieser Theorie – wie dies viele christliche Theologen vertreten haben – nicht in Frage. Denn der Koran spricht davon, daß Jesus als der Gesandte Gottes vor Leid und gewaltsamem Tod durch göttliche Initiative *bewahrt* worden ist, was nur einen Sinn macht, wenn Jesus leidensfähig und sterblich ist. Das ist er als Geschöpf Gottes in den Augen des Korans ganz selbstverständlich. Dasselbe gilt von der gnostischen Zweinaturentheorie. Sie kommt schon deshalb nicht als Interpretationshorizont für den Koran in Betracht, da dieser keine Doppelnatur Jesu annimmt: Jesus ist auch als Gesandter nicht mehr als ein Mensch. Auch wenn es nur eine exegetische Hypothese sein kann, da ein Ersatzmann nicht explizit erwähnt wird, scheint mir am wahrscheinlichsten zu sein, daß nicht erst die islamische Tradition, sondern *schon der Koran selber substitutiv vom Kreuzesgeschehen denkt*. Dafür spricht vor allem, daß sich exegetisch zeigen läßt, daß der Koran mit einem *natürlichen* und nicht mit einem (scheinbar) gewaltsamen Tod Jesu rechnet, worauf wir gleich im nächsten Kapitel zu sprechen kommen werden. Die Substitutionstheorie bestreitet weder die Historizität der Kreuzigung noch die Faktizität eines menschlichen Leidens – nur wird beides als nicht Jesus selbst betreffend behauptet.

Daß historisch betrachtet Muhammad von der Idee eines Ersatzmannes am Kreuz – woher auch immer – gehört haben kann, ist nicht unmöglich. Es kann schon deswegen nicht ausgeschlossen werden, da ihm ja die innerchristlichen Meinungsdifferenzen über die Person und das Geschick Jesu zu Ohren gekommen waren. So vermerkt der Koran auch in diesem Zusammenhang (Sure 4,157):

»Diejenigen, die über ihn (sc. Jesus) uneins sind, sind im Zweifel über ihn. Sie haben kein Wissen über ihn, außer daß sie Vermutungen folgen.«[181]

Alles in allem bleibt abschließend festzuhalten: Exegetisch spricht viel für die innerislamische Mehrheitsauffassung, die einen Ersatzmann für Jesus am Kreuz annimmt, welchen der Korantext möglicherweise nahelegt. Gleichwohl ist und bleibt es letzten Endes *Gottes Geheimnis* – wie viele zeitgenössische Kommentatoren mit Recht betonen –, was genau am Kreuz auf Golgatha geschehen ist und wie der Gott, dessen Wege und Mittel alle unsere Vorstellung übersteigen, Jesus vor dem Kreuz bewahrt und errettet hat. Das Geheimnis des Kreuzes ist das Geheimnis Gottes. Es wird mit Seinem Gesandten Jesus nichts passiert sein, was nicht Er wenigstens zugelassen hat. Alle Leser und Ausleger des Korans können und sollen sich um das rechte Verstehen bemühen, auch wenn am

Ende immer zu bekennen sein wird, wie das vielfach muslimische Kommentatoren bis heute tun: »Gott weiß es am besten (*Allâhu aʿlam*)!« Das ist kein Ausdruck exegetischer Verlegenheit, sondern die uns Menschen zukommende Demut und Ehrfurcht vor Gott, Seinem Wort und Seinen Wegen in der Geschichte.

KAPITEL 9

Der Tod Jesu

Der Koran enthält keine Angaben darüber, wo und wie Jesus stirbt. Umso größer sind daher die Bemühungen der Kommentatoren, die wenigen Andeutungen des Korans zu erhellen. Dieser macht auch keine eindeutige Aussage darüber, wann und in welchem Alter Jesus stirbt. Deshalb und aufgrund ihrer Implikationen für die Eschatologie, also die Lehre von der Endzeit, vom Weltende und vom Jüngsten Tag, ist diese Frage muslimischerseits höchst umstritten. Eindeutig ist der Koran nur insofern, *daß* Jesus als gewöhnlicher Mensch sterblich ist. Denn Gott hat keinem Menschen Unsterblichkeit verliehen (Sure 21,34f). Die eindeutigste Aussage zum selbstverständlichen Sterbenmüssen Jesu ist zugleich die früheste Aussage des Korans über seinen Tod. In Vers 33 der mekkanischen Sure 19 sagt Jesus von sich selber:

>»Friede sei über mir am Tag, da ich geboren wurde, und am Tag, da ich sterbe (*amûtu*), und am Tag, da ich wieder zum Leben erweckt werde.‹«

An zwei jüngeren Stellen aus medinischer Zeit ist nicht mehr vom »Sterben« (*mâta*) Jesu, sondern von seinem »Abberufenwerden« (*tawaffâ*) die Rede. Sure 3,55 spricht von einem dreifachen Handeln Gottes an Jesus:

>»Ich werde dich abberufen (*mutawaffîka*) und zu Mir erheben (*wa-râfi'uka ilayya*) und dich von denen, die ungläubig sind, rein machen (*wa-muṭahhiruka min alladîna kafarû*)«.

In der wohl jüngsten aller Suren heißt es, hier mit Jesu eigenen Worten im Gespräch mit Gott (5,117):

»›Ich war Zeuge über sie, solange ich unter ihnen weilte. Als Du mich abberufen hast (*tawaffaytanî*), warst Du der Wächter über sie. Und Du bist über alle Dinge Zeuge.‹«

Umstritten ist schon innerhalb der frühen muslimischen Koranauslegung, wie das zweimal in bezug auf Jesus gebrauchte Verb *tawaffâ* (Stamm V von der Wurzel *wfy*) gemeint sei. Daß es mehrere Verständnismöglichkeiten gibt, wird in den deutschen Koranübersetzungen erkennbar. Paret und Khoury übersetzen *tawaffâ*, ohne sich inhaltlich eindeutig festzulegen, mit »abberufen«. Ähnlich offen übersetzt Rückert das Wort mit »hinnehmen« und Ahmad von Denffer mit »zu sich nehmen«, wohingegen Boysen und Ullmann in ihren Übersetzungen *tawaffâ* mit »sterben lassen« wiedergeben.

Tabarî zählt eine ganze Reihe von Deutungsmöglichkeiten für *mutawaffîka* in Sure 3,55 auf.[182] Von den vier wichtigsten Interpretationen seien zunächst die ersten beiden aufgeführt:

(1) Jesus wird in dem Sinne abberufen, daß Gott ihn in Schlaf fallen läßt, so daß Jesus schlafend zu Gott erhöht wird. Exegeten, die diese Deutung vertreten – wie etwa Ibn Kathîr, welcher angibt, sogar die Mehrheit der Ausleger folge dieser Auffassung –, verweisen zur Begründung auf Sure 6,60; 39,42, wo von Gottes vorübergehender »Abberufung« der Menschen während des Schlafens die Rede ist.

(2) Jesus wird in dem Sinne abberufen, daß Gott ihn unmittelbar ergreift und von der Erde wegnimmt, so daß Jesus lebend zu Gott erhöht wird, ohne vorher gestorben oder auch nur in Schlaf gefallen zu sein. Diese Deutung vertreten etwa Tabarî und Ibn Taymiyya, die auf Sure 4,158 verweisen. Der Vers spricht vom »Erhöhtwerden« Jesu durch Gott, ohne sein vorheriges Sterben zu erwähnen: »Gott hat ihn zu sich erhoben« (*rafaʿahu Allâh ilayhi*). Die Kommentatoren verweisen auch auf Sure 19,56f, wobei sie den im Text erwähnten Idrîs mit Henoch identifizieren:

»Und gedenke im Buch des Idrîs. Er war ein Gesandter und Prophet. Und Wir erhoben ihn an einen hohen Ort.«

In der Tat ist die Entrückung Henochs ein wichtiges Motiv in der jüdisch-christlichen Tradition. So heißt es etwa in Genesis (1. Buch Mose) 5,24:

105

»Henoch wandelte mit Gott, dann war er nicht mehr; denn Gott hatte ihn hinweggenommen.«[183]

Ähnlich heißt es im Buch »Jesus Sirach« (entstanden um 190 v. Chr.): »Henoch gefiel dem Herrn und ward entrückt, ein Beispiel der Bekehrung für Generationen« (44,16). Daß Gott einen Menschen gerade auch in weiser Vorausschau aus bedrohlichen Umständen entrücken kann, zeigt das noch jüngere Buch »Weisheit« (entstanden in der Mitte des 1. Jahrhunderts v. Chr.) in Kapitel 4,10f:

> »Da er (sc. der Gerechte) Gott wohlgefällig war, wurde er (von Ihm) geliebt, und weil er mitten unter Sündern lebte, ward er entrückt. Er wurde hinweggenommen, damit nicht die Bosheit seinen Sinn verkehrte, noch Arglist seine Seele verführte.«

Die beiden ersten Deutungen verdanken sich möglicherweise diesem jüdisch-christlichen Entrückungsmotiv. Zudem stehen sie unter der weniger koranisch-exegetisch, als vielmehr dogmatisch begründeten Voraussetzung, daß Jesus derzeit im Himmel weile, um eines Tages wiederzukommen und erst nach Erfüllung seiner endzeitlichen Mission zu sterben. Die »Erhöhung« Jesu wird mithin als *Assumption* verstanden, d.h. als *leibhafte* Entrückung und Aufnahme des *lebenden* Jesus in die göttlich-himmlische Welt.[184] Einer dieser beiden traditionellen Deutungen folgen zahlreiche klassische Kommentatoren, weniger jedoch die ältesten und die zeitgenössischen Ausleger.[185]

Ehe wir auf zwei weitere Deutungen des Verbs *tawaffâ* eingehen, sei die Frage beantwortet: Was hat es mit der Lehre des traditionellen Islams von der *Wiederkunft Jesu* auf sich, die den dogmatisch-theologischen Hintergrund für die ersten beiden Deutungen der »Abberufung« und »Erhöhung« Jesu im Sinne seiner Entrückung bildet?

Einen frühen koranischen Anhaltspunkt – Belegstelle wäre zuviel gesagt – für diese Auffassung gibt Sure 43,61 (Übersetzung von mir):

> »Und fürwahr ist er eine Erkenntnis für die Stunde (sc. des Gerichts)« (*wa-innahu la-ʿilmun li-s-sâʿati*). Nach einer anderen Lesart heißt es: »Und fürwahr ist er ein Zeichen / Signal für die Stunde« (*wa-innahu la-ʿalamun li-s-sâʿati*).[186]

Insofern der gesamte Kontext (Verse 57-65) dieser mekkanischen Sure von Jesus handelt, könnte man vermuten, daß Jesus auch in diesem Vers 61 gemeint ist. So verstehen ihn viele klassische und auch manche zeitgenössische Kommentatoren im Sinne der selbstverständlich von ihnen vorausgesetzten Lehre von der Wiederkunft Jesu, derzufolge das Kommen Jesu die Nähe des Endgerichts anzeigt (etwa Tabarî, Râzî, Yusuf Ali). So haben auch viele christliche Exegeten diesen Vers kommentiert: »Das ist ein Hinweis auf die Rückkehr Jesu Christi am Ende der Zeit«.[187]

Denkbar ist auch, daß sich der Vers nicht auf Jesu Wiederkunft bezieht, sondern auf seine Totenauferweckungen. Diese Interpretation erwägen Baydâwî, Râzî und Ibn Kathîr ebenfalls: Jesus sei insofern »Erkenntnis der Stunde«, als seine Auferweckungswunder auf Gottes Macht hinweisen, dies im großen Stile am Tag der Auferstehung zu tun.[188]

Darüber hinaus deuten die Verfechter der Wiederkunft Jesu einen Satz in Sure 4,159 als einen weiteren indirekten Hinweis auf diese Lehre:

> »Und es gibt keinen unter den Leuten des Buches, der nicht noch vor seinem Tod an ihn glauben würde.«

Doch ist die Auslegung dieses Verses ebenfalls von Anfang an umstritten gewesen, wie bereits Tabarî konstatieren muß. Er selber vertritt die Meinung, die insgesamt von vielen Kommentatoren geteilt wird: daß sich die Zeitangabe »vor seinem Tod« (*qabla mawtihi*) auf *Jesus,* mithin auf sein Sterben *nach* der Wiederkunft beziehe. Tabarî, Ibn Taymiyya und wenig später auch Ibn Kathîr zitieren bei der Auslegung der beiden genannten Verse ausgiebig islamisch-legendarische Traditionen von der Wiederkunft Jesu.

Schon sehr früh nämlich war der erhöhte Jesus in nachkoranischen Überlieferungen mit der eschatologischen Gestalt des kommenden Messias oder Mahdi (*mahdî*) identifiziert worden, welcher den Islam wiederherstellen und zur einzigen Religion auf Erden machen werde.[189] Noch heute lebt dieser *triumphalistische Jesus* vor allem in den Vorstellungen der muslimischen Volksmassen. Den Überlieferungen zufolge wird der wiederkehrende Jesus in Damaskus (nach einer anderen Tradition auf einem Hügel namens ʿAfîq in Israel) niedersteigen. Mit einer Lanze in der Hand wird er den einäugigen, lügnerischen Antichristen töten (von dem im Koran nicht die Rede ist). In Jerusalem wird Jesus am islamischen Morgengebet teilnehmen, ohne für sich die Rolle des Imams übernehmen zu wollen. Sodann wird Jesus die Schweine töten, die Kreuze zerbrechen, alle Synagogen und Kirchen zerstören und diejenigen Christen, die nicht (in rechter Weise) an ihn glauben, töten. Auch den falschen Messias wird Jesus töten, und es wird nur noch eine Religion geben: die des Islams. Jesus wird heiraten, Kinder zeugen und vierzig Jahre in Frieden und Gerechtigkeit regieren, die auch die Tierwelt miteinbezieht. Schließlich wird Jesus sterben und in Medina neben Muhammad feierlich bestattet werden.

Daß Jesus leiblich-lebendig zu Gott erhoben worden sei, sieht die islamische Tradition schließlich auch in der »Himmelsreise« (mi'râğ) Muhammads erwiesen, bei welcher Muhammad Jesus im zweiten Himmel begegnet, wie etwa Tabarî in seinem Kommentar zu Sure 17,1 ausführt. Schon Muhammad ibn Ishâq hatte in seiner Biographie Muhammads dieser Himmelsreise, bei welcher der Prophet in den verschiedenen Himmeln auf seine Vorläufer trifft, ein eigenes Kapitel gewidmet.

Bereits klassische Koranexegeten haben ihre Zweifel an dieser eschatologischen Christologie angemeldet. Sie verstehen insbesondere den zitierten Satz in Sure 4,159 anders. Zamakhsharî und Baydâwî beziehen die Angabe »vor seinem Tod« (qabla mawtihi) nicht auf den angeblichen endzeitlichen Tod Jesu, sondern auf den Tod *des einzelnen Christen* (und Juden), der gewissermaßen in seiner Todesstunde spätestens zur wahren Erkenntnis Jesu im Sinne des Korans gelange. Râzî zeigt sich unentschieden zwischen beiden Deutungsmöglichkeiten, während Ibn Kathîr beide in komplementärer Weise miteinander zu harmonisieren versucht.[190]

Der Auslegung Zamakhsharîs und Baydâwîs folgen besonders zeitgenössische, den christologischen Spekulationen der Altvorderen kritisch gegenüberstehende Exegeten. Muhammad Asad etwa erklärt direkt im Anschluß an Zamakhsharî ebenfalls:

»alle glaubenden Juden und Christen erkennen im Augenblick ihres Todes, daß Jesus wahrlich ein Prophet Gottes war und weder ein Betrüger noch ›der Sohn Gottes‹ gewesen ist.«[191]

Und Smail Balić betont[192]:

»Der Glaube an die Wiederkunft Jesu, sei es als Erretter des Islam, sei es in einer anderen Mission, steht, wie einflußreiche Theologen der

Gegenwart beteuern, im schroffen Gegensatz zu der islamischen Lehre«,

womit er offenbar diejenige islamische Lehre meint, die sich strikt an den Wortlaut des Korans hält. Ein konkretes Beispiel dafür ist ein theologisch-juristisches Gutachten von 1942, das der Al-Azhar Gelehrte Muhammad Shaltût (gest. 1963), ein Schüler des Reformers Muhammad ʿAbduh, verfaßt hat. Die *fatwâ* trägt den Titel: »Die Erhöhung Jesu« (*rafʿ ʿÎsâ*). Das Gutachten kommt nach Prüfung der einschlägigen Koranverse und einiger Hadithe zu dem interessanten traditionskritischen Urteil:

> »Weder im Koran noch in der Sunnah gibt es hinreichende Unterstützung, um einen Glaubensinhalt aufzurichten, mit dem das Herz zufrieden sein kann: daß Jesus in seinem Körper in den Himmel erhöht wurde und daß er jetzt lebend im Himmel weilt und am Ende der Welt auf die Erde herabsteigen werde.«[193]

Die Frage stellt sich: Wie soll man dann über Jesu Tod denken, wenn Jesus dem Koran zufolge weder am Kreuz gestorben noch lebend zu Gott entrückt wurde? Ausgangspunkt der Überlegungen war Sure 3,55 gewesen, wo Gott zu Jesus sagt, er werde ihn »abberufen« (*mutawaffîka*) und zu sich »erhöhen« (*râfiʿuka*). Neben den beiden ersten Deutungen im Sinne einer Endzeit-Christologie gibt es zwei weitere Interpretationen, die sich grundsätzlich von jenen anderen beiden unterscheiden. Diese Interpretationen bestreiten aufgrund der mangelnden Hinweise im Text selber, daß der Koran hier von einem eschatologischen Tod Jesu spricht; stattdessen verstehen sie Jesu »Abberufung« als ein Geschehen *durch seinen jetzigen Tod hindurch*. Wir sehen uns diese Deutung in ihren beiden Varianten etwas genauer an.

(3) Jesus wird in dem Sinne abberufen, daß Gott Jesus sofort sterben läßt und ihn darauf zu sich zu erhöht. Manche um Harmonisierung mit den neutestamentlichen Osterberichten bestrebte Ausleger meinen zudem, Jesus werde nach drei (andere sagen: nach sieben) Stunden zunächst von Gott auferweckt und dann erhöht. Tabarî, demzufolge bereits Ibn ʿAbbâs und Wahb ibn Munabbih diese Grundvariante vertreten haben, verwirft sie aufgrund seines Vorverständnisses der Texte. Dann müsse ja Jesus zweimal sterben: vor seiner Erhöhung und dann noch einmal nach seiner Wiederkunft.

Hingegen bringen Zamakhsharî, Baydâwî und Râzî dieser dritten Deutung mehr Sympathie entgegen. Râzî betont wie andere Ausleger auch, daß Gottes Handeln an Jesus, das in seiner Erhöhung gipfelt, eine Belohnung sei für alles das, was Jesus in seiner Mission im Auftrag Gottes von seiten der Menschen zu erdulden hatte. Gegen die Auffassung einer Erhöhung allein der Seele Jesu betont Râzî, er sei ganzheitlich, mit Leib und Geist, erhöht worden, wobei Râzî Jesu »Erhöhung« nicht räumlich, sondern metaphorisch verstanden wissen will, um jeglichen Anthropomorphismus in bezug auf die Rede von Gott zu vermeiden. Râzî resümmiert zu Sure 3,55:

> »Mit diesem Vers ist gemeint: ›Ich (sc. Gott) werde dich zu mir erhöhen, das heißt zu der Stätte deiner verdienten Belohnungen und der guten Entschädigung.‹ Falls das, was wir sagen, wahr ist, dann bietet der Vers kein Argument für die Auffassung, Gott einen räumlichen Ort zuzuschreiben.«[194]

Schiitische sowie vom Sufismus geprägte Exegeten verstehen die Erhöhung Jesu durch Gott nicht in einem buchstäblichen Sinne als einen physisch-lokalen Vorgang (leibliche Entrückung in die Himmelswelt »droben«), sondern ebenfalls in einem metaphorischen bzw. spirituellen Sinne. Javad Nurbakhsh etwa erklärt:

> »Die Sufis glauben, daß Jesus, als er die Stufe der menschlichen Vollkommenheit erreicht hatte, vollständig mit dem Göttlichen vereint wurde, und sie verstehen seine Himmelfahrt als Durchgang zu einem erhabeneren Reich des Seins.«[195]

Es bedarf wohl kaum des ausdrücklichen Hinweises darauf, daß es zu allen Zeiten zahllose Christen gegeben hat und gibt, die das, was mit Jesus bei seiner Auferweckung bzw. Erhöhung geschah, nicht anders formulieren würden, als es hier Javad Nurbakhsh tut. Christen und Muslime sind sich wohl darin einig: wie immer Jesus gestorben sein mag und was auch nach seinem Tod mit ihm geschah – dieser Tod hatte und hat nicht das letzte Wort über sein Leben und Wirken im Auftrag Gottes. Dieser Tod war vielmehr der Durchgang, der Übergang, der Weg zurück in die Gegenwart und Nähe Dessen, der ihn gesandt hat. Von dieser Rückkehr Jesu zu Gott werden wir im nächsten Kapitel noch mehr und Genaueres vom Koran selber hören.

Diese gleichsam spirituell verklärende Interpretation des Todes Jesu hat möglicherweise einen gewissen Anhalt schon im Neuen

Testament. Jedenfalls sind einige christliche Koranausleger davon überzeugt, daß hinter der Aussage Gottes in Sure 3,55, Jesus abzuberufen, zu erhöhen und von denen, die nicht glauben, rein zu machen, die Geschichte von der sog. »Verklärung« Jesu stehe, von der die synoptischen Evangelien im Neuen Testament berichten (vgl. z.b. Markus 9,2-10): Jesus nahm kurz vor Beginn seiner Passion einige seiner Jünger mit auf einen hohen Berg. Da wurde Jesus vor ihren Augen verwandelt bzw. verklärt; seine Kleider wurden strahlend weiß. Da erscheinen zwei Propheten – Mose und Elija –, die sich mit Jesus unterhalten. Schließlich spricht eine himmlische Stimme zu den Jüngern (Markus 9,7): »Das ist mein geliebter Sohn; auf ihn sollt ihr hören.«

Nun ist schon seit langem in der neutestamentlichen Forschung erkannt worden, daß diese Episode von der Verklärung Jesu ursprünglich wohl eine Ostergeschichte darstellt, ein Bericht von einer Vision der Jünger, in welcher sie den vom Tod auferweckten (nicht ins Leben zurückgekehrten!) Jesus sahen. Dahinter mag vielleicht noch ursprünglicher eine Vision und Audition Jesu selbst kurz vor seinem Tod gestanden haben, die zu seiner Metamorphose auf dem Berge führte.[196] Insofern paßt diese Geschichte tatsächlich gut zum Koran, der ebenfalls von den Tötungsplänen der Gegner Jesu sowie den Gegenplänen Gottes ausgeht (Sure 3,54) und dann zu einer Audition Jesu führt (3,55). Auch könnte man hier *mutawaffîka* mit »ich verkläre dich« übersetzen[197] und alles in allem in diesem Vers einen ähnlichen Vorgang spirituellverklärender Verwandlung vermuten, wie das in jener neutestamentlichen Geschichte von Jesus berichtet wird.

(4) Die vierte Deutung unterscheidet sich von der dritten nur dadurch, daß Gott Jesus aus der Todesgefahr befreit und ihn erst nach Ablauf seiner wann auch immer endenden Lebensfrist eines natürlichen Todes sterben läßt, um daraufhin allein seine Seele – wie die aller gläubig Gestorbenen – zu sich zu nehmen. Die unbestreitbare Stärke dieser Interpretation ist, daß sie weder von dogmatischen Voraussetzungen noch vom Streben nach Harmonisierung mit christlich-neutestamentlichen Auffassungen beeinflußt ist, sondern primär den koranischen Sprachgebrauch berücksichtigt.

Der Ausdruck *tawaffâ*, von Paret und Khoury mit »abberufen« übersetzt, ist eine euphemistische Umschreibung, besser: er ist gleichsam das theologische Äquivalent zum rein biologischen

Begriff *mâta* (»sterben«). Fast alle der 25 Stellen des Korans, an denen *tawaffâ* vorkommt, benennen entweder Gott selbst (14 mal) oder seinen Engel (achtmal) als handelndes Subjekt. Immer aber geht es um den Tod des Menschen – außer in Sure 6,60; 39,42, wo vom Schlaf (als einer Art kleinen Todes) die Rede ist. Das Wort *tawaffâ* meint dem überwiegenden koranischen Sprachgebrauch entsprechend nichts anderes als »sterben lassen«, was unter den deutschen Koranübersetzungen einzig die von Lion (nicht Ludwig!) Ullmann berücksichtigt, der Sure 3,55 (56) übersetzt mit:

> »Ich will dich, o Jesus, der Menschen Tod sterben lassen, zu mir erheben und dich von den Anwürfen der Ungläubigen reinigen.«[198]

Der Ausdruck *tawaffâ* ist eine gläubige, vertrauensvolle Umschreibung dessen, was rein äußerlich und biologisch »sterben« (*mâta*) meint. Es ist genau so, wie man heute auch noch unter gläubigen Christen sagt: »Gott hat meine alte Mutter zu sich geholt, er hat sie heimgeholt« – statt einfach nur festzustellen: »Meine Mutter ist gestorben.«

So sagt und meint der Koran in Sure 3,55 dieser Interpretation zufolge: Gott hat Jesus abberufen, zu sich gerufen, heimgeholt. Jesus, Prophet und Gesandter Gottes, wird weder ermordet noch stirbt er einfach so: letzter Atemzug und dann aus und vorbei. Sondern *Gott* als der Herr über seine Lebenszeit hat auch die Todesstunde festgelegt. Er und nur Er allein ist es, der Jesus am Ende eines natürlichen Todes sterben läßt und ihn in diesem präzisen Sinne zu sich abberuft.

Für diese Deutung votieren vor allem zeitgenössische Kommentatoren. Jesu »Erhöhung« im Koran hat nach ihrer Auffassung nichts mit physisch-lokaler Auferstehung, Entrückung oder Himmelfahrt zu tun, sondern beschreibt lediglich, daß Jesus wie alle übrigen Geschöpfe am Ende zu Gott, dem Ursprung des Lebens, zurückkehrt – eine Vorstellung, die ganz typisch ist für den Koran. Diese Exegeten, zu denen etwa Muhammad ʿAbduh, Rashîd Ridâ, Muhammad Ali und Muhammad Asad zählen, befürworten den Tod Jesu *vor* seiner Erhöhung vor allem um seiner Gleichheit mit den anderen Propheten willen. Insofern gibt es auch hier ein dogmatisches Interesse.[199] Wie oben gezeigt wurde, deuten auch die Anhänger der Ahmadiyya die koranischen Stellen im Sinne eines natürlichen Todes Jesu am Ende seines Lebens (Ohnmachtstheorie und Kashmir-These).

Auch der vorhin erwähnte Al-Azhar Gelehrte Muhammad Shaltût folgt dieser Auslegung über Jesu Lebensende, die freilich längst vor ihm und Muhammad ʿAbduh ein anderer Ägypter vertreten hatte, nämlich Âlûsî (gest. 1853): Gott habe Jesus vor seinen Feinden in Schutz genommen, sein Leben vollendet, ihn eines natürlichen Todes sterben lassen und ihn so wie alle gläubig gestorbenen Menschen zu sich geholt. Shaltût kommt in seinem erwähnten Gutachten über »Die Erhöhung Jesu« daher zu folgendem Resümmee: Für den Glauben eines Muslims sei es unerheblich, ob er an die leibhaft-lebendige Erhöhung Jesu und seine Wiederkunft glaube oder nicht. Er sei ein Muslim, ein Gläubiger, auch wenn er diesen Topos der traditionell-islamischen Christologie leugne.[200]

Sayyid Qutb gibt sich angesichts der vielen spekulativen Deutungsversuche der Ausleger über das Lebensende Jesu in seinem Kommentar zu Sure 3,54f bescheiden:

> »Was die Fragen angeht, wie Jesus von Gott aufgenommen und in den Himmel erhöht wurde: diese gehören zu den (sc. uns) unbekannten Dingen. Sie gehören zu den mehrdeutigen Versen (*mutashâbihât*), deren letztgültige Bedeutung keiner kennt außer Gott allein.«[201]

Abschließend bleibt festzuhalten: Im Unterschied zu solchen Deutungen von *tawaffâ*, die für einen eschatologischen Tod Jesu optieren, mithin die Vorstellung von seiner lebendigen Erhöhung und Wiederkunft notwendig machen bzw. schon voraussetzen, gehen andere Deutungen vom Tod Jesu vor seiner Erhöhung aus, haben also mit der Lehre von der Wiederkunft Jesu nichts zu tun. Da einerseits diese Lehre nirgends im Koran zu finden ist und andererseits die Wiedergabe von *mutawaffîka* im Sinne von »ich lasse dich sterben« dem überwiegenden Verständnis des Korans von *tawaffâ* entspricht, dürfte die folgende Darstellung (= vierte Deutung) die zutreffende Interpretation des Korans darstellen: Jesus ist durch Gottes Willen und Intervention vor dem Kreuzestod bewahrt worden und – wann und wo auch immer – eines natürlichen Todes gestorben. Durch den Tod hindurch hat Gott ihn »abberufen«, d.h. er hat Jesus sterben lassen und seine Seele aufgenommen, wie die Seele jedes Gläubigen bei seinem Tod auch.[202]

Die Lehre von der Wiederkunft Jesu ist folglich als Bestandteil der Christologie *des Islams,* nicht aber einer Christologie des Korans anzusehen. Denn der Koran gibt eschatologischen Vorstellungen hinsichtlich einer besonderen Rolle Jesu in der Endzeit keinen einzigen eindeutigen Anhaltspunkt, geschweige denn eine deutliche Grundlage. Eine Darstellung wie die hier vorliegende über »Jesus im Koran« muß – wie etwa bei der Frage nach der Sündlosigkeit Jesu – auch in diesem Punkt kritisch hinweisen auf den Unterschied zwischen einer Christologie des Korans und dessen dogmatischer Auslegung von seiten der islamischen Tradition. Dieser *interpretatio islamica* folgt, aufs Ganze gesehen, zwar die Mehrzahl der muslimischen Koranausleger, aber eben doch längst nicht alle muslimischen Exegeten.

KAPITEL 10

Jesus und das Endgericht

Da sie grundsätzlich den Glauben an Gott als den Herrn über Leben und Tod miteinander teilen, sind sich Christen und Muslime einig darin: Jesus bleibt nicht im Tod, sondern Gott erweckt ihn zu einem neuen und unvergänglichen Leben. Nicht einig sind sich Christen und Muslime allerdings über den Zeitpunkt der Auferweckung Jesu. Diese geschieht dem Koran zufolge nicht schon in der Zeit, an einem Ostermorgen vor nahezu 2000 Jahren, sondern erst am Ende der Zeiten, im Kontext der allgemeinen Auferstehung der Toten. Jesus sagt im Koran selber von sich (Sure 19,33):

> »Friede sei über mir am Tag, da ich geboren wurde, und am Tag, da ich sterbe, und am Tag, da ich wieder zum Leben erweckt werde.‹«

Jesus ist im Koran der einzige Gesandte, der selber über sich den Wunsch nach Frieden (*al-salâm*) mit Gott ausspricht.[203] Gott erfüllt ihm diesen Wunsch. Jesu eschatologisches Geschick erweist sich als vom Frieden mit Gott bestimmt. Jesus kommt eine besondere Würde zu, nicht nur in der irdischen, sondern auch in der himmlischen Welt. Er ist ein Angesehener, ein Herrlicher, ein Geehrter (*wağîh*) in Gottes Nähe. Dies gilt es, ganz besonders zu betonen, da es nach wie vor christliche Theologen gibt, die aufgrund mangelnder Kenntnis des Korans der Auffassung sind, dieser habe lediglich »eine rein diesseitige ›Jesulogie‹« zu bieten.[204] Dem ist neben Sure 19,33 vor allem Sure 3,45 entgegenzuhalten (Übersetzung von Paret):

> »Er (sc. Jesus) wird im Diesseits und im Jenseits angesehen sein, einer von denen, die (Gott) nahestehen.«

Nach allgemein islamischer Auffassung bezieht sich Jesu Ansehen im Diesseits auf seinen Status als Gesandter Gottes; sein Ansehen im Jenseits auf seinen dortigen hohen Rang, welcher ihm im Endgericht je nach dem die Erlaubnis zur Fürsprache (*šafāʿa*) für die Christen oder der Anklage gegen sie gibt. In diesem Sinne erläutert Baydâwî Sure 3,45: Jesu »›Ansehen‹ in dieser Welt ist das prophetische Amt, in der nächsten (sc. Welt) das Recht der Fürsprache« – eine Auffassung, die sich so ähnlich bei vielen Exegeten in Vergangenheit und Gegenwart findet, etwa bei Râzî, Ibn Kathîr oder ʿAbduh.[205]

So sagt denn Sure 4,159 explizit von Jesus: »Am Tag der Auferstehung wird er über sie Zeuge sein.« Hinter dieser Aussage steht die Auffassung des Korans, daß Gott sich im Endgericht aus jeder Glaubensgemeinschaft einen Zeugen erwählt, der über ihren Glauben und Unglauben aussagt (vgl. Sure 4,41; 16,84.89). Jesus ist dem Koran zufolge der eschatologische Zeuge (*šahîd*) Gottes in bezug auf die Christen. Denn er gehört zu denjenigen Wesen, die sich der Nähe Gottes erfreuen (*al-muqarrabûn*).

Im Koran werden alle die, die den höchsten Grad der paradiesischen Seligkeit erreicht haben, gerne *al-muqarrabûn* genannt (vgl. Sure 56,10f.88f; 83,20-28). Exakt derselbe Ausdruck für Jesus *min al-muqarrabîn* (Sure 3,45), den Paret mit »einer von denen, die (Gott) nahestehen« übersetzt, wird in Sure 4,172 auch für die Engel verwendet. So könnte man folgern: Jesus kommt eine den Engeln vergleichbare Würde zu. *Al-muqarrabûn* bedeutet Baydâwî zufolge

> »der hohe Ort, den er (sc. Jesus) im Paradies haben wird; oder sein in den Himmel Erhöhtwerden sowie die Gemeinschaft der Engel.«[206]

Theologiegeschichtlich gibt es auch an dieser Stelle des Korans möglicherweise eine direkte Verbindung zur Engel-Christologie der Judenchristen und später der arianischen Christen, welche in der Auferweckung Jesu nicht seine *Gott*werdung sahen, sondern seine *Engel*werdung, gleichsam seine Inthronisation zum »Gottessohn« in diesem metaphorischen Sinne, wie sie auch von den Königen Israels im Zuge ihrer Thronbesteigung geglaubt wurde (Psalm 2,7). Schon die Gesandtenchristologie des Johannesevangeliums kann jedenfalls als »Frühform judenchristlicher Engelchristologie« (Jan-A. Bühner) bezeichnet werden, die einen späten Reflex im Koran gefunden hat.[207]

Zur koranischen Prophetologie gehört, daß Gott im Endgericht von seinen Gesandten Rechenschaft fordert. In Sure 33,7-8 sagt Gott zu Muhammad:

»Und als Wir von den Propheten ihre Verpflichtung entgegennahmen, und auch von dir und von Noach, Abraham, Mose und Jesus, dem Sohn Marias. Wir nahmen von ihnen eine schwere Verpflichtung entgegen. Damit er ja die Wahrhaftigen nach ihrem wahrhaftigen Wandel frage.«

Obwohl der historische Jesus selber dem Richten, bezogen auf sich selbst und generell, distanziert gegenüberstand, wie die Evangelien eindeutig bezeugen (z.b. Lukas 6,37f; 12,14; Matthäus 7,1ff), hat die christliche Kirche auf den Konzilien des vierten Jahrhunderts erklärt, was noch heute in den Glaubensbekenntnissen gesagt wird: daß Jesus, der »zur Rechten Gottes, des Vaters sitzt«, am Jüngsten Tage kommen werde, »zu richten die Lebenden und die Toten«. Auch an dieser Stelle widerspricht der Koran der mehrheitlich christlichen Auffassung, und wieder müssen sich Christen selbstkritisch fragen, ob der Koran mit seinem Widerspruch nicht dem Selbstverständnis Jesu näher kommt als der theologische Überschwang der konstantinischen Staatskirche des Römischen Reiches.

Dem Koran zufolge ist Jesu Funktion im Endgericht jedenfalls nicht diejenige, Richter an Gottes statt oder Gottes Seite zu sein. Neben seiner Aufgabe als Zeuge *für andere* ist er auch gleichsam der Zeuge *seiner selbst* aufgrund seiner Rechenschaftspflicht Gott gegenüber für sein Wirken als dessen Gesandter. Davon handeln die letzten Verse der fünften Sure. Ausführlich wird ein Gespräch Gottes mit Jesus geschildert, das sich entweder im Zusammenhang des Endgerichts oder bereits, wie von manchen Koranauslegern vermutet wird, unmittelbar nach dem Tod und der Erhöhung Jesu abspielt. In jedem Fall ist es eine Zwiesprache, die einen deutlichen Rechenschaftscharakter trägt. Der Sendende stellt den Gesandten zur Rede. Die Verse in Sure 5 lauten:

»116 Und als Gott sprach: ›O Jesus, Sohn Marias, warst du es, der zu den Menschen sagte: ›Nehmt euch neben Gott mich und meine Mutter zu Göttern?‹ Er sagte: ›Preis sei Dir! Es steht mir nicht zu, etwas zu sagen, wozu ich kein Recht habe. Hätte ich es gesagt, dann wüßtest Du es. Du weißt, was in meinem Inneren ist, ich aber weiß nicht, was in deinem Inneren ist.[208] Du bist der, der die unsichtbaren Dinge alle weiß. 117 Ich habe ihnen nichts anderes gesagt als das, was Du mir befohlen hast, nämlich: ›Dienet Gott, meinem Herrn und eurem Herrn.‹ Ich war Zeuge über sie, solange ich unter ihnen weilte. Als Du mich abberufen hast, warst Du der Wächter über sie. Und Du bist über alle Dinge Zeuge. 118 Wenn Du sie peinigst, so sind sie deine Diener. Wenn Du ihnen vergibst, so bist Du der Mächtige, der Weise.‹ 119 Gott sprach: ›Das ist der Tag, an dem den Wahrhaftigen ihre Wahrhaftigkeit nützen wird. Bestimmt sind für sie Gärten, unter denen Bäche fließen, darin werden sie auf immer und ewig weilen. Gott hat Wohlgefallen an ihnen, und sie haben Wohlgefallen an Ihm. Das ist die höchste Glückseligkeit.[209]‹«

Die letzten Worte Jesu, die dieser Dialog mit Gott enthält, sind ebenso wie Jesu erste Worte als Kind in der Wiege eine Zusammenfassung seiner Botschaft. Diese ist wie die Botschaft aller Propheten ausschließlich auf Gott bezogen. Er und keiner sonst ist Herr und König, Mächtiger und Weiser. Jesu Größe hängt nicht vom Erfolg seiner Sendung ab. Sie besteht in seiner gehorsamen Treue gegenüber Gottes Auftrag und in der Wahrhaftigkeit, mit der er sich Ihm unterordnet. Jesu Antwort an Gott »»Preis sei Dir! Es steht mir nicht zu, etwas zu sagen, wozu ich kein Recht habe‹« (Vers 116) kommentiert Daryabâdî folgendermaßen:

»Jesus ist von der gotteslästerlichen Haltung seiner sogenannten Anhänger sehr betroffen. Es gibt einen großen Unterschied zwischen der ›Christlichen Religion‹ und der Religion Jesu, zwischen der aus griechischer Philosophie auf jüdischem Boden errichteten Dogmenstruktur und dem, was Jesus selbst glaubte.«[210]

Interessant für Christen ist: in Sure 5,116ff könnten Abschnitte aus dem Abschiedsgebet Jesu im Johannesevangelium anklingen, dessen ersten Teil (17,1-8) die Einheitsübersetzung übrigens ganz ähnlich mit »Jesu Rechenschaft vor dem Vater« betitelt. Vielleicht hat Muhammad die Rechenschaft des johanneischen Jesus *vor* seiner Erhöhung zu Gott, von der er in gottesdienstlichen Lesungen aus Tatians Diatessaron gehört haben könnte, bewußt auf die Zeit *nach* seiner Erhöhung verlegt. In jedem Fall ist es auch im Koran ein intimes Zwiegespräch zwischen Jesus und Gott. Die Analogien zwischen beiden Texten zeigt folgender Vergleich:

Jesu Rechenschaft vor Gott nach Johannes 17	Jesu Rechenschaft vor Gott nach Sure 5
»Ich habe dich auf der Erde verherrlicht und das Werk zu Ende geführt, das du mir aufgetragen hast. (...) Denn die Worte, die du mir gegeben hast, gab ich ihnen und sie haben sie angenommen. (...) Ich habe ihnen dein Wort gegeben« (Verse 4.8.14a).	»Es steht mir nicht zu, etwas zu sagen, wozu ich kein Recht habe (...). Ich habe ihnen nichts anderes gesagt als das, was Du mir befohlen hast, ...« (Vers 116b.117a).
»Das ist das ewige Leben: dich, den einzigen wahren Gott, zu erkennen und Jesus Christus, den du gesandt hast« (Vers 3).	»... nämlich: ›Dienet Gott, meinem Herrn und eurem Herrn‹« (Vers 117b).
»Solange ich bei ihnen war, bewahrte ich sie in deinem Namen, den du mir gegeben hast« (Vers 12).	»Ich war Zeuge über sie, solange ich unter ihnen weilte« (Vers 117c).
»Ich bin nicht mehr in der Welt, aber sie sind in der Welt, und ich gehe zu dir. (...) Ich bitte nicht, daß du sie aus der Welt nimmst, sondern daß du sie vor dem Bösen bewahrst« (Verse 11.15).	»Als Du mich abberufen hast, warst Du der Wächter über sie. Und Du bist über alle Dinge Zeuge« (Vers 117d.e).

Als Parallelstellen zu Sure 5,116-117 gelten den muslimischen Kommentatoren zwei andere Passagen des Korans, die dieser hier in Sure 5 in der Tat sehr nahestehen, auch wenn sie Jesus nicht explizit erwähnen. Es sind Sure 21,26-29:

»26 Und sie (sc. die Christen) sagen: ›Der Erbarmer hat sich ein Kind genommen.‹ Preis sei Ihm! Nein, es (sc. die Gesandten) sind nur Diener, denen Ehre erwiesen worden ist. 27 Sie kommen Ihm im Sprechen nicht zuvor, und nach seinem Befehl handeln sie. 28 Er weiß, was vor ihnen und was hinter ihnen liegt, und sie legen Fürsprache nur für den ein, der Ihm angenehm ist. Und sie erschrecken aus Furcht vor Ihm. 29 Und wer von ihnen sagen sollte: ›Ich bin Gott neben Ihm‹, dem vergelten Wir mit der Hölle. So vergelten Wir denen, die Unrecht tun.«

Und vor allem Sure 3,79-80:

»79 Es steht keinem Menschen zu, daß Gott ihm das Buch, die Urteilskraft und die Prophetie zukommen läßt und daß er dann zu den

Menschen sagt: ›Seid meine Diener anstelle Gottes.‹ Vielmehr (wird er sagen): ›Seid Gottesgelehrte (*rabbânîyûn*), da ihr das Buch lehrt und da ihr es erforscht.‹ 80 Und auch nicht, daß er euch befiehlt, die Engel und die Propheten zu Herren zu nehmen. Kann er euch den Unglauben befehlen, nachdem ihr Gottergebene geworden seid?«

Die islamische Koranauslegung hat diese Verse schon von Ibn ʿAbbâs an bis heute fast durchweg als auf Jesus und sein Evangelium bezogen verstanden. Jesus ist mit der Ehre eines Gesandten ausgezeichnet worden (Sure 21,26). Seine Botschaft entspricht der Grundbotschaft aller Gesandten (Sure 21,25); sein Handeln auf Erden (Wunder) wie im Himmel (Fürsprache) geschieht in Übereinstimmung mit Gottes Willen (Sure 21,27f). Zu Sure 21,27 bemerkt Abdullah Yusuf Ali in seinem Kommentar:

»Sie (sc. die Gesandten) sagen niemals irgendetwas, ehe sie Gottes Befehl, es zu sagen, erhalten. Und ihre Taten sind ähnlich konditioniert. Dies ist ebenso die Lehre Jesu, wie sie im Evangelium des Heiligen Johannes (xii, 49–50) berichtet wird: ›Denn was ich gesagt habe, habe ich nicht aus mir selbst, sondern der Vater, der mich gesandt hat, hat mir aufgetragen, was ich sagen und reden soll. Und ich weiß, daß Sein Auftrag ewiges Leben ist. Was ich also sage, sage ich so, wie es mir der Vater gesagt hat.‹ Recht verstanden, hat ›Vater‹ dieselbe Bedeutung wie unser ›Herr‹ (Rabb): Erhalter und Versorger, nicht: Erzeuger und Vorfahre.«[211]

Der Anlaß der Offenbarung der Verse Sure 3,79-80 ist den muslimischen Kommentatoren zufolge die Begegnung Muhammads mit den Christen von Nadjrân. Baydâwî bezeichnet diese beiden Verse als »Widerspruch und Widerlegung derer, die Jesus wie einen Gott verehren«.[212] Der auch in Sure 5,44.63 vorkommende Ausdruck *rabbânîyûn* in Vers 79 hat den Auslegern zufolge eine ganz allgemeine Bedeutung. Baydâwî erklärt, »*rabbânî* (= Singular) bedeutet: jemand, der vollkommen ist in Worten und Werken«. Zamakhsharî zufolge ist *rabbânî* »jemand, der strikt von Gottes Religion und dem Gehorsam Ihm gegenüber bestimmt ist«.[213] Von den zeitgenössischen Auslegern sei exemplarisch Daryabâdî zitiert, der zu Sure 3,79f anmerkt:

»Dies alles ist als Widerlegung an die Bekenner der Dreieinigkeit unter den Christen gerichtet. Jesus, Friede sei mit ihm, hätte als Prophet die Menschen niemals lehren können, ihn anzubeten oder ihn in irgendeiner Weise Gott gleichzustellen. Der Gesandte Gottes ruft die Menschen dazu auf, ihm im Gehorsam Gott gegenüber zu folgen, keinesfalls aber, ihn zu vergöttlichen.«[214]

Sure 5,118 unterstreicht Gottes vollständige und bleibende Souveränität gegenüber den Glaubenden. Er ist ihr »Wächter« (*raqîb*) und sie als Seine Diener können sich auf ihren Gottes-Dienst nichts einbilden, sondern bleiben allemal auf Sein Erbarmen angewiesen. Repräsentativ für diesen Tenor der islamischen Auslegung sei noch einmal aus Yusuf Alis Kommentar zitiert:

»Ein Herr kann gerechterweise Seine Diener wegen Ungehorsam bestrafen: niemand kann Ihm widersprechen, denn Er steht hoch über allen. Doch wenn Er sich vornimmt zu vergeben, sieht Er in Seiner Weisheit Dinge, die wir Sterblichen nicht sehen können. Dies ist das Maß der Fürsprache, welche die Männer Gottes um der Sünder willen einlegen können.«[215]

Wird Gott damit nicht zu einem Willkürgott, wie manche muslimische und erst recht natürlich christliche Ausleger befürchten? Das wäre mit Sicherheit ein Mißverständnis des Korans. Der Glaubende ist nicht einer blinden göttlichen Willkür ausgeliefert, weder in seinem Leben noch am Tage des Gerichts. Wenn schon, dann kann man im Gegenteil sagen: Gott selbst ist es, der sich den Menschen gegenüber »zur Barmherzigkeit verpflichtet hat«, wie Sure 6 gleich zweimal betont (Verse 12 und 54)! Dem Vorurteil oder Mißverständnis, Gott werde im Koran als Willkürgott beschrieben, tritt darüber hinaus in der Tradition ein Hadith entgegen, das auch ein Recht der (christlichen) Gottesdiener auf Gott kennt:

»Nach Muʿâdh ibn Djabal. Ich ritt hinter dem Propheten auf einem Esel. Da sagte er: O Muʿâdh, weißt du, welches Recht Gott bei seinen Dienern hat und welches Recht die Diener bei Gott haben? Ich sagte: Gott und sein Gesandter wissen es besser. Er sagte: Gottes Recht gegenüber seinen Dienern besteht darin, daß sie ihm dienen und ihm nichts beigesellen. Und das Recht der Diener Gott gegenüber besteht darin, daß er niemanden peinigt, der ihm nichts beigesellt.«[216]

Wir halten, dieses Kapitel zusammenfassend, fest: Dem Koran zufolge hat Jesus für die Glaubenden prinzipiell eine doppelte Bedeutung: eine irdische und zeitliche – christlich ausgedrückt: eine

»heilsgeschichtliche« – Bedeutung, die in seiner Rolle als Prophet und Gesandter Gottes besteht und in seiner geschöpflichen Würde als Jungfrauensohn und in diesem Sinne als »zweiter Adam« begründet ist; und eine endzeitliche und himmlische Bedeutung, die in seiner doppelten Funktion der Zeugenschaft in bezug auf die Christenheit und der Rechenschaft über sein eigenes Wirken als Bote Gott gegenüber besteht. Diese jenseitige Bedeutung Jesu gründet in der Würde, die ihm dann gegeben ist: sich wie die Engel der Nähe Gottes zu erfreuen und ein unvergängliches Ansehen zu genießen.

KAPITEL 11

Zusammenfassung: Jesus, der Zeigefinger Gottes

Für den Koran gilt mehr noch als für die Evangelien: das Textmaterial erlaubt es nicht, ein auch nur annähernd vollständiges Bild des Lebens und Wirkens Jesu zu rekonstruieren. Die koranische Christologie ist auf ihre Weise ebenso fragmentarisch, wie es die neutestamentlichen und außerkanonischen Evangelien in ihrer je besonderen Weise sind. Während jedoch die christlichen Evangelien meist einen gewissen biographischen Aufbau und eine äußere Dramaturgie der Ereignisse erkennen lassen, ist die Darstellung des Korans – abgesehen von den Passagen im Kontext der Geburt Jesu – ohne erkennbare Entwicklung. Sie ist weniger ereignis- und handlungsorientiert als vielmehr auf bestimmte Worte Jesu selbst oder über Jesus fokussiert. Darin wird eine formale Nähe zur urchristlichen Logiensammlung (»Q« genannt) sowie zum Johannes- und zum Thomasevangelium erkennbar.

In historisch-kritischer Perspektive ist eine doppelte Weiterentwicklung der Christologie zu erkennen: zunächst von den Aussagen des Korans über Jesus zur Zeit der Wirksamkeit Muhammads in Mekka hin zu denjenigen Aussagen, die in Medina hinzukommen; sodann von der Christologie des Korans insgesamt hin zur späteren, um »Vervollständigung« bemühten Christologie der islamischen Tradition.

Die *mekkanische* Christologie konzentriert sich auf die Beschreibung Jesu in seinem engen Verhältnis zu Maria, auf die Betonung seines reinen Mensch- und Dienerseins bis zum Tod, und auf die Wiedergabe seiner prophetischen Botschaft in Gestalt eines »Buches«. Zu den Wunderberichten in dieser Urchristologie des Korans zählen die jungfräuliche Empfängnis (als Vision Marias) und Jesu Geburt, das Wunder der Erquickung Marias sowie das Wiegenwunder. Die *medinische* Christologie bringt einige neue

Aspekte hinzu: die Bezeichnung Jesu als »Messias«, »Wort« und »Geist von Gott« sowie als »Gesandter«, der »das Evangelium« bringt. Es werden summarisch wie auch im Einzelnen weitere Wunder aufgezählt, insbesondere das Vogel- und das Speisetischwunder, die Jesus – gestärkt vom Heiligen Geist und mit Gottes Erlaubnis – vollbringt. Zwar wird noch einmal die Geschichte von der jungfräulichen Empfängnis erzählt (als Audition Marias), doch im Zentrum der medinischen Christologie steht insgesamt nicht der Beginn, sondern das Ende des Lebens Jesu: seine Anfeindung durch die Juden, die Intervention Gottes, Jesu natürlicher Tod und seine Rückkehr zu Gott, vor dem er (einst) Rechenschaft für sein Wirken als Gesandter ablegt. Der Abschluß der fünften Sure (Verse 110ff) ist einer der längsten zusammenhängenden christologischen Texte des Korans. Er bildet, historisch betrachtet, möglicherweise den Abschluß der gesamten koranischen Offenbarung, insofern diese Sure nach islamwissenschaftlicher Datierung die jüngste sein dürfte. Trifft dies zu, könnte man sagen: Gottes Offenbarung an Muhammad schließt mit zahlreichen Worten über Jesus. Die Christologie ist jedenfalls eines der theologischen Hauptthemen des späten Muhammad gewesen.

Von der Christologie des Korans ist die Christologie *des Islams* sorgfältig zu unterscheiden. Sie geht an einigen Punkten über das im Koran selber Gesagte hinaus und schmückt aus, ergänzt und vervollständigt, was im Koran entweder überhaupt nicht oder lediglich andeutungsweise geschildert wird (Sündlosigkeit, Entrückung und Wiederkunft Jesu). Dabei verraten die klassischen islamischen Theologen eine mehr oder minder gute Kenntnis des Neuen Testaments, der außerkanonischen Schriften sowie mancher Inhalte der christlich-dogmatischen Theologie. Die islamische Koranauslegung erweist sich im Detail – ebenso wie die christliche Bibelauslegung – als keineswegs monolithisch, auch wenn sie insgesamt als ziemlich traditionsorientiert bezeichnet werden kann. Es gab und gibt Kommentatoren, für welche die Christologie des Korans gleichbedeutend ist mit der eher legendenhaften und dogmatischen Christologie des traditionellen Islams (und des Barnabasevangeliums). Und es gibt insbesondere in der zeitgenössischen Koranauslegung solche Kommentatoren, die sich in kritischer Absetzung von der traditionellen islamischen Interpretation auf das Jesusbild allein des Korans (und weniger Hadithe) beschränken. Mit anderen Worten: auch muslimische Theologen selber unterscheiden durchaus kritisch zwischen der Christologie des Korans und der Christologie des Islams.

Der Koran vertritt von Anfang an und ganz entschieden eine Christologie, welche – betonter noch als die judenchristliche Christologie – die Beschreibung Jesu als des »Dieners« und »Propheten« Gottes in den Mittelpunkt rückt. Diese Christologie »von unten« ist konsequent theozentrisch ausgerichtet. Sie ist als Gottesknechts- und Gesandten-Christologie integriert in die allgemeine Lehre des Korans von den Propheten. Diese besagt: es gibt eine kontinuierliche Botschaft, die von Anbeginn der Schöpfung gültig ist und von allen Gesandten bzw. Propheten im Laufe der Geschichte wiederholt worden ist: daß Gott der Eine und Einzige sei und jede Form von Götzendienst zu meiden sei (z.B. Sure 16,36; 21,25). So bleibt auch Jesus stets auf Gott hingeordnet und stellt sich nicht selber in den Mittelpunkt seiner Botschaft. Das bedeutet nicht weniger, als daß die koranische Christologie eine theozentrische Re-Interpretation der Gestalt Jesu angesichts der vielfältigen, noch bis in die Zeit Muhammads miteinander konkurrierenden christlichen Christologien darstellt. Im Wissen darum, daß die verschiedenen regionalen Kirchen und Sekten im Raum des Christentums um die Wahrheit je »ihres« Jesusverständnisses stritten, bekundet der Koran, daß Jesus allein Gottes sei und allein von Gott her und auf ihn hin verstanden werden könne, so nämlich, wie Jesus sich selber verstanden habe.

Jesus ist ganz und gar der Mensch Gottes und als solcher in seinem Sein, Tun und Reden ein »Zeichen« Gottes. Man kann diese theozentrische Christologie des Korans auch eine *Zeichen-Christologie* nennen. Als solche gehört sie in den größeren Kontext der koranischen Zeichen-Theologie, die für den Bereich der Natur derselben Intention folgt wie die Prophetologie im Kontext der Geschichte, sind doch Natur und Geschichte dem Koran zufolge gleichermaßen Bereiche der Offenbarung Gottes. Die Zeichen-Theologie besagt, daß die gesamte Schöpfung voller »Zeichen« (*âyât*) ist, die auf Gottes Güte und Allmacht verweisen. Alles, was ist, ist ein Fingerzeig auf Gott hin, damit der Sehende sehe, damit der Hörende höre, damit der Verständige seine Vernunft gebrauche, damit der Mensch anhand dieser Zeichen Glaube und Dankbarkeit lerne. Die koranische Christologie kann in diese natürliche Zeichen-Theologie eingeordnet werden. Explizit wird Jesus dreimal ein göttliches »Zeichen« (*âya*) für die Welt bzw. die Menschen genannt. In Sure 19,21 ist zu lesen:

> »Wir wollen ihn zu einem Zeichen für die Menschen und zu einer Barmherzigkeit von Uns machen.«

Jesus ist ein Zeichen für Gott: für seine schöpferische Allmacht ebensowohl wie für seine Güte und Barmherzigkeit, die Jesus gemäß diesem Koranvers geradezu zu personifizieren scheint. Noch zweimal wird Jesus in Verbindung mit seiner Mutter »ein Zeichen« genannt (Sure 21,91; 23,50), eine Bezeichnung übrigens, die Christen vom Neuen Testament her auch bekannt ist. Dort wird Jesus selbst an einer einzigen Stelle, anläßlich seiner Beschneidung im Jerusalemer Tempel, explizit »ein Zeichen« (gr. *sêmeîon*) genannt, »dem (sc. von den Ungläubigen) widersprochen wird« (Lukas 2,34). Und eine besondere literarische Quelle, die in das Johannesevangelium eingearbeitet worden ist und einige bedeutende Wundergeschichten enthält (z.B. die Verwandlung von Wasser in Wein oder die Auferweckung des Lazarus), wird ausdrücklich Zeichen- oder »Semeiaquelle« genannt. Doch ist der Koran und sein Zeugnis von Jesus insgesamt eine – wenn man so will – theozentrische Zeichenquelle, so vertritt die johanneische Quelle keine Zeichentheologie, sondern eine Zeichen*christolologie,* sollen doch die Wunder den Glauben an Jesus als den Sohn Gottes bewirken.

Sayyid Qutb betont die spezifische Einmaligkeit und Einzigartigkeit des koranischen Zeichencharakters Jesu:

> »Ein Zeichen, das sich weder früher noch später wiederholt hat, einmalig in der ganzen Geschichte der Menschheit. Ein einziges Beispiel dieser Art genügt, Menschen in zukünftigen Zeiten zum Nachdenken zu veranlassen, so daß sie die unabhängige Macht Gottes erkennen, Der Gesetzmäßigkeiten schafft, ohne Selbst an diese gebunden zu sein.«[217]

Jesus hat nicht nur Wunder als Zeichen der Allmacht und Güte Gottes vollbracht, sondern er selbst in seiner ganzen Person ist ein Zeichen dieser Allmacht und Güte. Jesus *ist* ein Fingerzeig Gottes. Aber eben *Gottes!* Jesus weist stets, wie es im Wesen des Zeichens und auch des Gesandten begründet liegt, von sich selber weg, hin auf Gott. Jesus – der Zeigefinger hin auf Gottes Güte und Allmacht, so möchte ich die Pointe des koranischen Jesuszeugnisses zusammenfassen. Mit Rainer Maria Rilke zu sprechen (das Motto, das über diesem Buch steht):

»Da wäre ja sonst das Alte Testament noch besser dran, das voller Zeigefinger ist auf Gott zu, wo man es aufschlägt, und immer fällt einer dort, wenn er schwer wird, so grade hinein in Gottes Mitte. Und einmal habe ich den Koran zu lesen versucht, ich bin nicht weit gekommen, aber so viel verstand ich, da ist wieder so ein mächtiger Zeigefinger, und Gott steht am Ende seiner Richtung. (...) Christus hat sicher dasselbe gewollt. Zeigen.«[218]

Wir haben darüber hinaus gesehen, daß der Koran an manchen Stellen eine betont antithetische (nicht antichristliche!) Christologie vertritt. Das Jesuszeugnis des Korans ist Ausdruck und Mittel einer streitbaren Theologie. Sie legt gleich mehrfach Widerspruch ein und formuliert ihrerseits Antithesen – nicht gegenüber dem Christentum als solchem (dessen Berechtigung nicht angezweifelt wird), wohl aber gegenüber Inhalten diverser christlicher Christologien (und Mariologien). Es lassen sich summarisch folgende vier Antithesen benennen:

1. Der Koran widerspricht jeglicher doketischen Tendenz in der Christologie (und Mariologie), wie sie in Tatians Evangelienharmonie und insbesondere in der zeitgenössischen monophysitischen Christologie (und Mariologie) bis hinein in die Liturgien der entsprechenden Kirchen zum Ausdruck kommt. Der Koran betont demgegenüber das uneingeschränkte Menschsein Jesu (und Marias).
2. Der Koran widerspricht – ähnlich den Judenchristen und den arianischen Christen – einer gleichsam »göttlichen« Christologie. Jesus ist trotz seiner jungfräulichen Empfängnis und Geburt sowie seiner Begabung mit dem Heiligen Geist kein himmlisches Wesen, sondern, ganz wie Adam, Gottes irdisches und sterbliches Geschöpf.
3. Der Koran widerspricht jeder Gottähnlichkeit oder Gottgleichheit Jesu (und Marias) im Sinne seiner (und ihrer) Teilhabe am Wesen Gottes, wie sie den Tritheismus der damaligen orientalisch-christlichen Volksfrömmigkeit kennzeichnet. Wenn der Koran Jesus betont »Sohn Marias« nennt, verneint er damit nicht nur (wie die Judenchristen), daß Jesus der physische Sohn Gottes (eines Gott-Vaters) sei, sondern auch (wie die nestoria-

nischen Christen), daß er der physische Sohn einer göttlichen Mutter bzw. Gottesmutter sei. Jesus ist vielmehr der Anwalt der Einheit und der exklusiven Göttlichkeit Gottes.

4. Wohl ohne das Faktum einer Kreuzigung zu leugnen, widerspricht der Koran – wie einige gnostizierende christliche Gruppen, aber mit völlig anderer Intention – der Behauptung, *Jesus* sei gekreuzigt worden und am Kreuz gestorben. Vielmehr hat Gottes Weisheit und Allmacht seinen tödlich bedrohten Gesandten in geheimnisvoller Weise vor dessen Feinden bewahrt und ihn nach seinem (ganz natürlichen!) Tod bei sich aufgenommen, nicht anders als jeden gläubig gestorbenen Menschen vorher und seither auch. Eine Antithese zur Kreuzestheologie als einer Heilslehre des Christentums ist im Kontext des Kreuzigungsverses nicht erkennbar.

Zwei für das Verständnis der koranischen Christologie wesentliche Beobachtungen seien am Ende dieses zusammenfassenden Kapitels besonders hervorgehoben. Zum einen ist dies die Beobachtung: das Zeugnis des Korans von Jesus steht den Christologien der Logienquelle (»Q«), der synoptischen Evangelien Matthäus, Markus und besonders Lukas sowie der Christologie des Judenchristentums erstaunlich nahe. Anders ausgedrückt: Der *irdische* Jesus, wie ihn der Koran zeichnet, und der *historische* Jesus, wie ihn die neutestamentliche Wissenschaft durch eine Analyse der erwähnten neutestamentlichen und urchristlichen Christuszeugnisse herausgearbeitet hat, sind in vielerlei Hinsicht deckungsgleich. Die Vermutung legt sich nahe, daß offenbar am christologischen Ursprungsort, *diesseits* der dogmatisch-christlichen und der dogmatisch-islamischen Jesusinterpretationen, Christentum und Islam – genauer: Neues Testament und Koran – eine ganze Reihe von Konvergenzen in bezug auf die Gestalt des Juden Jesus aufweisen. Diese müßten im christlich-islamischen Dialog stärker, als das bislang der Fall war, herausgearbeitet und in Richtung auf eine »christologische Brücke« weiterentwickelt werden, worauf gleich im Schlußkapitel zurückzukommen sein wird. Weniger Jesus selbst steht trennend zwischen Christen und Muslimen, als vielmehr der dogmatische Christus der als »orthodox« geltenden christlichen und teilweise auch der islamischen Tradition. Dieser Sachverhalt gilt übrigens in ähnlicher Weise auch für den christologischen Dialog zwischen Juden und Christen.

Zum anderen ist es die Beobachtung: der Koran streitet vehement gegen jede Art von Christuskult (und Marienkult). Widerspruch und Polemik sind allerdings *nie gegen die Person Jesu (und Marias) selbst* gerichtet, sondern ausschließlich gegen die gleichsam untertreibenden Juden, die in ihrem Unglauben auf Jesus nicht gehört haben und sogar behaupteten, sie hätten ihn zu Tode gebracht, und gegen diejenigen unter den Christen, die in ihrem Glaubensüberschwang der theozentrischen Verkündigung Jesu nicht die Treue gehalten haben und sozusagen übertreibend Dinge von ihm behaupten, die Jesus nie akzeptiert hätte, wie er selber in der Stunde seiner Rechenschaft Gott gegenüber bezeugt.

KAPITEL 12

Die Bedeutung des koranischen Jesus für den christlich-islamischen Dialog

In diesem Schlußkapitel wende ich mich den folgenden beiden Fragen zu: Wie kann die Existenz des koranischen Jesus aus christlich-theologischer Sicht gewürdigt werden? Und: Wie kann speziell der christologische Dialog zwischen Christen und Muslimen heute und morgen weitergeführt werden? Also zunächst zur ersten Frage: Wie kann die Tatsache, daß Jesus im Koran vorkommt und dort sogar eine wichtige Rolle spielt, aus der Sicht christlicher Theologie gewürdigt werden?

Ich bin der Ansicht: die christliche Theologie kommt auf Dauer nicht umhin, das Jesusbild des Korans als einen Sonderfall externer Christologie, genauer noch: als Sonderfall eines außerchristlichen und außerkirchlichen Jesus-Zeugnisses zu akzeptieren. Es besitzt unter bestimmten Voraussetzungen mit demselben Recht wie intern-christliche Christologien einen Anspruch darauf, theologisch legitim zu sein. Inwiefern ist die koranische Christologie ein »Sonderfall«? Einfach schon deshalb, weil sie die einzige Christologie außer den neutestamentlichen ist, die in der *Heiligen Schrift einer Weltreligion* fundiert ist. Dieser Sachverhalt ist zugleich schon ein Grund für die theologische Legitimität des koranischen Jesuszeugnisses – es sei denn, man wollte dem Koran als solchem jegliche Würde vom Range einer Heiligen Schrift von vornherein absprechen, wie das die längste Zeit der christlichen Theologiegeschichte über leider unbestritten der Fall war.

Warum sollte die koranische Christologie »legitim« sein? Weil m.E. Gott und wohl auch Jesus selbst eine Vielzahl von Christologien zugelassen, wenn nicht geradezu gewollt haben. In Markus 8,27 stellt Jesus seinen Jüngern die Frage »Für wen halten mich die

Menschen?«. Schon Jesu *Frage* provoziert und evoziert – nicht *die* Christologie, sondern viele Christologien. Die Reaktionen und Antworten sind von Anfang an vielfältig und daher umstritten. Verschiedene Jesusdeutungen stehen konkurrierend oder auch sich ergänzend nebeneinander, wie die Antwort der Jünger erkennen läßt (Markus 8,28):

>»Einige (sc. halten dich) für Johannes den Täufer, andere für Elija, wieder andere für sonst einen von den Propheten.«

Dann folgt Jesu zweite Frage an die Jünger:»Ihr aber, für wen haltet ihr mich« (Vers 29)? Die Frage ist in ihrer äußeren Form anstößig. Sie lautet nicht:»Wer *bin* ich? (*tís eimí*)«, sondern:»Für wen halten die Menschen bzw. haltet ihr mich? (*tína me légousin hoi anthrôpoi/légete einai*)«. Nimmt man die Form der Frage Jesu ernst, darf man sagen: Christologie ist und bleibt stets Christo-Logie: *menschliches* Reden von und Sichbekennen zu Jesus als dem, als der er einem einzelnen oder einer Gruppe in seinem und ihrem historischen, kulturellen und existentiellen Kontext eingeleuchtet hat. Man kann Jesus für diesen oder jenen halten, es mit ihm so oder anders oder gar nicht halten – doch man kann ihn nicht *haben*. Es gab im historischen Sinne nur einen Jesus – Jesus, den jüdischen Mann aus Nazareth. Seither gibt es jedoch ungezählte christliche und islamische Jesus-Bilder, Jesus-Darstellungen, Jesus-Interpretationen. Aber keines aller dieser Bilder *ist* Jesus oder *hat* ihn.

Wer hingegen apodiktisch behauptet, nur dieser oder jener Jesus sei der»wahre Jesus«, wer also von vornherein allein *eine* bestimmte Form von Christologie für normativ erklärt, identifiziert eine menschliche Antwort auf das Christusgeschehen unmittelbar mit der göttlichen Wahrheit dieses Christus. Der verwechselt sein Jesusbild mit Jesus selbst. Der kommt mit der Pluralität allein schon des neutestamentlichen Zeugnisses mit seinen vielen verschiedenen und durchaus auch konkurrierenden Christologien in Konflikt.

Drittens halte ich es für berechtigt, eine nichtchristliche Jesusdeutung als legitime Christologie im Vollsinn des Wortes zu betrachten, wenn die Frage nach Jesus sich einem echten *religiösen Interesse* verdankt, wenn also Jesus für Menschen theologisch wichtig, spirituell richtungsweisend wird. Nun ist offensichtlich, daß es für

Muslime aufgrund des christologischen Zeugnisses des Korans einen verpflichtenden, theozentrisch pointierten Glauben (*îmân*) auch an Jesus gibt: »Frömmigkeit« besteht – außer in der praxis pietatis »aus Liebe zu Ihm« – darin, »daß man an Gott, den Jüngsten Tag, die Engel, das Buch und die Propheten glaubt« (Sure 2,177). Wenn also Muslime von sich selber sagen, daß sie *als Muslime* auch an Jesus glauben, kommt keinem Christ zu, dies zu bestreiten oder zu disqualifizieren. So schreibt etwa Muhammad Salim Abdullah, Direktor des Zentralinstituts Islam-Archiv-Deutschland e.V. in Soest und Herausgeber der Moslemischen Revue:

> »Warum ein Moslem in der Begegnung mit dem Christentum über Jesus reden muß, läßt sich relativ einfach beantworten: Weil Jesus, Sohn der Maria, Teil seines eigenen, islamischen Heilsweges ist. Denn so wie der Moslem sein Heil ausschließlich aus der Erwählung durch Gott erwartet, aus der Gnadentiefe des ihm ganz zugewandten Schöpfers, Erhalters und barmherzigen Richters, so ist seine Heilsperspektive untrennbar auch mit Jesus verbunden.«[219]

Von »Glauben an Jesus«, also von einer Christologie im Vollsinn des Wortes, kann nicht erst und nur dann gesprochen werden, wenn solches Glauben mit der Bejahung eines *bestimmten* dogmatischen Inhalts (etwa an Kreuz, Auferstehung, die zwei Naturen) oder mit einer *bestimmten* inneren Haltung gegenüber der Person Jesu verbunden ist. Der Muslim glaubt an Jesus, insofern dieser ihm im Koran mit der Autorität eines Gesandten Gottes entgegentritt und ihn zu einer unbedingten, das heißt zu einer vertrauensvollen und ausschließlichen Hingabe an Gott aufruft. Muslime glauben an Jesus und protestieren *deshalb* an der Seite von Christen gegen jegliche Verunglimpfung der Person Jesu, wie sie in ihren Augen etwa in dem Kinofilm »Die letzte Versuchung Christi« von Martin Scorsese oder in dem Theaterstück »Corpus Christi« von Terence McNally geschieht.

Offenkundig ist es, wie auch die Muslime selber betonen, ein *anderes* Glauben (*îmân*) an Jesus ist als der Glaube der meisten Christen. Eine *christliche* Christologie ist nicht weniger und nicht mehr als das auf der Ostererfahrung, das heißt der *Glaubensschau* zuerst der Jüngerinnen und dann der Jünger beruhende Bekenntnis zu dem Juden Jesus. Bis auf den heutigen Tag stehen neben dieser christlichen Glaubensschau außerkirchliche, nichtchristliche Bekenntnisse zu Jesus, etwa von Philosophen, Künstlern oder von Anhängern anderer Religionen, bei denen Jesus zwar nicht in deren Heiligen Texten vorkommt, seine Gestalt aber gleichwohl Respekt und Anerkennung findet (z.b. bei Gandhi). Auch eine *islamische* Christologie ist nicht weniger – etwa »eine bloße Jesulogie« –, aber auch nicht mehr als eben ein muslimisches Bekenntnis zu Jesus, das auf der *Glaubensvernunft* des Korans beruht. Auch neben einer islamischen Christologie muß es weiterhin ebenso legitime nichtislamische Christologien geben dürfen. Diese Gleichzeitigkeit, Gleichberechtigung und Pluralität der Jesuszeugnisse und Jesusbekenntnisse ist eine Forderung inhaltlicher Toleranz angesichts der bleibenden Umstrittenheit der Gestalt Jesu, bis am Ende der Geschichte Gott selbst erklären wird, inwiefern jener Jude aus Nazareth der »Christus Gottes« (Apostelgeschichte 3,18) war und inwiefern die menschlichen Bekenntnisse davon rechtes Verstehen oder auch ein Mißverstehen gewesen sein mögen. Wer als Christ einem Muslim oder einer Muslimin vorwirft, sein bzw. ihr persönlicher Glaube an Jesus sowie dessen Basis, das Jesus-Zeugnis des Korans, sei nur eine Jesulogie, der nimmt die Muslime in ihren Selbstverständnis nicht ernst; der erweist sich als christologisch intolerant (womöglich auch gegenüber andersglaubenden Mitchristen), im offensichtlichen Widerspruch zur Haltung Jesu selbst, die er in der Bergpredigt folgendermaßen ausgedrückt hat (Matthäus 7,21):

>»Nicht jeder, der zu mir sagt: Herr! Herr!, wird in das Himmelreich kommen, sondern nur, wer den Willen meines Vaters im Himmel erfüllt.«

Damit bin ich bei der zweiten Frage, der ich nun etwas ausführlicher nachgehen möchte: Wie könnte speziell der christologische Dialog zwischen Christen und Muslimen heute und morgen (weiter-) geführt werden?

Das wechselseitige Ernstnehmen ihrer jeweiligen Jesuszeugnisse ist heute die unabdingbare Voraussetzung dafür, daß Christen und Muslime miteinander in einen konstruktiven christologischen Dialog eintreten können. Der christlich-islamische Dialog über Jesus wird, wie wir sahen, bereits im Koran geführt, ja von ihm selber eröffnet. Daraus dürfen Christen getrost, unangenehm überrascht oder auch peinlich berührt folgern: »Die Christologie des Korans geht uns an! Sie ist seit den Tagen Muhammads gezielt auch an unsere Adresse gerichtet.« Diesem christologischen Dialogangebot von seiten des Korans kann und darf sich weder die christliche Theologie noch der einzelne Christ und die einzelne Christin entziehen. Das Zeitalter weltweit und vor Ort möglich gewordener Begegnungen mit anderen Religionen und Kulturen sollte es uns unmöglich machen, am Koran und den millionenfach unter uns lebenden Muslimen vorbei über Jesus nachzudenken und wissenschaftlich Christologie zu betreiben.[220] Das bedeutet konkret etwa: Muslime müssen das Neue Testament studieren, und Christen den Koran! Wer die Heilige Schrift des anderen nicht kennt, kann keinen sinnvollen Dialog mit ihm führen.

In neuen Kontexten nach Jesus zu fragen, birgt in sich die Chance und zugleich die Herausforderung für uns Christen: Jesus theologisch zu überdenken, sein Tun und sein Wesen in neuen Formen, in einer anderen Sprache und in veränderter Akzentuierung und Perspektive zu artikulieren. Neue historische, gesellschaftliche oder religiöse Kontexte und entsprechende Lebenserfahrungen haben in den vergangenen Jahrzehnten schon öfters veränderte christologische Fragen und Antworten herbeigeführt. Ich erinnere an die Befreiungstheologie, an die feministische Christologie oder an die tiefenpsychologisch-therapeutische Christologie. Immer gibt es wieder etwas Neues an Jesus zu entdecken – warum nicht auch in der Begegnung mit Muslimen und dem Koran?

Wie könnte der Dialog über Jesus nun konkret aussehen? Ich bin der Überzeugung: auf der einen Seite gibt es eine ganze Reihe von Aussagen über Jesus, bei denen eine Annäherung zwischen Christen und Muslimen möglich ist. Auf der anderen Seite wird es immer auch Punkte geben, bei denen sich Christen und Muslime wahrscheinlich nie einigen werden. Beide Seiten seien etwas näher betrachtet.

Mit Blick auf die bleibenden *Unterschiede* und sogar *Widersprüche* der Auffassungen über Jesus zwischen Christen und Muslimen beschränke ich mich auf das in meinen Augen wichtigste Beispiel. Dem Koran zufolge ist Jesus eines natürlichen Todes gestorben, wann, wie und wo Gott es bestimmt hat. Gott wollte nicht, daß sein Gesandter wie ein Verbrecher endete, und er hat deshalb auch tatsächlich vereitelt und verhindert, daß Jesus auch nur in die Hände seiner Häscher gelangte. Eben das jedoch bezeugt das

Neue Testament einhellig. Ihm zufolge ist Jesus gewaltsam zu Tode gekommen, hingerichtet und ermordet am Kreuz. Gott konnte oder wollte nicht intervenieren. Anders gesagt: Gottes Intervention ist dem Koran zufolge *vor* Jesu Kreuzigung erfolgt, um ihn vor einem gewaltsamen Tod (nicht aber vor dem Tod überhaupt!) zu bewahren – dem Neuen Testament zufolge ist Gottes Intervention *nach* Jesu Kreuzigung und Tod erfolgt. Mehrfach wiederholt die Apostelgeschichte diese christliche Urbotschaft, die zuerst aus dem Munde von Petrus bei seiner Pfingstpredigt in Jerusalem zu hören war (2,22-24; vgl. 3,15; 4,10; 5,30; 10,39f; 13,27-31):

>»22 Jesus, den Nazoräer, den Gott vor euch beglaubigt hat durch machtvolle Taten, Wunder und Zeichen, die er durch ihn in eurer Mitte getan hat, wie ihr selbst wißt – 23 ihn, der nach Gottes beschlossenem Willen und Vorauswissen hingegeben wurde, habt ihr durch die Hand von Gesetzlosen ans Kreuz geschlagen und umgebracht. 24 Gott aber hat ihn von den Wehen des Todes befreit und auferweckt; denn es war unmöglich, daß er vom Tod festgehalten wurde.«

An diesem Punkt wird es wohl nie zu einer Übereinstimmung zwischen Christen und Muslimen kommen. Zu einem guten Dialog gehört es jedoch, solche gegensätzlichen Auffassungen stehen lassen zu können und darüber hinaus sie als Ausdruck *des Glaubens* – und nicht etwa des Unglaubens oder der Verstocktheit – des Dialogpartners akzeptieren zu lernen. Für mich als Christ sollte es sogar möglich sein, das theologische Interesse der gegensätzlichen Auffassung meines muslimischen Gesprächspartners wahr- und ernstzunehmen, selbst wenn es nicht meinem eigenen theologischen Interesse entspricht. Ulrich Dietzfelbinger gibt zu bedenken: der Islam ist

>»in unserer Gegenwart der einzige Ort, wo wir den Widerspruch gegen das Kreuz als Widerspruch um Gottes willen explizit zu hören bekommen. Der Islam erhebt theologisch begründeten Einspruch gegen die Vorstellung von einem Gott, der sich mit einem schändlichen hingerichteten Verbrecher identifiziert und angeblich eben so Sühne und Heil für die ganze Welt schafft. Einen so jämmerlichen, ohnmächtigen Gott, eine solche Karikatur zu denken, weigert sich der Islam. Dies wäre kein Gott mehr, kein Herrscher über die von ihm geschaffene Welt, sondern etwas, was selbst den geschöpflichen Bedingungen von Leiden, Mißerfolg und Tod unterworfen wäre.«[221]

Keine Frage: Jesus trennt an diesem Punkt Christen und Muslime – aber er eint sie auch. Neben unbestreitbaren christologischen Divergenzen gibt es eine ganze Reihe von *möglichen Konvergenzen*, die es freilich im künftigen Dialog zwischen Christen und Muslimen herauszuarbeiten und auf ihre theologische Tragfähigkeit und Reichweite hin zu untersuchen gilt. Christen und Muslime könnten sich nämlich durchaus in bestimmten Punkten auf gemeinsame Züge des Jesusbildes einigen. Nachdem beide Seiten jahrhundertelang fast ausschließlich kontroverstheologisch vorgegangen sind und die dogmatischen Differenzen zwischen christlicher und muslimischer Jesusauffassung betont haben, ist es nun an der Zeit, den Dialog zwischen Christen und Muslimen über Jesus so zu führen, daß die möglichen Konsenspunkte in den Vordergrund gerückt werden. Ein erster Versuch in dieser Richtung sei hier gewagt. Eine »christologische Brücke«, die unbeschadet aller Differenzen Christen und Muslime miteinander verbindet, müßte aus meiner Sicht 1. theozentrisch, 2. prophetisch, 3. charismatisch, 4. metaphorisch und 5. ethisch akzentuiert sein. Diese fünf Eckpunkte einer zwischen Christen und Muslimen möglicherweise konsensfähigen Christologie seien im Folgenden grob umrissen.

1. *Theozentrische Christologie.* Eine auf einen Grundkonsens zwischen Christen und Muslimen hinarbeitende Christologie sollte theozentrisch und subordinatianisch konzipiert sein. Sie muß betonen, daß Jesus sich selbstverständlich dem Einen und Einzigen Gott seiner jüdischen Väter und Mütter untergeordnet, daß er sich als Gottes und der Menschen »Diener« (Markus 10,45; Lukas 22,27) verstand. Dieser wichtigste Ansatzpunkt für den christologischen Dialog mit dem Islam ist in der biblischen Tradition gut fundiert. Der Alttestamentler Erich Zenger erklärt:

> »Wenn es eine ›Mitte‹ des Ersten und des Zweiten Testaments gibt, dann ist es der in immer neuen ›Lebenskontexten‹ sich als rettender und richtender Gott erweisende JHWH. Auch das Neue Testament ist in seiner Vielgestaltigkeit letztlich nicht ›christozentrisch‹, sondern immer ›theozentrisch‹.«[222]

Wer dagegen behauptet, Christus sei die Mitte des Neuen Testaments, hat zwar recht, aber er hat im Sinne Jesu selber noch nicht weit genug gedacht. Einem buddhistischen Sprichwort zufolge ist es töricht, auf einen Finger zu blicken, wenn dieser auf den Mond zeigt. So ist Jesus nicht an und für sich zu betrachten, sondern in seiner steten Bezogenheit auf den Gott, den er »Abba« nannte. Theozentrik bedeutet das unbedingte Ausgerichtetsein Jesu auf Gott und folglich auch die unbedingte Ausrichtung jeder Christologie, die Anhalt am historischen Jesus und am Neuen Testament hat, auf Gott.

Im Dialog mit dem Islam kommt es zunächst darauf an, das unbedingte Ausgerichtetsein des historischen Jesus auf Gott, wie es auch der Koran bestätigt, herauszuarbeiten. Es gehört zum Konsens der wissenschaftlichen Jesusforschung, daß im Mittelpunkt der Verkündigung Jesu nicht seine eigene Person stand, sondern die unmittelbare Nähe des »Reiches« oder »Königtums Gottes« (*basileía toû theoû*), als dessen Botschafter und Bringer Jesus sich verstand.

Die Pointe seiner Botschaft ist eine doppelte: Jesus hat dieses in seinen Anfängen bereits sichtbare und spürbare Kommen (des Reiches) Gottes nicht als Angst machende Drohbotschaft, sondern primär als zum »Umdenken und Umleben« (*metánoia*) einladende »Frohbotschaft« (*euangélion*) verbreitet. Und: diese anbrechende Neu-Zeit unter der Herrschaft Gottes sei ein Zeitalter der Gottunmittelbarkeit des Menschen. Dies hebt mit Recht der katholische Exeget John Dominic Crossan hervor:

> »Der historische Jesus war (...) weder Makler noch Mittler, sondern paradoxerweise der Verkünder der Botschaft, daß es weder zwischen Gott und den Menschen noch zwischen den Menschen untereinander Makler und Mittler geben sollte. Wunder und Gleichnis, Heilen und Essen sollten die einzelnen (sc. Menschen) in unvermittelte leibliche und geistliche Berührung mit Gott bringen und in unvermittelte und geistliche Berührung miteinander. Er (sc. Jesus) verkündigte, mit einem Wort, das keines Vermittlers bedürftige, unmittelbar gegebene Reich Gottes.«[223]

Im Rahmen der Reich-Gottes-Orientierung der Verkündigung Jesu steht seine selbstverständliche und ausdrücklich subordinatianische Selbstunterscheidung von Gott (Markus 10,18): »Warum nennst du mich gut? Niemand ist gut außer Gott, dem Einen.« Dem entspricht die koranische Form der Wiedergabe der Botschaft Jesu (Sure 3,51; vgl. 5,72.117; 19,36; 43,64): »»Gott ist mein Herr und euer Herr, so dienet Ihm. Das ist ein gerader Weg.‹«

Macht man Ernst mit der exegetischen Einsicht in die Theozentrik der Botschaft des Juden Jesus sowie (fast) aller Glaubensaussagen des Neuen Testaments über ihn, hat das systematische Folgen für die Konzipierung der christlichen Christologie im Dialog mit dem Islam. Dann sollte hier ebenfalls gelten, was Bertold Klappert im Blick auf den christlich-jüdischen Dialog eingefordert hat: daß »alle christologischen Aussagen letztendlich in der Klammer theozentrischer Aussagen (stehen)«.[224] Immer mehr Theologen aus unterschiedlichen Kontexten (z.b. dem jüdisch-christlichen Dialog, der feministischen Theologie oder der pluralistischen Theologie der Religionen) optieren in unterschiedlichen Spielarten für eine theozentrische Christologie. Hierher gehört m.E. auch der Dialog mit dem Islam. Nur mit einer auf dem Boden des Ersten Gebotes stehenden theozentrischen Christologie, nicht aber mit einer christozentrischen Theologie, läßt sich ein Dialog mit Muslimen über Jesus beginnen, der zunächst einmal die Gemeinsamkeiten in den Vordergrund rücken möchte.

2. *Prophetische Christologie.* Eine zwischen Christen und Muslimen konsensfähige Christologie sollte des weiteren prophetisch akzentuiert sein. Sie hat Jesu prophetisches Amt (*munus propheticum*) zu betonen, das heißt sie muß darauf bedacht sein, Jesus als Gottes Prophet und Weisheitslehrer beschreiben. Daß Jesus von seinen Jüngern und Zeitgenossen als »der Prophet aus Nazareth in Galiläa« (Matthäus 21,11), als ein »Prophet wie Mose« (Apostelgeschichte 3,22; 7,37), ja teilweise sogar als der wiedergekommene Elia oder Jeremia oder als der auferstandene Johannes der Täufer verstanden wurde, ist Bestandteil der ältesten christlichen Jesustradition. Untersuchungen beispielsweise der Logienquelle »Q« zeigen, daß die Kategorie des Prophetischen zum Urgestein christlicher Christologie gehört. Die Logienquelle ist ein »Prophetenbuch« ohne Passionsgeschichte gewesen, in deren Zentrum Jesus als Prophet und Meister eines prophetisch-apokalyptisch geprägten Traditionskreises steht.[225] Die Logienquelle wie auch das Thomasevangelium sind innerchristliche Beispiele dafür, daß eine Christologie nicht unbedingt »Kreuz und Auferstehung« Jesu zum Inhalt haben muß, um eine Christologie sein zu können. Umgekehrt macht das Fehlen von »Kreuz und Auferstehung« aus keiner Christologie lediglich eine »Jesulogie«.

Entscheidend für den christologischen Dialog mit dem Islam ist die Feststellung, daß

»das Bild, das die Synoptiker von Jesus als Propheten entwerfen, nicht nur ein Werk urchristlichen Glaubenslebens, sondern gerade an entscheidenden Punkten (...) seinen letzten Ursprung in Jesu Person selber (hat)«.[226]

Das prophetische Selbstbewußtsein Jesu hat bekanntlich insbesondere das Judenchristentum bewahrt und weitergeführt. Im Mittelpunkt seiner Theologie stand eine ausgesprochen prophetisch akzentuierte Christologie. Bei dieser historischen Urform einer christlichen Christologie könnte die heutige Theologie im Dialog mit dem Islam anknüpfen. Denn auch der Koran nimmt unmittelbar das prophetische Selbstbewußtsein Jesu und die urchristlichen Prophetenchristologien auf, wenn er Jesus als »Prophet« bezeichnet und ihn, wie wir in Kapitel 5 gesehen haben, mit anderen Boten Gottes in eine Reihe stellt.

Allerdings stellt sich die Frage: Betrachtete nicht schon Jesus selber seine Sendung als eine, welche die eines bloßen Propheten *überbietet?* Ist hier nicht »mehr als Jona«, wie schon die Logienquelle festhält (Lukas 11,32; Matthäus 12,41), ein Anspruch also, welcher den aller bisherigen Propheten Israels übertrifft? Ein solcher prophetischer »Mehr-Wert« Jesu ist wohl kaum erst und nur das Produkt und Konstrukt nachösterlicher Christologie, sondern dürfte in Jesu Lehren und Wirken zumindest impliziert gewesen sein. Interessanterweise bestätigt dies in bestimmter Weise sogar der Koran. Jesus ist nämlich nicht »nur ein Prophet«, sondern darüber hinaus auch »Gesandter« Gottes an Israel. Wie in Kapitel 5 dargestellt, hat Jesus als Gesandter eine eigene Offenbarung von Gott erhalten, das »Evangelium«, welches die Thora bestätigt. Jesus besitzt die Vollmacht des Gesandten, Erleichterungen von den Vorschriften der Thora zu bringen und Gehorsam zu fordern. Wenn Jesus dem Neuen Testament und dem Koran zufolge übereinstimmend *mehr* als ein Prophet genannt zu werden verdient, bedeutet das nicht, daß solcher Mehr-Wert Jesu zwangsläufig sein bloßes Menschsein, auf dem der Koran insistiert, *aufhebt.* Immerhin hat Jesus auch Johannes den Täufer für »mehr als einen Propheten« gehalten, wie die Logienquelle bezeugt (Lukas 7,26; Matthäus 11,9), ohne ihn damit automatisch zu einer himmlisch-göttlichen Gestalt erklären zu wollen. Wenngleich Jesu Selbstbewußtsein die Kategorie des Prophetischen übersteigt, bleibt es dennoch auf eine konsequente Selbstunterscheidung von Gott, dem allein Guten und ausschließlich Anzubetenden, bezogen.

Neben der Gottesknecht-Christologie dürfte mithin auch eine Propheten- und Gesandten-Christologie weitgehend nicht trennend zwischen Christen und Muslimen stehen. »Das ist das ewige Leben: dich, den einzigen wahren Gott, zu erkennen und Jesus Christus, den du gesandt hast« (Johannes 17,3) – es wäre im Dialog zu prüfen, ob und inwiefern eine Stelle wie diese als Bestandteil eines gemeinsamen christlich-muslimischen Bekenntnisses zu Jesus akzeptiert werden könnte. Immerhin konnte Abû Hâmid al-Ghazzâlî, einer der größten islamischen Theologen überhaupt, sagen:

> »Würdest du z.B. aufgefordert, an Stelle der muslimischen *Shahâda* die nicht gebräuchliche herzusagen: ›Es ist kein Gott – außer Gott; und Jesus ist der Apostel Gottes‹, so würdest du aufschreien und sagen, das sei die Formel der Christen ... Und doch ist diese Formel wahr, und der Christ ist weder ihretwegen noch wegen seiner anderen Glaubensartikel verabscheuungswürdig«.[227]

3. *Charismatische Christologie.* Eine zwischen Christen und Muslimen konsensfähige Christologie sollte charismatisch akzentuiert sein. Sie muß Jesus als vollmächtigen, genauer: als vom göttlichen Geist *be*vollmächtigten Propheten und mit diesem Geist begabten Wunderheiler beschreiben. Der historische Jesus hat sich selber als »Arzt« – nicht aller Menschen schlechthin, wohl aber der Kranken verstanden, wie etwa Markus 2,17 sowie der oben bereits zitierte Spruch 31 des Thomasevangeliums zeigen. Mit historischer Sicherheit verfügte Jesus über therapeutische Kräfte und vollbrachte zumindest einen Teil der ihm von den neutestamentlichen Evangelien zugeschriebenen Wunder, vor allem Exorzismen (Heilungswunder durch Kampf mit einem Dämon) und Therapien (kampflose Heilungswunder). Auch der Koran beschreibt, wie wir in Kapitel 6 gesehen haben, Jesus – allerdings in bloß summarischer Weise – als charismatischen Heiler, der Therapien an Blinden und Aussätzigen vollbringt. Den Naturwundern könnte man im Koran die Totenauferweckungen sowie das Vogel- und Speise(tisch)-Wunder zuordnen. Exorzismen erwähnt der Koran keine; Epi-phanien (im österlichen Sinne) finden sich natürlich nicht im Koran, da dieser nicht von einer Auferweckung, sondern von der Rückkehr des natürlich gestorbenen Jesus zu Gott ausgeht.

Eine gemeinsame und zugleich historisch gesicherte Basis für eine charismatisch akzentuierte Christologie ergibt sich von daher nur für die sowohl im Neuen Testament als auch vom Koran bezeugten Therapien Jesu. Über diese formalen Aspekte hinaus lassen sich weitere Affinitäten zwischen der neutestamentlichen und der koranischen Beschreibung der pneumatischen Wirksamkeit Jesu feststellen, an die im christlich-islamischen Dialog angeknüpft werden könnte.

(1) Für die jüdische Prophetologie ist es selbstverständlich, daß der Geist eine Gabe Gottes an seine Boten darstellt. Die urchristliche Christologie, die auch in dieser Hinsicht dem Selbstverständnis des irdischen Jesus sehr nahekommen dürfte, schildert auf diesem Hintergrund die Taufe Jesu im Jordan durch Johannes als eine der Voraussetzungen seiner späteren Wirksamkeit: mit oder bei der Taufe empfängt Jesus den Geist von Gott her (Markus 1,9-11). Jesus vollbringt mithin seine Wundertaten *nicht aus eigener Kraft,* sondern, wie er selber sagt, mit dem »Finger« (Lukas 11,20) bzw. mit dem »Geist« (Matthäus 12,28) Gottes. In vergleichbarer Weise spricht auch der Koran im Kontext der Wundertätigkeit Jesu durchweg von seiner Stärkung mit dem »Geist der Heiligkeit« (Sure 2,87.253; 5,110).

(2) Jesu charismatische Wundertätigkeit ist theozentrisch ausgerichtet. Der historische Jesus verstand die Heilungen als ein Feld, in dem das anbrechende Reich Gottes zur konkreten, individuellen Lebenserfahrung der Menschen wird. Demonstrativ beglaubigen und bekräftigen sie seine Verkündigung der heilvollen Nähe Gottes. Sie sind *Epiphanien des Reiches Gottes.* Dem entspricht die Auffassung des Korans, daß Jesus Wunder nur »mit Gottes Erlaubnis« vollbringen konnte (Sure 3,49; 5,110), daß sie mithin auf Gottes Allmacht verweisen, der durch Jesus heilsam an den Menschen handelt.

(3) Jesu Therapien und Exorzismen stoßen bei seinen Gegnern auf *Ablehnung.* Die Synoptiker erwähnen, Jesus sei vorgeworfen worden, besessen zu sein und mit Beelzebubs Hilfe Dämonen auszutreiben (Markus 3,22-30). Ähnlich beschuldigen im Koran die Gegner Jesus der »Zauberei« (Sure 3,54; 5,110; 61,6).

(4) Schon diese wenigen exegetischen Beobachtungen zeigen, daß sowohl das Neue Testament als auch der Koran die enge Verbindung »Jesus – Heiliger Geist« bezeugen.

Ein vierter Topos einer von Christen und Muslimen gemeinsam verantworteten Geist-Christologie ist möglicherweise die *Jung-*

frauengeburt Jesu. Sowohl im Neuen Testament (allerdings mit geringem Stellenwert) als auch im Koran (mit sehr viel stärkerem Gewicht) wird davon berichtet, daß bereits bei der Empfängnis Jesu in Maria nicht etwa ein Mann, sondern Gottes »Geist« entscheidend beteiligt gewesen sei, wie oben in Kapitel 3 dargestellt wurde. Das bedeutet zunächst einmal, daß das Faktum der Existenz Jesu als solcher schon ein göttliches Wunder ist, daß es mithin nicht im Bereich des Menschenmöglichen liegt, eine charismatisch begabte Persönlichkeit »hervorzubringen«. Diese kann menschlicherseits allemal gleichsam nur mit leeren Händen »empfangen« werden. Des weiteren können wohl auch Muslime der Formulierung des evangelischen Systematikers Jürgen Moltmann zustimmen:

> »Jesus wirkte nicht nur *in der Kraft* des Heiligen Geistes, sondern stammt von Anfang an *aus der Kraft des Höchsten,* dem Heiligen Geist. Es gab keine Zeit und kein Lebensalter Jesu, die noch nicht vom Heiligen Geist erfüllt waren.«[228]

Eben dies wird im Koran durch das Wiegenwunder vom sprechenden Jesusknaben, das wir in Kapitel 6 behandelten, anschaulich: von Gott erwählte, charismatisch begabte Persönlichkeiten bedeuten für ihre Mitmenschen mitunter vom ersten Augen-Blick an eine Anrede Gottes, einen nicht zu überhörenden Anruf des Herrn der Welten. Das koranische Wiegenwunder demonstriert nicht nur Jesu Anfang aus des Geistes Kraft, sondern kann als eine christologische Konkretion von Psalm 8,3 verstanden werden, demzufolge Gott sich auch und gerade »aus dem Mund der Kinder und Säuglinge« Lob schafft.

Wichtig ist für den christologischen Dialog mit dem Islam die Feststellung, die Moltmann – übrigens ganz unabhängig von diesem Dialogkontext! – seiner eben zitierten Bemerkung sogleich hinzufügt:

> »Weder bei Lukas noch bei Matthäus noch sonst im Neuen Testament wird die Geschichte von der Jungfrauengeburt mit dem Gedanken der Inkarnation oder der Präexistenz des ewigen Sohnes Gottes verbunden, wie es die altkirchliche Christologie dann durchweg getan hat.«

Nur eine christliche Geist-Christologie, die den ursprünglichen Sinn der Rede von einer jungfräulichen Empfängnis und Geburt Jesu, wie er sich bei Matthäus, Lukas und im Koran findet, beachtet, wird an diesem Punkt mit dem Islam in ein Gespräch eintreten können. Der Dreh- und Angelpunkt einer vom Koran her mit zu entwickelnden Geist-Christologie ist Sure 4,171, wo Jesus explizit »Geist von Gott« genannt wird. Wenn eine Geist-Christologie so definiert werden kann, daß sie Jesu »Identität ganz vom Geist aus (erklärt)«[229], dann haben wir in Sure 4,171 den Ansatz zu einer echten Geist-Christologie, die das Gespräch mit der christlichen Theologie ermöglicht. Was aber ist hier gemeint? Dem Koran zufolge verdankt Jesus sich wie Adam unmittelbar einem sozusagen »spirituellen« oder »inspirierten« Schöpfungsakt Gottes. Deshalb ist und bleibt Jesus – als die charismatische Persönlichkeit, die er historisch war und nach Auffassung des Korans jetzt in »Gottes Nähe« (Sure 3,45) ist – gleichwohl ein reiner Mensch, in dem des Geistes Kraft mächtig ist. Sind solche aus muslimischer Sicht angestellten Überlegungen für den christlichen Dialogpartner zumutbar?

Es könnte im Dialog auch die Frage bedacht werden, ob die Rede von Jesus, dem geistbegabten Arzt der Menschen, mehr als nur eine historische Aussage ist. Konkret gefragt: Ist es umgekehrt für Muslime, die sich an der traditionellen islamischen Christologie orientieren, möglich zu bekennen, daß der lebend zu Gott erhöhte Jesus insofern ein Heiland der Welt ist, als er noch heute mit Gottes Erlaubnis und in der Kraft des Heiligen Geistes an kranken Menschen Heilungswunder vollbringt, und nicht aufhört damit bis zum Tag seiner Wiederkehr? Oder ist Jesus im Islam derzeit ein himmlischer Müßiggänger (*Jesus otiosus*)?

4. Metaphorische Christologie. Eine auf einen Grundkonsens zwischen Christen und Muslimen hinarbeitende Christologie sollte metaphorisch und nicht metaphysisch akzentuiert sein. Sie muß in einem symbolischen, also übertragenen, nicht in einem (substanz-) ontologischen Sinne von Jesus als dem »Sohn Gottes« sprechen. Dabei gilt es – wie auch im jüdisch-christlichen Dialog –, auf den metaphorischen Sprachgebrauch der Bibel selbst zurückzugreifen.

In Kapitel 7 hatten wir bereits gesehen: der Titel »Sohn Gottes« ist in hebräisch-jüdischem Kontext in einem deklaratorischen, juristischen und adoptianischen, mithin in einem *übertragenen* Sinne zu verstehen. Auch Jesus war die Gottessohn-Vorstellung vertraut. Er hat auf sie zurückgegriffen, doch in einem metaphorischen und ethischen Sinne. Auch seine Gebetsanrede für Gott

»(unser) Vater« (aram. *abba;* griech. *pátêr hêmôn*) impliziert die »Sohnschaft« bzw. »Kindschaft« derer, die so beten in einem übertragenen, mithin im relationalen und inklusivischen Sinne. Im Zuge des in den ersten Jahrhunderten der Kirche stattfindenden Paradigmenwechsels kam es zu einer Hellenisierung der gesamten Theologie und damit auch der Christologie, welche zu einer metaphysischen, substanzontologischen und exklusiven Umdeutung der Gottessohn-Vorstellung führte – genau gegenläufig zur metaphorischen Rezeption dieses altorientalischen Königstitels in der Hebräischen Bibel. Die »hohe« Christologie, die das Judentum und das Judenchristentum verachtete, entfremdete sich von ihren semitischen Wurzeln. Kurz gesagt: aus dem irdischen König mit dem Ehrentitel »Sohn Gottes« in der Hebräischen Bibel, aus den vielen Söhnen und Töchtern Gottes im Neuen Testamtent, die den Willen Gottes tun und mit Jesus den Vater im Himmel anbeten, war auf dem Konzil von Nizäa Jesus, der eine und einzige himmlische Sohn, gleichen Wesens mit Gott, geworden.

Der christologischen Dialog mit dem Islam birgt für die christliche Theologie die Chance zur Wiedergewinnung des metaphorischen Verstehens der Person Jesu, die Möglichkeit, das abgelehnte semitische Erbe neu zu entdecken. Der Koran bestreitet, wie wir in Kapitel 7 sahen, mehrfach, daß Jesus in einem physisch-ontologischen Sinne der Sohn Gottes (*walad/ibn Allâh*) sei. Auf der anderen Seite findet sich aber auch folgender Vers im Koran (Sure 43,81): »Sprich: Wenn der Erbarmer ein Kind (einen Sohn) hätte, wäre ich der erste der Anbetenden.« Die Frage ist: In welchem Sinne könnten vielleicht Christen und Muslime sich miteinander zu Jesus als einem »Sohn« Gottes bekennen? Wenn anders der christologische Dialog zwischen Christen und Muslimen Anhalt hat am *irdischen* (Koran) und zugleich am *historischen* Jesus (neutestamentliche Wissenschaft), muß sich das gemeinsame Ringen um das Verständnis der Bezeichnung »Sohn Gottes« auch an Jesu eigenem Gebrauch dieser Vorstellung orientieren. Nun haben sich in Deutschland bereits etliche der im Dialog mit dem Islam engagierten Theologen für ein metaphorisches Verständnis des Gottessohntitels ausgesprochen. Johann-Friedrich Konrad beispielsweise schreibt:

»Abba-Vater ist eine Metafer für Gottes Barmherzigkeit und Liebe; Sohn eine Metafer für den, der sich dieser Barmherzigkeit und Liebe mit seiner ganzen Existenz verschreibt. Dieser Interpretation müßten Juden und Muslime m.E. folgen können.«[230]

Es gibt im Koran mehrere Ansatzpunkte für ein metaphorisches Verständnis der Gottessohnschaft Jesu. Ich beschränke mich auf zwei Punkte. Zum Einen verwendet der Koran mehrfach das Wort »Sohn« selbstverständlich im metaphorischen Sinne: ein Reisender etwa wird als *ibn al-sabîl*, als »Sohn des Wegs« bezeichnet (Sure 2,177.215; 4,36). Zum Anderen sahen sich islamische Theologen seit jeher zu einer metaphorischen Koranauslegung (*ta'wîl*) genötigt aufgrund der menschlichen Beschreibungen (der Eigenschaften) Gottes im Koran. Um sich keines naiven Anthropomorphismus (*tašbîh*) schuldig zu machen, erforderten bestimmte Koranstellen die Suche nach einem übertragenen Sinn der Worte. Wenn z.B. in Sure 4,125 Abraham Gottes »Freund« (*halîl*) genannt wird, oder wenn Gott mit Mose »wahrhaftig gesprochen« haben soll in »vertraulichem Gespräch« (Sure 4,164; 7,144; 19,52), so nötigt schon die Unvergleichlichkeit Gottes mit dem Menschen (Sure 42,11; 112,4) dazu, Abrahams »Freundschaft« bzw. Moses »Sprechen« mit Gott in einem übertragenen Sinne zu verstehen. So dachten besonders die rationalistischen Mutaziliten und einige philosophische Theologen. Schon immer gab und gibt es auch heute islamische Theologen, welche die Gottessohnschaft Jesu in einem metaphorisch verstandenen Sinne akzeptieren können. Der christlich-islamische Dialog müßte sich auf diese positiven muslimischen Stimmen zur Gottessohnschaft Jesu beziehen und die jeweiligen Argumentationen dieser Theologen für eine eingeschränkte Bejahung der Gottessohnschaft Jesu theologisch daraufhin untersuchen, inwieweit sie dazu geeignet sind, das Gespräch an dieser Stelle voranzubringen. Exemplarisch seien einige interessante Äußerungen, auf die der Dialog rekurrieren könnte, aufgeführt.

Mutazilitische Theologen des 9. und 10. Jahrhunderts – etwa Ibrâhîm ibn Sayyâr al-Nazzâm, Ahmad ibn Khâbit und Fadl al-Hadathî – anerkennen eine Analogie (*qiyâs*) zwischen der Bezeichnung Israels als »erstgeborenem Sohn«, dem neutestament-lichen Gottessohntitel für Jesus sowie der Bezeichnung Abrahams als »Freund« Gottes im Koran. Alle Titel seien ebenso wie entsprechende islamische Bezeichnungen für Propheten oder Kalifen – etwa als Gottes »Geliebter« (*habîb*) oder »Vertrauter« (*walî*) – metaphorisch zu verstehen. In diesem Sinne könne sich

Gott durch »Adoption« (*tabannî*) oder »Erziehung« (*tarbîya*) durchaus Jesus zum »Sohn« genommen haben, wie er sich zuvor schon Abraham zum »Freund« erwählt habe. Auch Ibn Qutayba (gest. 889), der kein Mutazilit war, befürwortet in seinem Korankommentar eine metaphorische Interpretation der Gottessohnschaft Jesu.

Die Symbolfigur des aufgeklärten, liberalen und toleranten Islams in Indien, der schon mehrfach erwähnte Sayyid Ahmad Khan, verweist darauf, daß der christlich-westlichen Vater-Sohn-Beziehung, bezogen auf Gott und Jesus, islamisch-arabisch gedacht, exakt die Relation von Herr (*rabb*) und »erwähltem Knecht« (*al-'abd al-maqbûl*) entspreche.[231]

Als letztes Beispiel sei die Stimme eines deutschen Muslims gehört. Ahmad von Denffer, langjähriger Leiter des Islamischen Zentrums München, ist der Ansicht:

> »Ohne Zweifel ist Jesus Gottes Sohn in dem Sinn, wie wir alle Gottes Kinder sind, und wie von anderen Menschen gleich Jesus gesagt wird, sie seien Gottes Söhne und Gottes Kinder (...) Ein Kind Gottes und ein Sohn Gottes, so wie David und Salomo und Jesus und viele andere, ist einer, der friedfertig ist – in diesem und in keinem anderen Sinn ist Jesus Gottes Sohn.«[232]

Wie aber steht es angesichts dieses metaphorischen Interpretationsangebotes der Gottessohnschaft Jesu von muslimischer Seite, welche Jesus einreiht unter die vielen Söhne und Töchter Gottes, mit der altkirchlich dogmatisierten, exklusiv und metaphysisch interpretierten Gottessohnschaft Jesu? Zugespitzt gefragt: Sollen Christen im Kontext des christologischen Dialogs mit dem Islam auf die zweite Hälfte des »wahrer Mensch – wahrer Gott« einfach verzichten? »Einfach« sicherlich nicht. »Verzichten« vielleicht schon. »Anders verstehen lernen« mit Sicherheit.

Schon längst haben zahlreiche pluralistische Theologen wie auch feministische Theologinnen – teilweise auch unabhängig vom interreligiösen Dialogkontext – versucht, die Zweinaturenformel neu zu interpretieren. Auf diese Ansätze müßte im christologischen Dialog mit dem Islam zurückgegriffen werden und geprüft werden, ob und in welchem Maße sie hier weiterhelfen. Ich denke etwa an die Entwürfe zu einer »Inspirationschristologie«, wie sie John Hick in der Tradition der dynamistischen Konzepte des zweiten und dritten Jahrhunderts (frühe »Antiochenische Schule«) seit vielen Jahren vorbringt. Hick zufolge ist Jesus nur *graduell* durch ein außergewöhnliches Maß seiner Inspiriertheit, seines geisterfüllten Ausgerichtetseins auf Gott von anderen Menschen unterschieden, aber deshalb nicht mehr und anderes als ein bloßer Mensch.[233] Der im jüdisch-christlichen sowie im trilateralen jüdisch-christlich-islamischen Dialog engagierte Leonard Swidler schlägt eine adjektivische Neuformulierung der Zweinaturenformel vor. Statt »wahrer Mensch – wahrer Gott« (*vere homo – vere Deus*) wäre es besser zu sagen, Jesus sei »wahrhaft menschlich und wahrhaft göttlich« gewesen (*vere humanus – vere divinus*).[234] Jesu Göttlichkeit deutet Swidler ganz ähnlich wie Hick und viele andere Theologen als seine völlige Offenheit für Gott, nicht im Sinne einer Seinseinheit, sondern einer Tat- und Wirkgemeinschaft Jesu mit Gott.

Nun werden konservative Christen und Theologen einwenden, diese Versuche einer Neu- und Uminterpretation eines Grunddogmas des christlichen Glaubens komme der Selbstaufgabe des Christentums (zugunsten des Dialogs) gleich. Zudem seien solche Vorschläge ohnehin nur die Stimmen einzelner und hätten keinerlei Bedeutung für die große Mehrzahl der Christenheit. Darauf wäre vieles zu antworten; ich begnüge mich hier mit zwei Hinweisen.

(1) Was eine Selbstaufgabe des Christentums ist und was nicht, hängt natürlich davon ab, worin man die Mitte, den Kern, das Unverzichtbare des Christentums sieht. Für die einen mag es ein bestimmtes Dogma sein (etwa die Zweinaturenlehre oder die Trinitätslehre) – aber dann stellt sich die Frage: Waren Petrus, Jakobus oder Paulus noch keine echten Christen, weil sie diese Dogmen nicht kannten? Sind die kirchlichen Konzilien« christlicher als das Urchristentum selbst? Für die anderen ist der Kern des Christentums die Orientierung an der Gestalt Jesu und seines Selbstverständnisses sowie vor allem die konkret gelebte Nachfolge Jesu (worauf ich gleich abschließend zu sprechen kommen werde). Jesus hat sich mit völliger Sicherheit *nicht* als zweite Person einer göttlichen Trinität verstanden – weshalb sollte man dann ein solches Verständnis seiner Person zur Voraussetzung des Christseins machen? Konstitutiv für das Christsein, mithin für eine christliche Christologie, ist ganz bestimmt die Überzeugung, die österliche

Glaubensschau, daß mit dem Kreuz nicht alles aus war, daß der Tod nicht das letzte Wort behält – nicht aber eine Deutung der Person Jesu, die seinem Selbstverständnis widerspricht. Und schon gar nicht darf man eine solche Interpretation anderen Menschen – seien sie nun Christen oder Muslime – zur christologischen Vorschrift machen, denn auch das widerspricht dem Geiste Jesu entschieden.

(2) Mehrheiten oder Minderheiten sagen noch nichts aus über den Wahrheitsgehalt einer Glaubensüberzeugung. In jedem Fall ist es nicht so – und das sei auch den muslimischen Lesern und Leserinnen dieser Zeilen gesagt –, daß das Christentum immer und überall eine Göttlichkeit Jesu vertreten hat. Das Judenchristentum, die Vertreter der Antiochenischen Schule, die arianischen Christen, die Sozinianer des 16. und 17. Jahrhunderts, die unitarischen Christen sowie zahllose Anhänger des theologischen Liberalismus bis hin etwa zu Friedrich Schleiermacher, Adolf von Harnack oder Albert Schweitzer haben sich im Geiste des Jesus von Nazareth gegen das Dogma von seiner substantiellen Gottgleichheit ausgesprochen. Als ein Beispiel aus unseren Tagen sei auf die Gemeinsame Erklärung (2000) der Tempelgesellschaft in Deutschland und der Temple Society Australia hingewiesen. Die Tempelgesellschaft, die sich auf ihren Gründer Christoph Hoffmann (gest. 1855) zurückführt, erklärte sich 1861 zu einer selbständigen christlichen Glaubensgemeinschaft. Heute ist sie in Deutschland korporatives Mitglied des 1948 neu gegründeten Bundes für Freies Christentum. Die Templer formulieren in der Gemeinsamen Erklärung:

>»Anders als bei den meisten anderen christlichen Konfessionen ist Jesus für uns *Mensch,* gottbegnadeter und Gott-nahe wie vielleicht keiner oder nur wenige außer ihm. Er hat uns gelehrt und vorgelebt die *allein wesentlichen Richtlinien,* an denen wir unser Leben ausrichten sollen und dürfen: Vertrauen zu Gott und Liebe zum Nächsten im Streben nach dem Reich Gottes. Er ist für uns nicht menschgewordener Gott, der uns durch seinen Opfertod erlöst hat. Erlöser ist er für uns nicht durch seinen Tod, sondern dadurch, dass seine Gottessicht uns die Angst vor Gott und vor dem Tod nehmen kann.«[235]

Diese unspekulative, undogmatische »Christologie von unten«, welche beispielsweise die Templer in aller Welt vertreten, könnte ein Anknüpfungspunkt für den Dialog jedenfalls bestimmter

Christen mit dem Islam sein. Dieser Dialog selber muß zeigen, inwiefern die hier angedeuteten Vorschläge einer Neuinterpretation der Göttlichkeit bzw. Gottessohnschaft Jesu sich als tragfähige Diskussionsgrundlage eignen oder nicht.

5. *Ethische Christologie.* Der Dialog zwischen Christen und Muslimen steht nicht allein vor der Aufgabe, sich über die Person Jesu zu verständigen; er sollte auch darüber sprechen, wie »im Geiste Jesu« zu einem gemeinsamem Handeln angeleitet werden kann. Anders gesagt: der christologische Dialog ist mehr als nur ein theologischer Streit um Worte und Hoheitstitel; er muß sich ebenso mit der Frage befassen, wie heute eine Nachfolge Jesu von beiden Seiten aus versucht werden kann, wie Muslime und Christen unter Berufung auf Jesus gemeinsam lieben und dienen lernen können. Der christo*logische* Dialog muß zum christo*praktischen* Dialog werden. Das heißt, daß sich jede gemeinsame christologische Aussage im Kontext des Dialogs an ihren praktischen Konsequenzen messen lassen muß, nämlich ob sie im Blick auf das zukünftige Verhältnis von Christen und Muslimen zueinander Früchte im Sinne einer versöhnten Geschwisterlichkeit trägt. Es ist natürlich klar: während Christen sich vor allem an Jesu Leben und Lehre ausrichten, haben Muslime ihr primäres »schönes Vorbild« in der Sunna des Propheten Muhammad (Sure 33,21). Gleichwohl sollte darüber gesprochen werden, inwiefern dies über das Beispiel Muhammads hinaus *auch* ein Handeln nach dem Vorbild Jesu implizieren könnte.

Die synoptische Tradition bezeugt einhellig: Jesus hat nicht nur für sich selbst, sondern auch bezogen auf seine Nachfolger betont, wie unabdingbar das *Tun* des göttlichen Willens ist. Matthäus 7,21 habe ich bereits zitiert. Hier sei das Wort Jesu in Lukas 6,46 angefügt: »Was sagt ihr zu mir: Herr! Herr!, und tut nicht, was ich sage?« Diejenigen, die den Willen Gottes tun und in diesem Sinne Jesus nachfolgen, sind Jesu »Bruder und Schwester und Mutter« (Markus 3,35). Eine Christologie, die mit dem Koran Anhalt hat am irdischen Jesus und mit der neutestamentlichen Wissenschaft am historischen Jesus, *muß* zur Christopraxie werden. Vielleicht ist es sogar umgekehrt richtiger: aus der Christo*praxie* entsteht allererst eine Christo*logie*. Am Anfang steht (der Ruf in) die Nachfolge und dann erwächst aus der Erfahrung des Nachfolgens und des mit

Christus Glaubens und Lebens das Nachdenken über ihn und Sichbekennen zu ihm.

Ansätze zu einer *Nachfolge-Christologie* lassen sich auch im Koran finden. Dieser beschreibt Jesus als ethisches Vorbild. Sure 43,59 zufolge ist Jesus »ein Diener, den Wir begnadet haben und zu einem Beispiel für die Kinder Israels gemacht haben«. Jesus ist nicht allein für seine jüdischen Zeitgenossen damals ein »Beispiel« (*maṯal*), sondern auch für die Muslime: er handelt Sure 19,31-32 zufolge geradezu als paradigmatischer Muslim. Jesus ist aufgrund seiner Herkunft, seiner Beschneidung und seines Glaubens ein Jude; im Sinne des Korans ist er aufgrund seines Gott wohlgefälligen Glaubens und Tuns auch den Muslimen ein Bruder geworden. Die Frage ist: Kann es so etwas wie eine gemeinsame Christopraxie oder Nachfolge-Christologie überhaupt geben? Ja, ich glaube schon.

Nachfolge und Nachahmung Jesu (*imitatio Christi*) könnte für Christen wie für Muslime heißen: in der ausschließlichen Hingabe an Gott, im Vertrauen auf Seine Güte, Barmherzigkeit und Vergebungsbereitschaft miteinander »um die Wette« danach streben, Gutes zu tun. Dafür gibt es im Neuen Testament (Galater 6,9-10; 1 Thessalonicher 5,15.21) sowie im Koran (Sure 2,148; 3,113-114; 5,48) etliche Hinweise. Nun bestätigen auch Muslime wie etwa Smail Balić: »Jesus ist im muslimischen Glaubensbewußtsein vor allem als ethisches Leitbild gegenwärtig.«[236] Wenn es um eine umfassende und konsequente Nachfolge und Nachahmung Jesu geht, müßte die christliche Theologie insbesondere das Gespräch mit solchen islamischen Theologen suchen, die der Mystik nahestehen. Denn Jesus steht vor allen Dingen im Zentrum vom Sufismus geprägter Christologien als spirituelles und ethisches Vorbild für die Gläubigen. Javad Nurbakhsh beispielsweise urteilt,

> »daß der Sufismus unter dem Gesichtspunkt der Lehre Jesus eine Menge verdankt, und ebenso in Bezug auf die tatsächliche Praxis, denn der Geist Jesu war in der Ethik und dem Verhalten der Sufis immer maßgebend.«[237]

Die andere entscheidende Frage lautet: *Welchem Jesus* sollen wir als Christen und Muslime nachfolgen? Oder, anders gefragt: Welchem Jesus *können* wir überhaupt *nachfolgen*? Für die Muslime ist die Antwort darauf noch nie ein Problem gewesen: das reine Menschsein Jesu ist die Bedingung der Möglichkeit von Nachfolge. In diesem Sinne ist in einem christologischen Faltblatt des Islamischen Zentrums Hamburg zu lesen:

»Gesandte Gottes sind in erster Linie immer Menschen. Sie müssen Fähigkeiten, Möglichkeiten und Probleme derer verstehen können, zu denen sie gesandt worden sind, um zu ihnen in ihrer eigenen Sprache zu sprechen und in Wort und Tat auf sie eingehen zu können. Ebenso müssen die Menschen in der Lage sein, ihren Propheten zu verstehen und ihm zu folgen. Wäre ein Gesandter Gottes ein übermenschliches Wesen, dann wäre keine echte Nachfolge mehr möglich. Gott verlangt von keinem Menschen mehr als dieser zu leisten vermag (vgl. Sure 2, Vers 286). Er führt jeden Einzelnen schrittweise auf dem Weg der Entfaltung und Vollendung voran. Es wäre eine verhängnisvolle Utopie, wenn Menschen versuchen wollten, Gott gleich zu werden. Ebensowenig kann die Rede davon sein, daß Gott – die absolute Realität, die alles ins Dasein gebracht hat und zu der letztendlich alles Existierende zurückkehrt, der Urgrund des Seins – ›Mensch wird‹. Es geht vielmehr um die Menschwerdung des Menschen.«[238]

Welchem Jesus können Christen nachfolgen? Es kann nur der auferweckte Herr sein, der uns immer schon »vorausgeht nach Galiläa« (Markus 14,28), dem Ziel, der Bestimmung unseres Daseins entgegen. Dieser Auferweckte, zu dem wir Christen uns bekennen, ist aber kein anderer als der irdische Bote Gottes aus Nazareth. In der gegenwärtigen Theologie sind vermehrt Stimmen lautgeworden, die auch und gerade um der Nachfolge Jesu willen das exemplarische, das vorbildhafte Menschsein Jesu betonen. Ich will mich auf ein Beispiel beschränken.

Der evangelische Theologe und Pfarrer Ulrich von Hasselbach (gest. 1999) hat in seinem Buch »Der Mensch Jesus« (1987) den Menschen Jesus, der »gottdurchdrungen, aber nicht ›Gott‹ war«, als »Leitbild für das dritte Jahrtausend« dargestellt. Wie so viele andere pluralistisch, feministisch, dialog- oder befreiungstheologisch gesinnte Theologen und Theologinnen in aller Welt beklagt auch Ulrich von Hasselbach, daß eine christologische Metaphysik eine echte Jesus-Nachfolge erschwert, wenn nicht unmöglich gemacht habe. Der Ruf Jesu in die Nachfolge wird mehr oder minder obsolet, wenn der Rufer zum Gott erklärt wird, dem ein Mensch nicht mehr nachfolgen kann und nachzufolgen braucht. Mit den Worten Ulrich von Hasselbachs:

»Der ›neue Mensch‹ Jesus hätte zum Ansatzpunkt und durch seine Impulse zugleich zum Kraftquell menschlicher Wandlung werden können. Indem man ihn zum Mensch gewordenen Gott, zu ›Gottes Sohn‹ machte, nahm man ihm diese Möglichkeit. Der Mensch durfte sich damit vertrösten, daß man schließlich nicht so werden könne wie Gott. Der zum Gott erhobene Jesus konnte nicht zum Leitbild menschlicher Veränderung werden.«[239]

Im Schlußteil seines Buches beschreibt Ulrich von Hasselbach Jesus als »Leitbild für die Zukunft«: Jesus als Leitbild einer neuen Gesinnung, als Träger einer neuen Kraft und Bringer einer neuen Gewißheit, Jesu Nein zu aller Engherzigkeit, sein Ja zum Frieden, seine Hoffnung auf eine neue Welt.[240]

Könnten nicht alle diese Gesichtspunkte auch von Muslimen bejaht und nachgelebt werden? Wenn Christen und Muslime im Geiste Jesu zusammenarbeiten, zusammenleben, einander als Glaubensgeschwister akzeptieren und lieben lernen, wird dann nicht der Wille Gottes sowohl nach dem Zeugnis des Neuen Testament als auch nach dem Zeugnis des Korans erfüllt? Gerade an diesem Punkt – einem Ethos, das im Tun des göttlichen Willens gründet – sind der irdische Jesus des Korans und der historische Jesus der neutestamentlichen Wissenschaft *eine* Stimme, *ein* Ruf. Darauf sollten Christen und Muslime hören und beginnen, gemeinsam zu handeln und um das Gute in den Augen Gottes zu wetteifern. Wie schon der Koran sagt (Sure 5,48):

»Für jeden von euch haben Wir eine Richtung und einen Weg festgelegt. Und wenn Gott gewollt hätte, hätte Er euch zu einer einzigen Gemeinschaft gemacht. Doch will Er euch prüfen in dem, was Er euch hat zukommen lassen. So eilt zu den guten Dingen um die Wette. Zu Gott werdet ihr allesamt zurückkehren, dann wird Er euch kundtun, worüber ihr uneins waret.«

ANHANG

1. Literaturverzeichnis

1.1. Nachschlagewerke/Lexika

The Encyclopaedia of Islam (EI), ed. by A. J. Wensinck/J. H. Kramers,
Leiden 1913–1936
The Encyclopaedia of Islam. New Edition (EI²), ed. by E. van Donzel/B.
Lewis/Ch. Pellat, Leiden/London 1960ff
Handwörterbuch des Islam (HI), hg. von A.J. Wensinck/J.H. Kramers,
Leiden 1941
Islamic Desk Reference. Compiled from The Encyclopaedia of Islam by
E. van Donzel, Leiden/New York/Köln 1994
Islam-Lexikon. Geschichte, Ideen, Gestalten, von A.Th. Khoury/L. Ha-
gemann/P. Heine, Freiburg/Basel/Wien 1991
Lexikon des Islam, von Thomas Patrick Hughes, Wiesbaden 1995
Lexikon religiöser Grundbegriffe. Judentum, Christentum, Islam, hg. von
A.Th. Khoury, Graz/Wien/Köln 1987
Lexikon der Religionen. Phänomene, Geschichte, Ideen, hg. von Hans
Waldenfels, Freiburg/Basel/Wien (1987) ³1996
Lexikon für Theologie und Kirche (LThK), hg. von J. Höfer/K. Rahner,
Freiburg u.a. 1957–1965 (2. Auflage)
Lexikon für Theologie und Kirche, hg. von Walter Kasper, Freiburg u.a.
1993ff (3. Auflage)
The Oxford Encyclopedia of the Modern Islamic World, ed. by John L.
Esposito, Vol. 1–4, New York/Oxford 1995
Reallexikon für Antike und Christentum (RAC). Sachwörterbuch zur
Auseinandersetzung des Christentums mit der antiken Welt, hg. von
Theodor Klauser u.a., Stuttgart 1950ff
Die Religion in Geschichte und Gegenwart (RGG). Handwörterbuch für
Theologie und Religionswissenschaft, 2. Auflage, hg. von H. Gun-
kel/L. Tscharnack, Tübingen 1927–1932
Die Religion in Geschichte und Gegenwart. Handwörterbuch für Theo-
logie und Religionswissenschaft, 3. Auflage, hg. von Kurt Galling,
Tübingen 1957–1965

Theologische Realenzyklopädie (TRE), hg. von G. Krause/G. Müller, Berlin/New York 1977ff

1.2. Ausgaben biblischer und außerkanonischer Schriften sowie sonstiger Quellentexte

Die Bibel. Deutsche Ausgabe mit den Erläuterungen der Jerusalemer Bibel, Freiburg/Basel/Wien [17]1983

Die Bibel. Einheitsübersetzung der Heiligen Schrift (Gesamtausgabe), Stuttgart 1980

Das Barnabas-Evangelium. Wahres Evangelium Jesu, genannt Christus, eines neuen Propheten, von Gott der Welt gesandt gemäß dem Bericht des Barnabas, seines Apostels. Ins Deutsche übersetzt und hg. von Safiyya M. Linges, Bonndorf 1994

El-Bokhâri, Les traditions islamiques. Traduites de l'Arabe par O. Houdas et W. Marçais (4 Vols.), Paris 1903–1914

Cullmann, Oscar: Kindheitsevangelien, in: Neutestamentliche Apokryphen in deutscher Übersetzung, hg. von W. Schneemelcher, Bd. 1, Tübingen [5]1987, 330–372

Denzinger, Heinrich: Enchiridion symbolorum definitionum et declarationum de rebus fidei et morum. Kompendium der Glaubensbekenntnisse und kirchlichen Lehrentscheidungen, Lateinisch-Deutsch, hg. von Peter Hünermann, Freiburg/Basel/Rom/Wien [37]1991

Drijvers, Han J.W.: Thomasakten, in: Neutestamentliche Apokryphen in deutscher Übersetzung, hg. von W. Schneemelcher, Bd. 2 , Tübingen [5]1989, 289–367

Des Heiligen Epiphanius von Salamis Ausgewählte Schriften, übersetzt von Josef Hörmann (Bibliothek der Kirchenväter, Bd. 38), Kempten/München 1919

Evangelia Infantiae Apocrypha. Apokryphe Kindheitsevangelien, übersetzt und eingeleitet von Gerhard Schneider, Freiburg u.v.a. 1995

Evangelium infantiae Salvatoris arabicum, in: Evangelia apocrypha, hg. von Constantinus de Tischendorf, Leipzig (1853) [2]1876, 181–209

Handbuch zu den Neutestamentlichen Apokryphen, hg. von Edgar Hennecke, Tübingen 1904

Irenäus von Lyon: Epideixis. Adversus Haereses. Darlegung der apostolischen Verkündigung. Gegen die Häresien, übersetzt und eingeleitet von N. Brox, Freiburg u.v.a. 1993

Johannes Damaskenos und Theodor Abû Qurra: Schriften zum Islam. Kommentierte griechisch-deutsche Textausgabe von Reinhold Glei/A. Th. Khoury, Würzburg/Altenberge 1995

Das Leben Muhammed's nach Muhammed Ibn Ishâk bearbeitet von Abd el-
Malik Ibn Hischâm (...), hg. von Ferdinand Wüstenfeld, Göttingen 1858
Michel, Thomas F. (Ed.): A Muslim Theologican's Response to Christia-
nity. Ibn Taymiyya's Al-Jawab al-sahih, New York 1984
Migne, Jacques-Paul (Hg.): Patrologiae Cursus Completus. Series Latina
(MPL), Paris 1844–1855
– (Hg.): Patrologiae Cursus Completus. Series Graeca (MPG), Paris
1857–1866
Neutestamentliche Apokryphen in deutscher Übersetzung, hg. von Wil-
helm Schneemelcher, Tübingen, Bd. 1 (Evangelien) ^{5}1987; Bd. 2 (Apo-
stolisches, Apokalypsen und Verwandtes) ^{5}1989
Novum Testamentum Graece post Eberhard Nestle et Erwin Nestle
communiter ediderunt Kurt Aland u.a., Stuttgart ^{27}1993
Schriften des Urchristentums (Didache [Apostellehre], Barnabasbrief,
Zweiter Klemensbrief, Schrift an Diognet), eingeleitet, herausgegeben,
übertragen und erläutert von Klaus Wengst, München 1984
Tatians Diatessaron aus dem Arabischen übersetzt von E. Preuschen, hg.
von A. Pott, Heidelberg 1926
Vielhauer, Philipp/Strecker, Georg: Judenchristliche Evangelien, in: Neu-
testamentliche Apokryphen in deutscher Übersetzung, hg. von W.
Schneemelcher, Bd. 1, Tübingen ^{5}1987, 114–147.

1.3. Der Koran:
Ausgaben, Übersetzungen und Kommentare

The Holy Qur'an. Text, Translation and Commentary by Abdullah Yu-
suf Ali, Beirut 1968
The Holy Qur'ân. Containing the Arabic Text with English Translation
and Commentary by (Maulawi) Muhammad Ali, Lahore ^{2}1920
The Message of THE QUR'ÂN, translated and explained by Muhammad
Asad, Gibraltar 1993
Ayoub, Mahmoud M.: The Qur'an and Its Interpreters, New York,
Vol. 1ff, 1984ff
The Tarjumân al-Qur'ân by Mawlana Abul Kalam Azad, ed. and ren-
dered into English by Syed Abdul Latif, Bombay u.v.a., Vol. 1 (1962),
^{2}1965, Vol. 2, 1967
Chrestomathia Baidawiana. The Commentary of El-Baidâwî on Sura III,
ed. by D.S. Margoliouth, London 1894
A Commentary on the Qur'ân prepared by Richard Bell, 2 Vols., Man-
chester 1991
The Qur'ân. Translated with a critical re-arrangement of the Surahs by
Richard Bell, Edinburgh Vol. 1, 1937, Vol. 2, 1939

Blachère, Régis: Introduction au Coran. Traduction nouvelle selon un essai de reclassement des sourates, 3 Vols., Paris 1947–1951

Der Koran, oder Das Gesetz für die Moslemer (...) unmittelbar aus dem Arabischen übersetzt (...) von Friedrich Eberhard Boysen (1773), 2. verbesserte Auflage Halle 1775

Der Koran. Die Heilige Schrift des Islam in deutscher Übertragung von Ahmad von Denffer, München, 2. verbesserte Auflage 1996

Die Bedeutung des Korans. Übersetzt und mit Zitaten aus Kommentaren muslimischer Koranausleger versehen von Fatima Grimm und Halima Krausen, 30 Teile, München 1991–1996

Alcoranus s[ive] Lex Islamitica Muhamedis (...), edita ex Museo Abrahami Hinckelmanni, Hamburg 1694

Der Koran, übersetzt von Adel Theodor Khoury unter Mitwirkung von M.S. Abdullah, Gütersloh 1987

Der Koran Arabisch-Deutsch. Übersetzung und wissenschaftlicher Kommentar von Adel Theodor Khoury, Gütersloh 1990ff

Alcorani Textus Universus (...) ex arabico idiomate in latinum translatus (...) auctore Ludovico Marraccio, Padua 1698

Der Koran, übersetzt von Rudi Paret, Stuttgart/Berlin/Köln ⁶1993

Der Koran. Kommentar und Konkordanz, von Rudi Paret, Stuttgart/ Berlin/Köln ⁴1989

The Meaning of the Glorious Koran, translated by Mohammad Marmaduke Pickthall, New York 1953

Der Koran. Im Auszuge übersetzt von Friedrich Rückert, hg. von A. Müller, Frankfurt/M. 1888

Der Koran in der Übersetzung von Friedrich Rückert, hg. von Hartmut Bobzin, Würzburg 1995

The Commentary on the Qur'ân by Abû Ja'far Muhammad B. Jarîr al-Tabarî, Vol. 1–5, Oxford u.a. 1987ff

Der Koran. Das heilige Buch des Islam. Nach der Übertragung von Lion (nicht Ludwig!) Ullmann neu bearbeitet und erläutert von L[eo] W[einmann]-Winter, München (1959) ¹³1982

Watt, William Montgomery: Companion to the Qur'ân (1967), Oxford ²1994.

1.4. Sekundärliteratur

'Abduh, Muhammad: The Theology of Unity (arab. Risâlat al-tawhîd), translated from the Arabic by I. Musa'ad and K. Cragg, London 1966

Abdullah, Muhammad Salim: Jesus. Leben, Auftrag und Tod, Hamburg 1960

—: Islam. Für das Gespräch mit Christen (1984), 2. überarbeitete Auflage Gütersloh 1992

Adams, Charles C.: A Fatwa on the »Ascension of Jesus«, in: Moslem World (MW) 34, 1944, 214–217

Adams, Charles J.: Abû'l ʿAlâ Mawdûdî's Tafhîm al-Qur'ân, in: A. Rippin (Ed.), Approaches to the History of the Interpretation of the Qur'ân, Oxford 1988, 307–323

Addleton, Jonathan S.: Images of Jesus in the Literatures of Pakistan, in: MW 80, 1990, 96–106

Ahmad, Hazrat Mirza Ghulam: Jesus starb in Indien, Frankfurt 1988

Ahmad, Masud (Hg.): Jesus starb nicht am Kreuz, Frankfurt 1992

Ahmad, Sheik Nasir: Jesus im Qur'ân, Frankfurt 1995

Ahrens, Karl: Christliches im Qoran. Eine Nachlese, in: Zeitschrift der Deutschen Morgenländischen Gesellschaft (ZDMG) 84, 1930, 15–68. 148-190

—: Muhammed als Religionsstifter, Leipzig 1935

Ali, Syed Ameer: The Spirit of Islam. A History of the Evolution and Ideals of Islam with a Life of the Prophet, London (1922) ⁹1965

Allen, Pauline: Art. Monophysiten, in: TRE 23, 1994, 219–233

Anawati, Georges C.: Fakhr Al-Dîn Al-Râzî, Art. in: EI², Vol. 2, 1965, 751–755

—: ʿÎsâ, Art. in: EI², Vol. 4, 1978, 81–86, in dt. Übersetzung unter dem Titel: Die Botschaft des Korans und die biblische Offenbarung, in: A. Paus (Hg.), Jesus Christus und die Religionen, Graz/Wien/Köln 1980, 109–159

Andaç, Muzaffer: Einladung zum Islam. Ein Vergleich zwischen Koran und Bibel, Berlin 2000

Andrae, Tor: Der Ursprung des Islams und das Christentum, Uppsala 1926

—: Mohammed. Sein Leben und sein Glaube, Göttingen 1932

—: Islamische Mystik, Stuttgart/Berlin/Köln/Mainz ²1980

Anweri, Fazal Ilahi: Ein Gespräch zwischen einem Muslim und einem Christen, Frankfurt 1994

Arnaldez, Roger: Jésus. Fils de Marie, prophète de l'Islam, Paris 1980

—: Jésus dans la pensée musulmane, Paris 1988

Augusti, Johann Christian Wilhelm: Die Christologie des Koran's in Vergleichung mit der Christologie des neuen Testamentes und der christlichen Kirche, in: Apologien und Parallelen theologischen Inhalt's, Gera/Leipzig 1800, 158–206

Ayoub, Mahmoud M.: Towards an Islamic Christology: An Image of Jesus in early Shîʿî Muslim Literature, in: MW 66, 1976, 163–188

—: Towards an Islamic Christology II: The death of Jesus, reality or delusion. A Study of the Death of Jesus in Tafsîr Literature, in: MW 70, 1980, 91–121

157

—: Jesus, islamisch gesehen, in: J. Thiele (Hg.), Jesus. Auf der Suche nach einem neuen Gottesbild, Düsseldorf/Wien 1993, 292–298

—: The Miracle of Jesus: Muslim Reflections on the Divine Word, in: R.F. Berkey/S.A. Edwards (Ed.), Christology in Dialogue, Cleveland/Ohio 1993, 221–228

—: Jesus the Son of God: A Study of the Terms Ibn and Walad in the Qur'an and Tafsîr Tradition, in: Y.Y. Haddad/W.D. Haddad (Ed.), Christian-Muslim Encounters, Gainesville u.v.a. 1995, 65–81

Baarda, Tjitze: Essays on the Diatessaron, Kampen 1994

Bachmann, Ludwig: Jesus im Koran, Frankfurt 1925

Balić, Smail: Das Jesusbild in der heutigen islamischen Theologie (1974), in: A. Falaturi/W. Strolz (Hg.), Glauben an den Einen Gott, Freiburg/Basel/Wien 1975, 11–21; erneut abgedruckt in: Ders., Ruf vom Minarett, Hamburg ³1984, 111–116 (nach dieser Ausgabe wird zitiert)

—: Das islamische Verständnis von Judentum und Christentum, in: M. Stöhr (Hg.), Abrahams Kinder. Juden – Christen – Moslems (Arnoldshainer Texte, Bd. 17), Frankfurt 1983, 46–61

—: Ruf vom Minarett. Weltislam heute – Renaissance oder Rückfall? Eine Selbstdarstellung (1963), Hamburg, 3. überarbeitete Auflage 1984

—: Art. Jesus Christus 3. Islamisch, in: Lexikon religiöser Grundbegriffe, Sp. 542–546

Baljon, Johannes M.S.: The Reforms and Religious Ideas of Sir Sayyid Aḥmad Khân, Leiden 1949

—: A Modern Urdu Tafsîr (sc. by Abû-l-Kalâm Âzâd), in: Die Welt des Islams, N.S. 2, 1953, 95–107

—: The »amr of God« in the Koran, in: Acta Orientalia 23, 1959, 7–18

—: Modern Muslim Koran Interpretation (1880–1960), Leiden 1961

Baumstark, Anton: Das Problem eines vorislamischen christlich-kirchlichen Schrifttums in arabischer Sprache, in: Islamica 4, 1931, 562–575

—: Arabische Übersetzung eines altsyrischen Evangelientextes und die Sure 2,105 zitierte Psalmenübersetzung, in: Oriens Christianus 31, 1934, 165–188

—: Die syrische Übersetzung des Titus von Bostra und das »Diatessaron«, in: Biblica 16, 1935, 257–299

Bauschke, Martin: Jesus – Stein des Anstoßes. Die Christologie des Korans und die deutschsprachige Theologie, Köln/Weimar/Wien 2000

—: Der koranische Jesus und die christliche Theologie, in: Münchener Theologische Zeitschrift 52, Nr. 1/2001, 26–33

—: Der jüdisch-christlich-islamische Trialog, Artikel in: Handbuch der Religionen, hg. von M. Klöcker/U. Tworuschka, München, Ergänzungslieferung 2001 (Kap.: II – 4.2.17, S. 1–26)

Becker, Carl Heinrich: Christentum und Islam, in: Islamstudien, Bd. 1, Leipzig 1924, 386–431

Becker, Jürgen: Das Evangelium nach Johannes, Gütersloh/Würzburg, Bd. 1, ²1985, Bd. 2, ²1984

—: Jesus von Nazaret, Berlin/New York 1996

Bell, Richard: The Origin of Islam in its Christian Environment, London 1926

Beltz, Walter: Sehnsucht nach dem Paradies. Mythologie des Korans, Berlin (1979) ³1983

Bernabé-Pons, Luis F.: Zur Wahrheit und Echtheit des Barnabasevangeliums, in: Religionen im Gespräch (RIG) 4, 1996, 133–188

Berque, Jacques: Der Koran neu gelesen, Frankfurt/M. 1996

Bertrand, D.A.: L'Évangile des Ébionites: Une harmonie évangelique antérieure au Diatessaron, in: New Testament Studies 26, 1980, 548–563

Betz, Otto: Art. Entrückung II. Biblische und frühjüdische Zeit, in: TRE 9, 1982, 683–690

Bijlefeld, Willem A.: A prophet and more than a prophet? Some observations on the Qur'anic use of the terms ›prophet‹ and ›apostle‹, in: MW 59, 1969, 1–28

Bilolo, Mubabinge: Die Begriffe »Heiliger Geist« und »Dreifaltigkeit Gottes« angesichts der afrikanischen religiösen Überlieferung, in: Zeitschrift für Missionswissenschaft und Religionswissenschaft 68, 1984, 1–23

Bishop, Eric Francis F.: The Son of Mary, in: Moslem World 24, 1934, 236–245

—: Shubbiha lahum: a Suggestion from the New Testament, in: Moslem World 30, 1940, 67–75

Bobzin, Hartmut: Der Koran. Eine Einführung, München ²2000

—: Mohammed, München 2000

Boismard, M.-E.: Le Diatessaron: De Tatian â Justin, Paris 1992

Borrmans, Maurice: Jésus et les musulmans d'aujourd'hui, Paris 1996

Bouman, Johan: Das Wort vom Kreuz und das Bekenntnis zu Allah. Die Grundlehren des Korans als nachbiblische Religion, Frankfurt 1980

—: Der Glaube an den einen Gott im Christentum und im Islam, Gießen/Basel 1983

—: Glaubenskrise und Glaubensgewißheit im Christentum und im Islam, Bd. 2: Die Theologie al-Ghazalis und Augustins im Vergleich, Gießen 1990

—: Christen und Moslems. Glauben sie an einen Gott? Gemeinsamkeiten und Unterschiede, Gießen (1993) ²1995

Brock, Sebastian: The Christology of the Church of the East in the Synods of the fifth to early seventh century (1985), in: Ders., Studies in Syriac Christianity. History, Literature and Theology, Hampshire/Brookfield 1992, 125–142

Brown, David: Allah der Allmächtige – Jesus der Gekreuzigte? Die Frage nach dem Sinn des Kreuzes, Wuppertal 1976

Brugsch, Mohammed: Jesus im Koran, in: Die Islamische Welt 2, 1918, 87–92.173–178

Bruns, Peter: Das Christusbild Aphrahats des Persischen Weisen, Bonn 1990

Bühner, Jan-A.: Der Gesandte und sein Weg im 4. Evangelium. Die kultur- und religionsgeschichtlichen Grundlagen der johanneischen Sendungschristologie sowie ihre traditionsgeschichtliche Entwicklung, Tübingen 1977

Bürkle, Horst: Jesus und Maria im Koran, in: G. Riße/H. Sonnemans/B. Theß (Hg.), Wege der Theologie: an der Schwelle zum dritten Jahrtausend, Paderborn 1996, 575-586

—: Art. Jesus Christus VI. In den Religionen, in: LThK³, Bd. 5, 1996, Sp. 837–838

Buhl, Frants: Das Leben Muhammeds, Leipzig 1930

Busse, Heribert: Das Leben Jesu im Koran, in: Christiana Albertina 15 (N.F.), 1981, 15–25

—: Monotheismus und islamische Christologie in der Bauinschrift des Felsendoms in Jerusalem, in: Theologische Quartalsschrift 161, 1981, 168–178

—: Die theologischen Beziehungen des Islam zu Judentum und Christentum. Grundlagen des Dialogs im Koran und die gegenwärtige Situation, Darmstadt 1988

Carra de Vaux, Bernard: Art. Indjîl, in: EI², Vol. 3, 1971, 1205–1208

Chakmakjian, Hagop A.: Armenian Christology and Evangelization of Islam. A Survey of the Relevance of the Christology of the Armenian Apostolic Church to Armenian Relations with its Muslim Environment, Leiden 1965

Charfi, Abdelmajid: Christianity in the Qur'ân Commentary of Ṭabarî, in: Islchr 6, 1980, 105–148

Charlesworth, James H.: Tatian's Dependence upon Apocryphal Traditions, in: Heythrop Journal 15, 1974, 5–17

Clemen, Carl: Muhammeds Abhängigkeit von der Gnosis, in: Harnack-Ehrung, Leipzig 1921, 249–262

Cludius, Hermann Heimart: Muhammeds Religion aus dem Koran dargelegt erläutert und beurtheilt, Altona 1809

Colpe, Carsten: Das Siegel der Propheten. Historische Beziehungen zwischen Judentum, Judenchristentum, Heidentum und frühem Islam, Berlin 1990

Cragg, Kenneth: Sandals at the Mosque. Christian Presence Amid Islam, London 1959

— (unter dem Pseudonym ʿAbd al-Tafâhum): The Qurʾân and the Holy Communion, in: MW 49, 1959, 239–248

—: Jesus and the Muslim. An Exploration, London 1985

Crossan, John D.: Der historische Jesus, München 1994

Cupitt, Don: Der Christus des Christentums, in: J. Hick (Hg.), Wurde Gott Mensch? Der Mythos vom fleischgewordenen Gott, Gütersloh 1979, 145–155

—: The Debate About Christ, London 1979

Dammann, Ernst: Die Beurteilung Jesu in den Anmerkungen der Suaheli-Übersetzung des Korans (1959), in: J. Hermelink/H.J. Margull (Hg.), Basileia, Stuttgart ²1961, 245–251

Deedat, Ahmed: Christ in Islam, Birmingham 1985

von Denffer, Ahmad: Der Islam und Jesus (Schriftenreihe des Islamischen Zentrums München, Nr. 18), München 1991 = ²1995

—: Jesus im Christentum und Islam (Vorträge über den Islam, Nr. 1), München 31995

—: Islam und Christentum, in: Al-Islam, Nr. 1/1994, 14–18

Dietrich, Ernst Ludwig: Jesus im Islam, in: E. von Dungern (Hg.), Das große Gespräch der Religionen, München/Basel 1964, 113–128

Dietzfelbinger, Ulrich: »Ökumene« mit dem Islam?, in: CIBEDO 8, 1994, 45–49

Din, Muhammad: The Crucifixion in the Koran, in: MW 14, 1924, 23–29

D'Souza, Andreas: Jesus in Ibn ʿArabî's ›FUSUS AL-HIKAM‹, in: Islamochristiana 8, 1982, 185–200

Elder, Earl Edgar: The Crucifixion in the Koran, in: MW 13, 1923, 242–258

Elze, Martin: Tatian und seine Theologie, Göttingen 1960

de Epalza, Mikel: Jésus otage. Juifs, chrétiens et musulmans en Espagne (Vie–XVIIe s.), Paris 1987

Esack, Farid: Qurʾan, Liberation and Pluralism. An Islamic Perspective of Interreligious Solidarity against Oppression, Oxford 1997

van Ess, Josef: Theologie und Gesellschaft im 2. und 3. Jahrhundert Hidschra. Eine Geschichte des religiösen Denkens im frühen Islam, Bd. 1–6, Berlin/New York 1991–1997

Falaturi, Abdoldjavad: Der Islam im Dialog, Köln ⁴1992

—/Strolz, Walter (Hg.): Glauben an den Einen Gott. Menschliche Gotteserfahrung im Christentum und im Islam, Freiburg u.a. 1975

—/Petuchowski, J.J./Strolz, W. (Hg.): Drei Wege zu dem einen Gott. Glaubenserfahrungen in den monotheistischen Religionen, Freiburg u.a. (1976) ²1980

—/—/— (Hg.): Universale Vaterschaft Gottes. Begegnung der Religionen, Freiburg u.a. 1987 al-Faruqi, Isma'il Raji (Hg.): Judentum, Christentum, Islam. Trialog der Abrahamitischen Religionen, Frankfurt 1986

Ficker, Rudolf: Im Zentrum nicht und nicht allein. Von der Notwendigkeit einer Pluralistischen Religionstheologie, in: R. Bernhardt (Hg.), Horizontüberschreitung. Die Pluralistische Theologie der Religionen, Gütersloh 1991, 220–237

Flasche, Rainer: Das Jesusbild in der Lehre der Ahmadiyya-Bewegung, in: Zeitschrift für Missionswissenschaft und Religionswissenschaft 60, 1976, 291–299

Forward, Martin: Mohammed – der Prophet des Islam. Sein Leben und seine Wirkung, Freiburg/Basel/Wien 1998

Friedrich, Gerhard: Die Verkündigung des Todes Jesu im Neuen Testament, Neukirchen ²1985

Fries, Heinrich: Zeitgenössische Grundtypen nichtkirchlicher Jesusdeutungen, in: L. Scheffczyk (Hg.), Grundfragen der Christologie heute, Freiburg/Basel/Wien 1975, 36–76

—/ Köster, F./Wolfinger, F.: Jesus in den Weltreligionen, St. Ottilien 1981

Fritsch, Erdmann: Islam und Christentum im Mittelalter. Beiträge zur Geschichte der muslimischen Polemik gegen das Christentum in arabischer Sprache, Breslau 1930

Fück, Johann: Die Originalität des arabischen Propheten, in: ZDMG 90, 1936, 509–525

Füglister, Notker: Die Propheten. Berufung – Sendung – Kriterien, in: A. Bsteh (Hg.), Christlicher Glaube in der Begegnung mit dem Islam, Mödling 1996, 11–29

Gätje, Helmut: Koran und Koranexegese, Zürich/Stuttgart 1971

Gardet, Louis: Islam, Köln 1968

Gaudeul, Jean-Marie: Encounters & Clashes. Islam and Christianity in History, 2 Vols., Rom 1990

Geiger, Abraham: Was hat Mohammed aus dem Judenthume aufgenommen?, Bonn 1833

Gerock, Carl Friedrich: Versuch einer Darstellung der Christologie des Koran, Hamburg/Gotha 1839

el-Geyoushi, Muhammad: Islam – A General Review, in: Majallatu'l Azhar (Al-Azhar Magazine) 44, August 1972, 12–16 (English Section)

Goldziher, Ignaz: Neutestamentliche Elemente in der Traditionslitteratur des Islam, in: Oriens Christianus 2, 1902, 390–397

—: Aus der Theologie des Fachr al-dîn al-Râzî, in: Der Islam 3, 1912, 213–247

—: Die Richtungen der islamischen Koranauslegung, Leiden 1952

Goppelt, Leonard: Theologie des Neuen Testaments, Göttingen 1976

Gräf, Erwin: Zu den christlichen Einflüssen im Koran, in: Al-Bahit (FS Joseph Henninger), St. Augustin 1976, 111–144 (Kurzfassung auch in: ZDMG 111, 1961, 396–398)

Graf, Georg: Wie ist das Wort Al-Masîh zu übersetzen?, in: ZDMG 104, 1954, 119–123

Graf, Peter/Antes, Peter: Strukturen des Dialogs mit Muslimen in Europa, Frankfurt u.v.a. 1998

Grégoire, Henri: Mahomet et le Monophysisme, in: Mélanges Charles Diehl, Bd. 1, Paris 1930, 107–119

Griffith, Sidney H.: The Gospel in Arabic. An Inquiry into its Appearance in the First Abbasid Century, in: Oriens Christianus 69, 1985, 126–167

Grillmeier, Alois: Jesus der Christus im Glauben der Kirche, Bd. Iff, Freiburg/Basel/Wien 1979ff

Grimme, Hubert: Mohammed, Bd. 2: Einleitung in den Koran. System der koranischen Theologie, Münster 1895

Grundmann, Walter: Das Evangelium nach Markus, Berlin ⁹1984

Guellouz, Azzedine: Der Koran. Ausführungen zum besseren Verständnis. Anregungen zum Nachdenken, Bergisch Gladbach 1998

Haddad, Yvonne Yazbeck./Haddad, Wadi Zaidan (Ed.): Christian-Muslim Encounters, Gainesville u.v.a. 1995

Hagemann, Ludwig: Propheten – Zeugen des Glaubens. Koranische und biblische Deutungen, Würzburg/Altenberge ²1993

—: Die Christologie des Korans, in: A. Th. Khoury/Ders., Christentum und Christen im Denken zeitgenössischer Muslime, Würzburg/Altenberge ²1994, 15-23

—/Pulsfort, Ernst: Maria, die Mutter Jesu, in Bibel und Koran, Würzburg/Altenberge 1992

Haller, Wilhelm: Mochammeds Lehre von Gott aus dem Kor'aan gezogen, Altenburg 1779

Hamidullah, Muhammad: Le Prophète de l'Islam (I: Sa vie, II: Son œuvre), Paris 1959

—: Der Islam. Geschichte, Religion, Kultur, Köln 1973

von Harnack, Adolf: Lehrbuch der Dogmengeschichte (3 Bde.) ⁴1909 = Tübingen 1990

Harris, James Randel: Muhammad and the ›Diatessaron‹, in: The Expository Times 34, 1922/1923, 377–378

von Hasselbach, Ulrich: Der Mensch Jesus. Leitbild für das dritte Jahrtausend, Stuttgart 1987

Hayek, Michel: Le Christ de l'Islam, Paris 1959

—: L'Origine des termes 'Isâ Al-Masîh (Jésus-Christ) dans le Coran, in: L'Orient Syrien 7, 1962, 223–254 und 365–382

Heine, Peter: Art. Mahdi, in: Khoury/Hagemann/Heine, Islam-Lexikon, Bd. 2, 487–490

Henninger, Joseph: Spuren christlicher Glaubenswahrheiten im Koran, Schöneck/Beckenried 1951

—: Mariä Himmelfahrt im Koran, in: Neue Zeitschrift für Missionswissenschaft 10, 1954, 288–292

Heyer, Friedrich: Die Kirche Äthiopiens. Eine Bestandsaufnahme, Berlin/New York 1971

Hick, John: Jesus und die Weltreligionen, in: Ders. (Hg.), Wurde Gott Mensch? Der Mythos vom fleischgewordenen Gott, Gütersloh 1979, 175–194

—: An Inspiration Christology for a Religious Plural World, in: Stephen T. Davis (Ed.), Encountering Jesus. A debate on Christology, Atlanta 1988, 5–22 (wiederabgedruckt unter dem Titel: An Inspiration Christology, in: J. Hick, Disputed Questions in Theology and the Philosophy of Religion, New Haven 1993, 35–57)

—: Islam and Christian Monotheism, in: D. Cohn-Sherbok (Ed.), Islam in a World of Diverse Faiths, London 1991 = ²1997, 1–17

—: Jesus and Mohammad, in: ebd. 114–118

—: Disputed Questions in Theology and the Philosophy of Religion, New Haven 1993

—: The Metaphor of God Incarnate. Christology in a Pluralistic Age, London 1993 = Louisville 1994

—: Gott und seine vielen Namen, Frankfurt/M. 2001

—/ Meltzer, Edmund S. (Ed.): Three Faiths – One God. A Jewish, Christian, Muslim Encounter, London u.a. 1989

Höpfner, Willi: Jesus im Koran und im Neuen Testament, in: G. Jasper (Hg.), Muslime – unsere Nachbarn. Beiträge zum Gespräch über den Glauben, Frankfurt 1977, 31–39

— (Hg.): Der moslemische Jesus und wir, Wiesbaden (Orientdienst) o.J.

Hofmann, Murad W.: Der Islam als Alternative, München ²1993

—: Der Islam im 3. Jahrtausend. Eine Religion im Aufbruch, Kreuzlingen 2000

Huballah, Mahmoud: Islam: The Religion of Unity and Universal Brotherhood, in: Majallatu'l Azhar (Al-Azhar Magazine) 43, Januar 1971, 12–16 (English Section)

Hultgård, Anders: Art. Adam III. Religionsgeschichte, in: TRE 1, 1977, 427–431

Hussein, Muhammad Kamel: City of Wrong. A Friday in Jerusalem (1959), Oxford 1994

Imbach, Josef: Wem gehört Jesus? Seine Bedeutung für Juden, Christen und Moslems, München 1989

164

Islamisches Zentrum Hamburg (Hg.): Jesus im Quran (Muslime im Dialog, Nr. 8), Hamburg o.J. (Faltblatt)

Jansen, J.J.G.: The Interpretation of the Koran in Modern Egypt, Leiden 1974 = 1980

Jaroš, Karl: Der Islam IV: Biblische Heilige und Propheten im Koran, Ulm 1997

Jeremias, Joachim: Unbekannte Jesusworte. 3., unter Mitwirkung von O. Hofius völlig neu bearbeitete Auflage, Gütersloh 1963

Jomier, Jacques: Bible et Coran, Paris 1959 = dt. Bibel und Koran, Klosterneuburg 1962; engl. The Bible and the Koran, New York u.a. 1964 (= 2. veränderte Auflage)

Kawerau, Peter: Das Christentum des Ostens, Stuttgart u.a. 1972

al-Khatîb, ʿAbd al-Karîm: Christ in the Qurʾân, the Taurât, and the Injîl. A Continuing Dialogue, in: MW 61, 1971, 90–101

Khoury, Adel Th.: Die Christologie des Korans. Stellungnahme des heiligen Buchs des Islam über Jesus, den Sohn der Maria, in: Zeitschrift für Missionswissenschaft und Religionswissenschaft 52, 1968, 49–63

—: Theologisches Streitgespräch zwischen Râzî und einem Christen, in: L. Hagemann/R. Glei (Hg.), EN KAI ΠΛΗΘΟΣ. Einheit und Vielfalt, Würzburg/Altenberge 1993, 394–405

—/ Hagemann, Ludwig: Christentum und Christen im Denken zeitgenössischer Muslime, Würzburg/Altenberge ²1994

Khoury, Paul: Paul d'Antioche, Beirut 1964

King, James Roy: Jesus and Joseph in Rûmî's Mathnawî, in: MW 80, 1990, 81–95

Kirste, Reinhard/Schwarzenau, Paul/Tworuschka, Udo (Hg.): Gemeinsam vor Gott. Religionen im Gespräch (Jahrbuch für Interreligiöse Begegnung [nachträglich RIG genannt], Bd. 1), Hamburg 1991

—/—/— (Hg.): Engel, Elemente, Energien (RIG 2), Balve 1992

—/—/— (Hg.): Interreligiöser Dialog zwischen Tradition und Moderne (RIG 3), Balve 1994

—/—/— (Hg.): Wertewandel und religiöse Umbrüche (RIG 4), Balve 1996

—/—/— (Hg.): Die dialogische Kraft des Mystischen (RIG 5), Balve 1998

—/—/— (Hg.): Hoffnungszeichen globaler Gemeinschaft (RIG 6), Balve 2000

Klappert, Bertold: Israel – Messias/Christus – Kirche. Kriterien einer nicht-antijudaistischen Christologie, in: Evangelische Theologie 55, 1995, 64–88

Klauser, Theodor: Art. Gottesgebärerin, in: RAC 11, 1981, 1071–1103

Klijn, A.F.: Das Hebräer- und das Nazoräerevangelium, in: Aufstieg und Niedergang der Römischen Welt (ANRW) II, Bd. 25/5, 1988, 3997–4033

—: Jewish-Christian Gospel Tradition, Leiden u.a. 1992

Knitter, Paul F.: Ein Gott – viele Religionen. Gegen den Absolutheitsanspruch des Christentums, München 1988

—: Horizonte der Befreiung. Auf dem Weg zu einer pluralistischen Theologie der Religionen, Frankfurt/Paderborn 1997

Köster, Fritz: Jesus im Islam, in: Heinrich Fries u.a., Jesus in den Weltreligionen, St. Ottilien 1981, 51–76

—: Jesus in der Sicht des Koran, in: Koran und Bibel (Bibel heute, Nr. 107), 56–57

Köster, Helmut: Apocryphal and Canonical Gospels, in: Havard Theological Review 73, 1980, 105–130

—: Überlieferung und Geschichte der frühchristlichen Evangelienliteratur, in: ANRW II, Bd. 25/2, 1984, 1463–1542

—: Ancient Christian Gospels. Their History and Development, Philadelphia 1990

Konrad, Johann-Friedrich: Jesus im Islam (Arbeitstexte des Bundes für Freies Christentum, Nr. 13), Stuttgart 1988; veröffentlicht auch unter dem Titel: Jesus im Neuen Testament und Ansätze der Christologie im Blick auf den Islam, in: Aktuelle Fragen. Aus der Welt des Islam 8, 1988, 84–94.145–150

Kronholm, Tryggve: Dependence and Prophetic Originality in the Koran, in: Orientalia Suecana 31/32, 1982/1983, 47–70

Kuberski, Jürgen: Mohammed und das Christentum. Das Christentum zur Zeit Mohammeds und die Folgen für die Entstehung des Islam, Bonn 1987

Küng, Hans: Zu einem künftigen Dialog zwischen Christen und Muslimen, in: Universitas 39, 1984, 1351–1361

—: Christentum und Islam, in: Zeitschrift für Kulturaustausch 35, 1985, 311–321

—/ van Ess, Josef u.a.: Christentum und Weltreligionen. Hinführung zum Dialog mit Islam, Hinduismus und Buddhismus, München/Zürich 1984

von Kues, Nikolaus: Cribratio Alkorani. Sichtung des Korans. Lateinisch-Deutsch, hg. von L. Hagemann/R. Glei, 3 Bde. (Philosophische Bibliothek, Bd. 420a-c), Hamburg 1989–1993

Kuhn, Heinz-Wolfgang: Jesus als Gekreuzigter in der frühchristlichen Verkündigung bis zur Mitte des 2. Jahrhunderts, in: Zeitschrift für Theologie und Kirche 72, 1975, 1–46

Kunz, Dagmar-Gabriele: Der christlich-muslimische Dialog im Rahmen des Ökumenischen Rates der Kirchen. Tagungen, Dokumente, Tendenzen (Diss., 2 Bde.), Berlin 1992 (Typoskript)

Kuschel, Karl-Josef: Streit um Abraham. Was Juden, Christen und Muslime trennt – und was sie eint, München 1994

—: Christologie – unfähig zum interreligiösen Dialog? Zum Problem der Einzigartigkeit Christi im Gespräch mit den Weltreligionen, in: Ders. (Hg.), Christentum und nichtchristliche Religionen, Darmstadt 1994, 135–154

Leipoldt, Johannes: Art. Tritheistischer Streit, in: Realencyklopädie für protestantische Theologie und Kirche, 3. Auflage, Bd. 20, Leipzig 1908, 129–132

Leirvik, Oddbjørn: Images of Jesus Christ in Islam. Introduction, Survey of Research, Issues of Dialogue, Uppsala 1999

Lellek, Oliver: Streitpunkt Dreifaltigkeit. Über die Notwendigkeit verständlicher offenbarungstheologischer Übersetzungen, in: L. Hagemann u.a. (Hg.), Auf dem Weg zum Dialog, Würzburg/Altenberge 1996, 163–193

—: Der islamische Jesus und Gottes unerschaffenes Wort. Präexistenzvorstellungen im Islam, in: R. Laufen (Hg.), Gottes ewiger Sohn. Die Präexistenz Christi, Paderborn u.a. 1997, 259–275

Leuze, Reinhard: Christentum und Islam, Tübingen 1994

—: Mohammed – die abschließende Offenbarung? Bedingungen des religiösen Dialogs in der Gegenwart, in: E. von Vietinghoff/H. May (Hg.), Begegnung mit dem Islam, Hannover 1997, 107–138

Loth, Otto: Ṭabarîs Korancommentar, in: ZDMG 35, 1881, 588–628

Lüling, Günter: Über den Ur-Qur'ân. Ansätze zur Rekonstruktion vorislamischer christlicher Strophenlieder im Qur'ân, Erlangen 1974

Luther, Martin: Verlegung des Alcoran Bruder Richardi (...) (1542), in: Weimarer Ausgabe (WA) 53, 272–396

—: Martini Lutheri (...) in ALCORANUM Praefatio (1543), in: WA 53, 569–572

Luxenberg, Christoph: Die syro-aramäische Lesart des Koran. Ein Beitrag zur Entschlüsselung der Koransprache, Berlin 2000

Maas, Wilhelm: Arabismus – Islam – Christentum. Konflikte und Konvergenzen, Stuttgart 1991

MacDonald, Duncan B.: Art. ʿÎsâ, in: EI, Vol. 2, 1927, 559–562 = dt. in: Handwörterbuch des Islam, 215–217

Madelung, Wilferd: cisma, Art. in: EI², Vol. 4, 1978, 182–184

Maqsood, Ruqaiyyah Waris: The Separates Ones: Jesus, the Pharisees and Islam, London 1991

Massignon, Louis: Le Christ dans les Évangiles selon Ghazali, in: Revue des Études Islamique 6, 1932, 523–536

Masson, Dénise: Le Coran et la révélation judéo-chrétienne. Études comparées (2 Vols.), Paris 1958

Maudoodî, Sayyid Abû-l-Aʿlâ: A Letter Adressed to H.H. Pope Paul VI, in: Islamic Literature (Lahore) 14, 1968, 51–59

—: Weltanschauung und Leben im Islam, übersetzt von Fatima Heeren-Sarka, Freiburg 1971

McAuliffe, Jane D.: Quranic Hermeneutics: The Views of al-Ṭabarî and Ibn Kathîr, in: A. Rippin (Ed.), Approaches to the History of the Interpretation of the Qur'ân, Oxford 1988, 46–62

Meyer, Rudolf: Der Prophet aus Galiläa. Studie zum Jesusbild der drei ersten Evangelien, Darmstadt 1970

Michaud, Henri: Jésus selon le Coran (Cahiers Théologiques, No. 46), Neuchâtel 1960

Mimouni, Simon C.: Le Judéo-christianisme syriaque: mythe littéraire ou réalité historique?, in: René Lavenant (Éd.), VI. SYMPOSIUM SYRIACUM 1992, Rom 1994, 269–279

Moltmann, Jürgen: Der Weg Jesu Christi. Christologie in messianischen Dimensionen, München 1989

Montgomery, John W.: The Apologetic Approach of Muhammad Ali and its Implications for Christian Apologetics, in: MW 51, 1961, 111–122

Mußner, Franz: Vom »Propheten« Jesus zum »Sohn« Jesus, in: A. Falaturi/J.J. Petuchowski/W. Strolz (Hg.), Drei Wege zu dem einen Gott. Glaubenserfahrungen in den monotheistischen Religionen, Freiburg u.a. [2]1980, 103–116

Nagel, Tilman: Der Koran. Einführung – Texte – Erläuterungen, München 1983

—: Geschichte der islamischen Theologie. Von Muhammad bis zur Gegenwart, München 1994

Nasr, Seyyed Hossein: Comments on a Few Theological Issues in the Islamic-Christian Dialogue, in: Y.Y. Haddad/W.D. Haddad (Ed.), Christian-Muslim Encounters, Gainesville u.v.a. 1995, 457–467

Nizami, Khaliq Ahmad: The Impact of Ibn Taimiyya on South Asia, in: Journal of Islamic Studies 1, 1990, 120–149

Nöldeke, Theodor: Geschichte des Qorâns, Teil 1: Über den Ursprung des Qorâns, 2. Auflage bearbeitet von Friedrich Schwally, Leipzig 1909

Nüesch, Valentin: Muhammeds Quellen für seine Kenntnis des Christentums, in: Zeitschrift für Missionskunde und Religionswissenschaft 25, 1910, 113–120

—: Jesus im Koran, in: ebd. 257–267. 296–304. 321–332

Nurbakhsh, Javad: Jesus in den Augen der Sufis, Köln 1995

O'Shaughnessy, Thomas J.: The Koranic Concept of the Word of God, Rom 1948; völlig überarbeitete Neuausgabe unter dem Titel: Word of God in the Qur'ân, Rom 1984

—: The Development of the Meaning of Spirit in the Koran, Rom 1953

—: Muhammad's Thoughts on Death. A Thematic Study of the Qur'anic Data, Leiden 1969

Osman, M. Fathi/Schachter, Zalman/Sloyan, Gerard S./Lane, Dermot A.: Jesus in Jewish-Christian-Muslim Dialogue, in: Journal of Ecumenical Studies 14, 1977, 448–465; wieder abgedruckt in: L. Swidler (Ed.), Muslims in Dialogue, Lewiston u.a. 1992, 353–375

Pagels, Elaine: Versuchung durch Erkenntnis. Die gnostischen Evangelien, Frankfurt 1987

Paret, Rudi: Islam und Christentum, in: Ders. (Hg.), Die Welt des Islam und die Gegenwart, Stuttgart 1961, 193–206

—: Der Koran. Kommentar und Konkordanz, Stuttgart/Berlin/Köln ⁴1989

—: Mohammed und der Koran. Geschichte und Verkündigung des arabischen Propheten, Stuttgart/Berlin/Köln ⁷1991

— (Hg.): Der Koran (Wege der Forschung, Bd. 326), Darmstadt 1975

Parrinder, Geoffrey: Jesus in the Qur'ân, London 1965 (²1979; ³1995)

Parzany, Ulrich: Jesus der Moslems – Jesus der Christen. Das Wichtigste aus Bibel und Koran zum Gespräch mit Moslems, Wuppertal 1968

Pautz, Otto: Muhammeds Lehre von der Offenbarung quellenmässig untersucht, Leipzig 1898

Pelikan, Jaroslav: Jesus Christus. Erscheinungsbild und Wirkung in 2000 Jahren Kulturgeschichte, Zürich/Einsiedeln/Köln 1986

Peters, Curt: Nachhall außerkanonischer Evangelien-Überlieferung in Tatians Diatessaron, in: Acta Orientalia 16, 1937, 258–294

—: Das Diatessaron Tatians. Seine Überlieferung und sein Nachwirken im Morgen- und Abendland sowie der heutige Stand seiner Überlieferung, Rom 1939

Peters, F. E.: Jesus and Muḥammad: A historian's reflections, in: MW 86, 1996, 334–341

Petersen, William L.: Tatian's Diatessaron. Its Creation, Dissemination, Significance, and History in Scholarship, Leiden/New York/Köln 1994

Pfeiffer, Helmut: Christologie von außen? Nichtkirchliche Zugänge zu Jesus Christus, in: Theologie der Gegenwart 26, 1983, 188–198

Pinault, David: Images of Christ in Arabic Literature, in: Die Welt des Islams 27, 1987, 103–125

Pines, Shlomo: »Israel, my Firstborn« and the Sonship of Jesus. A Theme of Moslem Anti-Christian Polemics, in: Studies in Mysticism and Religion presented to Gershom G. Scholem on his 70th Birthday by Pupils, Colleagues and Friends, Jerusalem 1967, 177–190

Pörksen, Martin: Jesus in der Bibel und im Koran, Bad Salzuflen ²1962

Polag, Athanasius: Die Christologie der Logienquelle, Neukirchen 1977

Quispel, Gilles: Makarius, das Thomasevangelium und das Lied von der Perle, Leiden 1967

Race, Alan: Christians and Religious Pluralism. Patterns in the Christian Theology of Religions, London (1983) ²1993

—: Christus und das Skandalon der Partikularitäten, in: R. Bernhardt (Hg.), Horizontüberschreitung. Die Pluralistische Theologie der Religionen, Gütersloh 1991, 137–150

Räisänen, Heikki: Das koranische Jesusbild. Ein Beitrag zur Theologie des Korans, Helsinki 1971

—: Marcion, Muhammad and the Mahatma. Exegetical Perspectives on the Encounter of Cultures and Faiths, London 1997

Rahbar, Daud: God of Justice, Leiden 1960

—: Relation of Muslim Theology to the Qur'ân, in: MW 51, 1961, 44–49

—: Reflections on the Tradition of Qur'anic Exegesis, in: MW 52, 1962, 296–307

ur-Rahim, Muhammad 'Ata: Jesus. A Prophet of Islam, London (1977) ³1983

Rahman, Fazlur: Islam, Chicago/London (1966) ²1976

—: Major Themes of the Qur'ân, Chicago 1980

Rahner, Karl: Einzigkeit und Dreifaltigkeit Gottes im Gespräch mit dem Islam, in: Ders., Schriften zur Theologie, Bd. 13, Zürich 1978, 129–147

Razvi, Mehdi: Zukunftsperspektiven im Verhältnis von Christentum und Islam aus der Sicht eines islamischen Theologen, in: R. Rittner (Hg.), Glauben Christen und Muslime an denselben Gott?, Hannover 1995, 64–77

—: Gemeinsame Arbeit an Sure 61, in: H.-M. Barth/Chr. Elsas (Hg.), Hermeneutik in Islam und Christentum. Beiträge zum interreligiösen Dialog, Hamburg 1997, 168–173

Riedel, Siegfried: Sünde und Versöhnung in Koran und Bibel. Herausforderung zum Gespräch, hg. vom Arbeitskreis »Kirche und Islam« Hannover, Erlangen 1987

Rilke, Rainer Maria: Der Brief des jungen Arbeiters. Aus den kleinen Schriften 1906–1926, Frankfurt 1974

Rill, Bernd (Hg.): Aktuelle Profile der islamischen Welt, München 1998

Rippin, Andrew: Art. tafsîr, in: EI², Vol. 10, 1998, 83–88

— (Ed.): Approaches to the History of the Interpretation of the Qur'ân, Oxford 1988

Riße, Günter: »Gott ist Christus, der Sohn der Maria«. Eine Studie zum Christusbild im Koran, Bonn 1989

Ritchie, J.M.: Some Thoughts on the Word »Tawaffa« as Used in the Qur'an, in: Bulletin of Christian Institutes of Islamic Studies (Hyderabad) 4, 1970, 9–19

Ritter, Adolf Martin: Art. Arianismus, in: TRE 3, 1978, 692–719

Ritter, André: Trinitarisches Denken und Reden von Gott im Dialog mit Juden und Muslimen, in: CIBEDO 9, 1995, 121–133

Rittner, Reinhard (Hg.): Glauben Christen und Muslime an denselben Gott?, Hannover 1995

Robinson, Neal: Fakhr al-dîn al-Râzî and the Virginal Conception, in: Islamochristiana 14, 1988, 1–16

—: Creating Birds from Clay: A Miracle of Jesus in the Qur'ân and in Classical Muslim Exegesis, in: MW 79, 1989, 1–13

—: Christ in Islam and Christianity, New York 1991

Robson, James: Christ in Islâm, London 1929

—: Muhammadan Teaching about Jesus, in: MW 29, 1939, 37–54

Rösch, Gustav: Die Jesusmythen des Islam, in: Theologische Studien und Kritiken 49, 1876, 409–454

Roncaglia, Martiniano P.: Éléments Ébionites et Elkésaïtes dans le Coran. Notes et hypothèses, in: Proche-Orient Chrétien (Jérusalem) 21, 1971, 101–126

Rose, Eugen: Die manichäische Christologie, Wiesbaden 1979

—: Die manichäische Christologie, in: Zeitschrift für Religions- und Geistesgeschichte 32, 1980, 219–231

Rudolph, Kurt: Die Anfänge Mohammeds im Lichte der Religionsgeschichte, in: Ders. u.a. (Hg.), FS Walter Baetke, Weimar 1966, 298–326

—: Jesus nach dem Koran, in: W. Trilling/I. Berndt (Hg.), Was haltet ihr von Jesus? Beiträge zum Gespräch über Jesus von Nazaret, Leipzig 1976, 260–284

—: Neue Wege der Qoranforschung?, in: Theologische Literaturzeitung 105, 1980, 1–19

Rudolph, Wilhelm: Die Abhängigkeit des Qorans von Judentum und Christentum, Stuttgart 1922

al-Sahhâr, ʿAbd al-Ḥamîd Djûda: Al-masîḥ ʿÎsâ b. Maryam, Kairo (1951) ²1959

Samartha, Stanley J.: One Christ – Many Religions. Toward a Revised Christology, Maryknoll/New York 1991

Sato, Migaku: Q und Prophetie. Studien zur Gattungs- und Traditionsgeschichte der Quelle Q, Tübingen 1988

Sayous, Edouard: Jésus-Christ d'après Mahomet ou les notions et les doctrines musulmans sur le christianisme, Paris/Leipzig 1880

Schedl, Claus: Muhammad und Jesus. Die christologisch relevanten Texte des Koran, Wien/Freiburg/Basel 1978

—: Die 114 Suren des Koran und die 114 Logien Jesu im Thomas-Evangelium, in: Der Islam 64, 1987, 261–264

von Scheffer, Thassilo: Die Homerischen Götterhymnen, Leipzig ³1987

Schillebeeckx, Edward: Jesus. Die Geschichte von einem Lebenden, Freiburg/Basel/Wien 1992

Schimmel, Annemarie: Der Islam. Eine Einführung, Stuttgart 1991

—: Rumi. Ich bin Wind und du bist Feuer. Leben und Werk des großen Mystikers, München ⁸1995

—: Jesus und Maria in der persischen Poesie, in: RIG 3, 1994, 44–56

—: Jesus und Maria in der islamischen Mystik, München 1996

Schirrmacher, Christine: Mit den Waffen des Gegners. Christlich-muslimische Kontroversen im 19. und 20. Jahrhundert, Berlin 1992

—: Der Islam. Geschichte, Lehre, Unterschiede zum Christentum, Bd.
1/2, Neuhausen-Stuttgart 1994

Schleiermacher, Friedrich: Der christliche Glaube nach den Grundsätzen
der Evangelischen Kirche im Zusammenhange dargestellt (^{2}1830/1831),
neu hg. von Martin Redeker, Bd. 1/2, Berlin 1960

Schmidt, Werner H.: Alttestamentlicher Glaube, Neukirchen (1968),
8. vollständig überarbeitete und erweiterte Auflage 1996

Schnider, Franz: Jesus der Prophet, Freiburg (Schweiz)/Göttingen 1973

Schoch, Max: Jesus und der Koran, in: Reformatio 29, 1980, 428–440

Schoeps, Hans Joachim: Theologie und Geschichte des Judenchristentums, Tübingen 1949

—: Urgemeinde-Judenchristentum-Gnosis, Tübingen 1956

—: Das Judenchristentum. Untersuchungen über Gruppenbildungen und
Parteikämpfe in der frühen Christenheit, Bern/München 1964

Schoonenberg, Piet: Der Geist, das Wort und der Sohn. Eine Geist-
Christologie, Regensburg 1992

Schreiner, Stefan: Die Bedeutung des Todes Jesu nach der ‹berlieferung
des Korans, in: Analecta Cracoviensia 9, 1977, 351-360

Schütt, Peter: Muslime contra »Corpus Christi«, in: Rheinischer Merkur,
10.3.2000, S. 17

Schumann, Olaf: Der Christus der Muslime. Christologische Aspekte in
der arabisch-islamischen Literatur, Gütersloh 1975; 2. durchgesehene
und erweiterte Auflage Wien/Köln 1988

—: Hindernisse im Dialog zwischen Christen und Muslimen, in: Zeitschrift für Mission 6, 1980, 165–172

—: Hinaus aus der Festung. Beiträge zur Begegnung mit Menschen anderen Glaubens und anderer Kultur, Hamburg 1997

Schwarzenau, Paul: Der größere Gott. Christentum und Weltreligionen,
Stuttgart 1977

—: Korankunde für Christen. Ein Zugang zum heiligen Buch der Moslems, Stuttgart/Berlin 1982, 2. erweiterte Auflage Rissen 1990

—: Gedanken eines Christen zum Koran, in: Ders., Welt-Theologie,
Köln/Weimar/Wien 1998, 105–112

—: »Kommt herbei zu einem gleichen Wort zwischen uns« (Koran, Sure
3,64). Biblische und koranische Grundlagen für den christlich-islamischen Dialog, in: U. Tworuschka (Hg.), Gottes ist der Orient – Gottes
ist der Okzident, Köln/Wien 1991, 499–508

—: Skizze zum Verhältnis von Bibel und Koran, in: RIG 2, 1992, 66–73

—: War Jesus ein Moslem?, in: Ders., Ein Gott in allem, Köln/Weimar/
Wien 1999, 4–33

Schweitzer, Albert: Geschichte der Leben-Jesu-Forschung, Tübingen ²1913
Schweizer, Eduard: Das Evangelium nach Matthäus, Göttingen ³1981
Sezgin, Fuad (Hg.): Bibliographie der deutschsprachigen Arabistik und
    Islamkunde, Bd. 2: Islam, Religion und Theologie, Recht und Sitte,
    Frankfurt/M. 1990
Shafaat, Ahmad: The Gospel According to Islam, New York u.a. 1979
Siddiqi, Muzammil H.: God: A Muslim View, in: J. Hick/E.S. Meltzer
    (Ed.), Three Faiths – One God. A Jewish, Christian, Muslim Encoun-
    ter, London u.a. 1989, 63–76
Siegwalt, Gérard: Christus – Hindernis oder Brücke? Im Gespräch mit
    dem Judentum und dem Islam, in: Theologische Literaturzeitung 121,
    1996, Sp. 329–338
Slomp, Jan: Das »Barnabasevangelium« (CIBEDO-Texte, Nr. 14), Frank-
    furt 1982
—: The »Gospel of Barnabas« in Recent Research, in: Islamochristiana
    23, 1997, 81–109
Smith, Jane I./Haddad, Yvonne Y.: The Virgin Mary in Islamic Tradition
    and Commentary, in: MW 79, 1989, 161–187
Speyer, Heinrich: Die biblischen Erzählungen im Qoran, Hildesheim
    (1931) ²1961
Speyer, Wolfgang: Das Weiblich-Mütterliche im christlichen Gottesbild,
    in: Kairos (N.F.) 24, 1982, 151–158
Spuler, Bertold: Art. Arabisch-christliche Literatur, in: TRE 3, 1978, 577–587
Stieglecker, Hermann: Die Glaubenslehren des Islam, Paderborn u.a.
    (1962) ²1983
Stöhr, Martin: Neu an Christus glauben, in: B. Klappert u.a. (Hg.), Jesus-
    bekenntnis und Christusnachfolge, München 1992, 11–35
Strecker, Georg: Art. Judenchristentum, in: TRE 17, 1988, 310–325
Strothmann, Rudolf (Hg.): Gnosis-Texte der Ismailiten, Göttingen 1943
Swidler, Leonard: Eine Christologie für unsere kritisch-denkende, plura-
    listische Zeit, in: R. Bernhardt (Hg.), Horizontüberschreitung. Die
    Pluralistische Theologie der Religionen, Gütersloh 1991, 104–119
—: Die Zukunft der Theologie. Im Dialog der Religionen und Weltan-
    schauungen, Regensburg/München 1992
—: Der umstrittene Jesus, Gütersloh 1993
al-Tafâhum, ʿAbd (Pseudonym für Kenneth Cragg): The Qurʾân and the
    Holy Communion, in: MW 49, 1959, 239–248
Tartar, Georges: La naissance de Jésus dans le Coran. Commentaires des
    exégètes sunnites Baydâwî – Râzî – Tabarî – Zamakcharî. Rapports
    entre le Coran et les Évangiles, Paris 1977
—: La crucifixion et la mort de Jésus, sa résurrection et son élévation au
    ciel. Illusion, légende ou réalité? Étude des textes du Coran et de
    L'Évangile, Paris 1978

—: La Vierge Marie dans le Coran. Réflexions sur le mystère de Marie et de Jésus-Christ, Paris 1979

—: Le Coran rend témoignage à Jésus-Christ. Les textes coraniques relatifs à l'Évangile, Paris 1980

Tempelgesellschaft in Deutschland (Hg.): Glaube und Selbstverständnis der Templer. Gemeinsame Erklärung der Tempelgesellschaft in Deutschland und der Temple Society Australia, Stuttgart 2000

Theißen, Gerd/Merz, Annette: Der historische Jesus. Ein Lehrbuch, Göttingen (1996) ²1997

Thüsing, Wilhelm: Die Erhöhung und Verherrlichung Jesu im Johannesevangelium, Münster ³1979

Thyen, Johann-Dietrich: Bibel und Koran. Eine Synopse gemeinsamer Überlieferungen, Köln/Wien ³2000

Trilling, Wolfgang/Berndt, Inge (Hg.): Was haltet ihr von Jesus? Beiträge zum Gespräch über Jesus von Nazaret, Leipzig 1976

Tröger, Karl-Wolfgang: Der Zweite Logos des Großen Seth. Gedanken zur Christologie in der zweiten Schrift des Codex VII, in: M. Krause (Ed.), Essays on the Nag Hammadi Texts, Leiden 1975, 268–276

—: Doketistische Christologie in Nag Hammadi-Texten, in: Kairos 19 (N.F.), 1977, 45–52

—: Die Religionen als »Wege«. Ein Beitrag zum christlich-muslimischen Dialog, in: Islam und der Westen 2, 1982, Heft 3, S. 1–2; Heft 4, S. 6

—: Jesus als Prophet im Verständnis der Muslime, Christen und Juden, in: Kairos 24 (N.F.), 1982, 100–109

—: SIE HABEN IHN NICHT GETÖTET... Koptische Schriften von Nag Hammadi als Auslegungshintergrund von Sure 4,157 (156), in: P. Nagel (Hg.), Carl-Schmidt-Kolloquium an der Martin-Luther-Universität 1988, Halle 1990, 221–233

—: Bibel und Koran. Historische und theologische Gesichtspunkte für den christlich-muslimischen Dialog, in: Chr. Elsas u.a. (Hg.), Tradition und Translation. Zum Problem der interkulturellen Übersetzbarkeit religiöser Phänomene, Berlin/New York 1994, 424–434

—: Der christlich-muslimische Dialog. Theologische Aspekte einer kirchlichen Aufgabe, in: Berliner Theologische Zeitschrift 13, 1996, 214–228

— (Hg.): Weltreligionen und christlicher Glaube. Beiträge zum interreligiösen Dialog, Berlin 1993

Tuckett, Christopher M.: Q and the History of Early Christianity. Studies on Q, Edinburgh 1996

Tworuschka, Udo: »Dieser Gott kann uns helfen«. Die wichtigsten nichtchristlichen Jesusdeutungen, in: Lutherische Monatshefte 15, 1976, 120–124

—: Einige Unterschiede und Gemeinsamkeiten in der Glaubenswelt von Christentum und Islam, in: Neue Zeitschrift für Systematische Theologie 22, 1980, 268–281

—: Allein Gott in der Höh sei Ehr. Gedanken zum Dialog mit dem Islam (1988), wiederabgedruckt in: H.-H. Jenssen (Hg.), Offenes Christentum. Ein Lesebuch, Aachen 1998, 245–249

— (Hg.): Gottes ist der Orient – Gottes ist der Okzident (FS A. Falaturi), Köln/Wien 1991

von Vietinghoff, Eckhart/May, Hans (Hg.): Begegnung mit dem Islam, Hannover 1997

Waardenburg, Jacques: Islamisch-Christliche Beziehungen. Geschichtliche Streifzüge, Würzburg/Altenberge 1993

Was jeder vom Islam wissen muß, hg. vom Kirchenamt der Vereinigten Evangelisch-Lutherischen Kirche Deutschlands und vom Kirchenamt der Evangelischen Kirche in Deutschland, Gütersloh (1990) ²1991

Watt, William Montgomery: His Name is Aḥmad, in: MW 43, 1953, 110–117

—: Muhammad at Mecca, Oxford u.v.a. 1953 = ²1993

—: Muhammad at Medina, Oxford u.v.a. 1956 = ³1994

—/Welch, A.T.: Der Islam, Bd. 1: Mohammed und die Frühzeit – Islamisches Recht – Religiöses Leben, Stuttgart u.a. 1980

—/Marmura, M.E.: Der Islam, Bd. 2: Politische Entwicklungen und theologische Konzepte, Stuttgart u.a. 1985

Weil, Gustav: Historisch-kritische Einleitung in den Koran, Bielefeld 1844

—: Biblische Legenden der Muselmänner, Frankfurt 1845

Wellhausen, Julius: Reste altarabischen Heidentums (1887), Berlin/Leipzig ²1897

Wensinck, Arent J.: A Handbook of Early Muhammadan Tradition. Alphabetically Arranged, Leiden 1960

—: Art. Maryam, in: EI, Vol. 3, 310–313 = dt. in: Handwörterbuch des Islam, 421–423; leicht überarbeitete, ergänzte und aktualisierte Fassung des Art. in: EI², Vol. 6, 1991, 628–632

—: Art. Al-Masîh, in: EI², Vol. 6, 1991, 726

Werner, Martin: Die Entstehung des christlichen Dogmas problemgeschichtlich dargestellt (1941), Tübingen ²1954

—: Die Entstehung des christlichen Dogmas problemgeschichtlich dargestellt (Kurzfassung), Stuttgart 1959

Wessels, Anton: Speaking about Jesus Christ in Dialogue with Muslims, in: Theological Revue of the Near East School of Theology (Beirut) 1, Nr. 2/1978, 3–17

—: Images of Jesus. How Jesus Is Perceived and Portrayed in Non-European Cultures (1986), Michigan 1990

Weth, Rudolf (Hg.): Bekenntnis zu dem einen Gott? Christen und Muslime zwischen Mission und Dialog, Neukirchen/Vluyn 2000

Wielandt, Rotraud: Wurzeln der Schwierigkeit innerislamischen Gesprächs über neue hermeneutische Zugänge zum Korantext, in: St. Wild (Ed.), The Qur'an as Text, Leiden/New York/Köln 1996, 257–282

Wild, Stefan (Ed.): The Qur'an as Text, Leiden/New York/Köln 1996

Will, Muchlis: Sind christlich-islamische Begegnungen sinnvoll?, in: Al-Islam, Nr. 1/1994, 4–11

Wilms, Franz-Elmar: Al-Ghazalis Schrift wider die Gottheit Jesu, Leiden 1966

Wilson, Robert M.: Art. Apokryphen II. Apokryphen des Neuen Testaments, in: TRE 3, 1978, 316–362

Winkler, Gabriele: Das Diatessaron und das Hebräer-Evangelium. Ihr Verhältnis zueinander, in: René Lavenant (Éd.), III. SYMPOSIUM SYRIACUM 1980. Les contacts du monde syriaque avec les autres cultures, Rom 1983, 25–34

Wismer, Don: The Islamic Jesus. An Annotated Bibliography of Sources in English and French, New York/London 1977

Wißmann, Hans: Art. Entrückung I. Religionsgeschichtlich, in: TRE 9, 1982, 680–683

Zahniser, A.H. Mathias: The Forms of Tawaffâ in the Qur'ân: A Contribution to Christian-Muslim Dialogue, in: MW 79, 1989, 14–24

—: The Word of God and the Apostleship of 'Îsâ: a narrative analysis of Âl-'Imrân (3):33–62, in: Journal of Semitic Studies 36, 1991, 77–112

Zebiri, Kate: Muslims and Christians Face to Face, Oxford/Rockport 1997

Zimmerli, Walther: Der Prophet im Alten Testament und im Islam, in: Ders., Studien zur alttestamentlichen Theologie und Prophetie, München 1974, 284–310

Zirker, Hans: Christentum und Islam. Theologische Verwandtschaft und Konkurrenz, Düsseldorf 1989

—: Islam. Theologische und gesellschaftliche Herausforderungen, Düsseldorf 1993

—: »Aber sie haben ihn nicht getötet und nicht gekreuzigt«. Zum Widerspruch des islamischen Glaubens gegen die Hinrichtung Jesu, in: Glaube und Lernen 11, 1996, 150–159

—: Der Koran. Zugänge und Lesarten, Darmstadt 1999

Zwemer, Samuel M.: Die Christologie des Islams. Ein Versuch über Leben, Persönlichkeit und Lehre Jesu Christi nach dem Koran und der orthodoxen Tradition, Stuttgart 1921.

ANMERKUNGEN

1 Der Islam, 355.

2 Meine Darstellung knüpft an die um Verstehen bemühte phänomeno-
logische Schule der Religionswissenschaft sowie an die Grundregeln
des interreligiösen Dialogs an, wie sie Leonard Swidler in seinem be-
rühmt gewordenen »Dialog Dekalog« formuliert hat (Die Zukunft
der Theologie, bes. 27–31). Die hermeneutisch-methodischen Überlegungen, die im Folgenden nur abgekürzt angestellt werden, sind in
meinem Buch ausführlicher nachzulesen (Jesus – Stein des Anstoßes,
bes. 69–79. 97–106).

3 Der Koran, 12. Muhammad el-Geyoushi erläutert (Islam – A General
Review, 14): »Der Koran ist nicht das Werk eines Menschen, sondern
ein göttliches Werk und es enthält Gottes Vorstellungen.« Vgl. Sure
16,102f; 25,4–6.

4 Auf die Frage der *theologischen* Legitimität der koranischen Christologie aus christlicher Sicht werde ich im Schlußkapitel eingehen.

5 Wen gerade das interessiert, der sei verwiesen auf das ausführliche
Kapitel B in meinem Buch »Jesus – Stein des Anstoßes« (195–400):
Die Rezeption der Christologie des Korans in der deutschsprachigen
Theologie seit 1945. Ein einleitender Abschnitt befaßt sich darüber
hinaus mit der Vorgeschichte dieser Rezeption seit dem Mittelalter
(198–240). *Eine* (schwer zugängliche) Arbeit ist mir in meiner um
Vollständigkeit bemühten Darstellung der Rezeptionsgeschichte seit
1945 entgangen, die ich an dieser Stelle wenigstens nennen möchte. Es
handelt sich um das Buch »Der Islam IV: Biblische Heilige und Pro-
pheten im Koran«. Es stammt von dem österreichischen Theologen
Karl Jaroš und ist 1997 im Gerhard Hess Verlag (Ulm) erschienen.
Das Schlußkapitel ist dem koranischen Jesus gewidmet: Jesus/Isa der
Sohn Marias/Maryams (249–277).

6 Direkt beziehe ich mich auf die Kommentare von: 1. Tabarî, The
Commentary on the Qur'ân (gekürzte engl. Übersetzung von: Djâmiᶜ
al-bayân fî tafsîr al-qur'ân). 2. Baydâwî, Anwâr al-tanzîl wa-asrâr
al-ta'wîl in der auszugsweisen engl. Übersetzung: Chrestomathia Baidawiana. The Commentary of El-Baidâwî on Sura III, ed. by Margoliouth. 3. Muhammad Ali, The Holy Qur'ân. 4. Abû-l-Kalâm Âzâd,

The Tarjumân al-Qur'ân. 5. Abdullah Yusuf Ali, The Holy Qur'an. Text, Translation and Commentary. 6. Muhammad Asad, The Message of THE QUR'ÂN (im Folgenden zit. mit: Asad, Message). Auszugsweise Übersetzungen aus Kommentaren bieten: 7. Arnaldez, Jésus. Fils de Marie, prophète de l'Islam. 8. Ayoub, The Qur'an and Its Interpreters (mit Berücksichtigung aller wichtigen Exegeten, bes. zusätzlich von Zamakhsharî, Al-kashshâf ʿan haqâ'iq ghawâmid altanzîl; Tabarsî, Madjmaʿ al-bayân fî tafsîr al-qur'ân; Râzî, Mafâtîh alghayb [auch Al-tafsîr al-kabîr genannt]; Ibn Kathîr, Tafsîr al-qur'ân al-ʿazîm). 9. Gätje, Koran und Koranexegese. 10. Die Bedeutung des Korans, von Grimm/Krausen (im Folgenden zit. mit BK). Bes. berücksichtigt werden hier: Qurtubî, Djâmiʿ li-ahkâm al-qur'ân; Sayyid Qutb, Fî zilâl al-qur'ân; Abû-l-Aʿlâ Mawdûdî (Maudoodi), The Meaning of the Qur'ân (arab. Tafhîm al-qur'ân); Abdul M. Daryabâdî, The Holy Qur'ân; Abdul Hameed Siddiqui, The Holy Qur'ân. 11. Robinson, Christ in Islam and Christianity.

7   Was die umfangreiche Sekundärliteratur zur islamischen Koranauslegung im Ganzen oder bezogen auf einzelne Ausleger betrifft, der ich ebenfalls zahlreiche Zitate aus Kommentaren verdanke, verweise ich pauschal auf das Literaturverzeichnis. An dieser Stelle seien nur die wichtigsten Namen genannt. Es sind die Arbeiten von Charfi, Loth und McAuliffe zu Tabarî; von McAuliffe zu Ibn Kathîr; von Baljon und Troll zur modernen Koranauslegung indischer Muslime (v.a. von Sayyid Ahmad Khan, Tafsîr al-qur'ân); von Adams zu Mawdûdîs Kommentar; von Jansen zur modernen Koranauslegung in Ägypten, bes. von Muhammad ʿAbduh (Tafsîr al-qur'ân al-hakîm, oft auch nur Tafsîr al-Manâr genannt, der bis zur Auslegung von Sure 4,124 hauptsächlich von seinen Gedanken bestimmt ist; der von M. Rashîd Ridâ allein fortgeführte Kommentar endet insgesamt mit Sure 12,107) und von S. Qutb. Einen ins Englische übersetzten Klassiker der islamischen Theologie außerhalb des tafsîr habe ich noch hinzugezogen: Ibn Taymiyyas Al-ghawâb alsahîh li-man baddala dîn al-masîh (nach Michel [Ed.], A Muslim Theologican's Response to Christianity). Zur Geschichte der islamischen Koranauslegung und Theologie s. bes. die Arbeiten von Barth/Elsas (Hg.), van Ess, Fritsch, Goldziher, Nagel, Rippin (Ed.), Watt/Marmura.

8   1. Bell, A Commentary on the Qur'ân (im Folgenden zit. mit: Bell, Commentary). 2. Khoury, Der Koran Arabisch-Deutsch. Übersetzung und wissenschaftlicher Kommentar (zit. mit: Khoury, Kommentar). 3. Paret, Der Koran. Kommentar und Konkordanz (zit. mit: Paret, Kommentar). 4. Ullmann, Der Koran. Aus dem Arabischen wortgetreu neu übersetzt und mit erläuternden Anmerkungen versehen. 5. Watt, Companion to the Qur'ân.

9 Einen instruktiven Forschungsüberblick bietet Kronholm, Dependence and Prophetic Originality in the Koran, 52–60.

10 Art. Arabisch-christliche Literatur, 578.

11 The Gospel in Arabic, 128; vgl. 133f. 166f.

12 Christentum und Islam, 391; ebenso T. Andrae, Der Ursprung des Islams und das Christentum, 140. Frants Buhl meinte sogar, »daß das Neue Testament ihm (sc. Muhammed) vollständig unbekannt war« (Das Leben Muhammeds, 131).

13 Rudi Paret, Mohammed und der Koran, 92; vgl. auch K. Rudolph, Jesus nach dem Koran, 265f; Watt in: Ders./Welch, Der Islam, Bd. 1, 76.

14 Vgl. zu Tatian und seiner Evangelienharmonie bes.: Baarda, Essays on the Diatessaron; Baumstark, Die syrische Übersetzung des Titus von Bostra und das »Diatessaron«; Bertrand, L'Évangile des Ébionites; Boismard, Le Diatessaron: De Tatian à Justin; Elze, Tatian und seine Theologie; Peters, Das Diatessaron Tatians. Die gesamte Forschungsgeschichte zum Diatessaron sowie den aktuellen Forschungsstand (1994) bietet Petersen, Tatian's Diatessaron.

15 Dies hatten bereits Hugo Grotius 1641 und nach ihm Johann Christian Zahn (gest. 1818) vermutet. Seit den 30er Jahren des 20. Jahrhunderts bemühten sich zahlreiche Forscher, diese Vermutungen im Blick auf eine fünfte Quelle Tatians weiter zu erhärten (z.B. Baumstark, Peters, Quispel). Ihnen zufolge kann man sogar sagen, daß diese fünfte Quelle für Tatian »die erste Quelle war, der stets an erster Stelle zu berücksichtigende, leitende Text, in dessen Rahmen er das Material seiner vier kanonischen Quellen hineinarbeitete« (Curt Peters, Das Diatessaron Tatians, 200). Mithin spricht man statt vom Diatessaron auch vom *Diapente* Tatians, was sich zusätzlich dadurch rechtfertigt, daß schon der erste Zeuge für die Existenz dieser Evangelienharmonie im Westen, der im 6. Jahrhundert lebende Victor von Capua, diese Diapente nennt (vgl. Petersen, Tatian's Diatessaron, 43–51).

16 Tor Andrae, Der Ursprung des Islams und das Christentum, 205. Damit folge ich der deutlichen Mehrheitsauffassung der Muhammadforschung. Vgl. Fück, Die Originalität des arabischen Propheten; Kronholm, Dependence and Prophetic Originality in the Koran, bes. 60f. Zuletzt erklärte Hartmut Bobzin ebenfalls, »daß an der Echtheit des prophetischen Erlebens von Mohammed nicht gezweifelt werden kann« (Mohammed, 78). Aufgrund dieser historischen Einschätzung geht es *theologisch* nicht an, den Islam kirchen-, dogmen- oder traditionsgeschichtlich zu vereinnahmen, indem man durch den Aufweis angeblicher »Abhängigkeiten« des Korans von mehr oder weniger orthodox-christlichen Inhalten den Islam seiner Originalität beraubt

und ihn ins Schlepptau christlicher Wirkungsgeschichte nimmt. Weder ist der Islam eine christliche Sekte noch eine arabische Fortsetzung oder Variante der Kirchengeschichte. Genausowenig wie das Judentum der Prolog des Christentums ist, ist der Islam dessen Epilog. Mögliche Nachweise von Abhängigkeiten des Korans bzw. Muhammads von welcher Seite auch immer besagen noch nichts über Wesen, Wert und Wahrheit des Islams.

Kapitel 2

17 Bei der Datierung der Suren folge ich Nöldeke/Schwally, Geschichte des Qorâns. In chronologischer Anordnung ergibt sich folgende Reihenfolge der Verse: in Mekka offenbart wurden Sure 19,16-37.88-93; 43,57-65; 23,50; 21,91; 42,13; 6,85; sodann in Medina Sure 2,87.116f.136.253; 3,36.39.42-64.84; 61,6.14; 57,27; 4,156-159.163.171f; 33,7f; 66,12; 9,30f; 5,17.46f.72-79.110-119. Hinzuzählen könnte man noch 15 Verse, die möglicherweise indirekt von Jesus sprechen (112,3f; 43,81-83; 21,26-29.92f; 17,111; 10,68; 3,79f), so daß insgesamt in maximal 18 Suren in bis zu 123 Versen von Jesus die Rede wäre. Welche Verse überhaupt zur koranischen Christologie gerechnet werden sollen und welche nicht, wird sehr unterschiedlich beantwortet, wobei muslimische Ausleger oft anders als nichtmuslimische urteilen. Passagen, deren Hauptperson Maria ist (Sure 3,33-37; 19,1-15; 21,89f), werden nicht berücksichtigt.

18 Die zahlreichen etymologischen Hypothesen diskutiert Hayek, L'Origine des termes ʿIsâ Al-Masîh (Jésus-Christ) dans le Coran, 227–254. Vgl. auch Luxenberg, Die syro-aramäische Lesart des Koran, 26–29. Am wahrscheinlichsten dürfte eine syrische Herkunft von ʿÎsâ sein. Die Nestorianer und Mandäer (Ostsyrien) nannten Jesus ʾĪšô, die Jakobiten (Westsyrien) hingegen Yešûʿ.

19 Zum Folgenden vgl. Graf, Wie ist das Wort al-Masîh zu übersetzen?; Grillmeier, Jesus der Christus im Glauben der Kirche, Bd. II/4, 1990, 344ff; Roncaglia, Éléments Ébionites et Elkésaïtes dans le Coran, 114ff; Schmidt, Alttestamentlicher Glaube, 268–284; Schoeps, Theologie und Geschichte des Judenchristentums, 71ff; Wensinck, Art. Al-Masîh.

20 Vgl. etwa Schimmel, Jesus und Maria in der islamischen Mystik, 35–48.

21 Le Prophète de l'Islam, 424 (vgl. 428).

22 »Um dir (...) zu schenken«, wie Khoury das arab. *li-ahaba laki* übersetzt, setzt den »Geist« als Subjekt voraus. Nach der Lesart von Abû ʿAmr von Basra (gest. 770) lautet der Text: *li-yahaba laki:* »damit Er (nämlich Gott, dein Herr) dir (einen lauteren Knaben) schenke«. Tabarî lehnt diese andere Lesart ab, wohingegen Râzî und Ibn Kathîr beide Lesarten anerkennen, da sie sich nicht wirklich ausschlössen (Einzelheiten s. bei Robinson, Christ in Islam and Christianity, 163f).

23 Asad (Message, 459) fügt an dieser Stelle in Klammern ein: »du wirst einen Sohn haben«, und merkt, Zamakhsharî und Râzî folgend, dazu an (ebd., Anm. 16): »eine Bemerkung zu dieser Wirkung ist in der folgenden Aussage, die mit ›so daß‹ beginnt, impliziert«. Ähnlich wie Asad ergänzt und übersetzt Paret: »Und (wir schenken ihn dir) damit wir ihn zu einem Zeichen für die Menschen machen (...).«

24 Anders als die meisten Übersetzer (z.B. Yusuf Ali, Asad, Khoury) bezieht Paret »Barmherzigkeit« (*rahmatan*) nicht direkt auf Jesus und übersetzt so: »Und (wir schenken ihn dir) damit wir ihn zu einem Zeichen für die Menschen machen, und weil wir (den Menschen) Barmherzigkeit erweisen wollen.«

25 Vgl. dazu das älteste aller außerkanonischen Kindheitsevangelien, das in der zweiten Hälfte des zweiten Jahrhunderts entstandene, in den orientalischen Kirchen weit verbreitete Protevangelium des Jakobus, Kap. 10.

26 Die muslimische Identifikation des »Geistes« mit Gabriel – im Koran selbst wird sie nirgendwo explizit vorgenommen (vgl. Sure 26,192f; 58,22; 70,4; 78,38; 97,4) – legt sich traditionsgeschichtlich auch deshalb nahe, weil bereits die judenchristliche (?) Schrift Himmelfahrt des Jesaja (s. Schneemelcher [Hg.], Neutestamentliche Apokryphen, Bd. 2, 547–562) bei der Schilderung der Geburt Jesu Gabriel mit dem (Heiligen) Geist identifiziert: er heißt dort »Engel des Geistes« (XI,4) bzw. »Engel des Heiligen Geistes« (XI,33). Zur Entwicklung der »Geist«-Vorstellung im Koran vgl. O'Shaughnessy, The Development of the Meaning of Spirit in the Koran.

27 Zit. nach Gätje, Koran und Koranexegese, 165.

28 Die koranische Formulierung der Antwort Marias, die auch *vom Mann* und nicht nur von ihr selbst her denkt, steht der Evangelienharmonie Tatians nahe (1,34): »Wie wird mir dies sein, da mich nicht erkannt hat ein Mann?« (zit. nach: Tatians Diatessaron aus dem Arabischen übersetzt von E. Preuschen, hg. von A. Pott, 64).

29 Vgl. Robinson, Fakhr al-dîn al-Râzî and the Virginal Conception, 8. Folgendes Zitat im Text: ebd. 11.

30 Zit. nach Gätje, Koran und Koranexegese, 165.

31 Diese dem Geist des Korans widersprechende Interpretation vertraten auch einige westliche Ausleger, z.b. Augusti (Die Christologie des Koran's, 196), Gerock (Versuch einer Darstellung der Christologie des Koran, 36ff), Rösch (Die Jesusmythen des Islam, 432f), sowie Beltz, der in Sure 21,91 wie in Lk 1,35 den »Rest eines Mythos von der Schwängerung Mariens durch den Gesandten Allahs« erblickt (Sehnsucht nach dem Paradies. Mythologie des Korans, 136).

32 Vgl. Sure 15,29; 32,9; 38,72. Dem Koran zufolge ist das Einhauchen des göttlichen Geistes ein konstitutiver Bestandteil der Erschaffung *jedes* Menschen durch Gott. Zur Vorstellung vom göttlichen Lebensgeist (Atem), der den aus Erde gemachten Menschen allererst belebt, s. bereits in der Hebräischen Bibel Genesis (1. Mose) 2,7; Psalm 104,29f; Ijob 33,4; 34,14; Kohelet 12,7.

33 Weitere muslimische Deutungen zu Jesus als »Geist Gottes« s. bei Khoury, Kommentar, Bd. 5, 1994, 271. Auch im Neuen Testament wird auf den Zusammenhang zwischen dem »Heiligen Geist« und Jesu Entstehung hingewiesen (Matthäus 1,20; Lukas 1,35).

34 Zur Erwähnung von »Losstäben« (*aqlâm*) vgl. das Protevangelium des Jakobus, das in Kap. 9 erzählt, wie Joseph mit Hilfe von Losstäben im Tempel als der Ehemann Marias ermittelt wird, der die Zwölfjährige bislang im Tempel weilende Jungfrau von nun an zu sich nehmen soll (Schneemelcher [Hg.], Neutestamentliche Apokryphen, Bd. 1, 342). Sure 3,44 bezieht sich innerhalb des Korans auf den vorangegangenen Vers 37, demzufolge es Zacharias ist, der durch dasselbe Losverfahren ermittelt wird, aber nicht als Ehemann Marias, sondern als ihr Betreuer während ihres Aufenthalts im Tempel.

35 Die Abgrenzung der wörtlichen Engelrede ist nicht eindeutig vorzunehmen: Khoury läßt diese mit V. 47 enden, Paret erst mit V. 48. Das Protevangelium des Jakobus erwähnt erst eine Audition Marias und dann eine Vision (Kap. 11). Der ihr begegnende »Engel des Herrn« wird weder in seiner äußeren Gestalt beschrieben noch namentlich identifiziert.

36 Der Islam und Jesus, 10. Die islamische Auslegung der medinischen Kindheitserzählung in Geschichte und Gegenwart dokumentiert ausführlich Ayoub, The Qur'an and Its Interpreters, Vol. 2, 1992, 122–139. Erwähnenswert ist der geistreiche Gedanke des Mystikers und Theosophen Ibn al-ʿArabî (gest. 1240), bei dem Jesus und Eva als Bruder und Schwester erscheinen. Wie Eva ohne Mutter aus Adam kommt, so wird Jesus ohne Vater aus Maria geboren. Zur Rolle Jesu bei Ibn al-ʿArabî insgesamt s. Arnaldez, Jésus dans la pensée musulmane, 165–184; D'Souza, Jesus in Ibn ʿArabî's ›FUSUS AL-HIKAM‹; Schimmel, Jesus und Maria in der islamischen Mystik, 129–136.

37 Kommentar zu Sure 4,171, zit. nach Gätje, Koran und Koranexegese, 172.

38 Zit. nach Ayoub, The Qur'an and Its Interpreters, Vol. 2, 1992, 151.

39 Vgl. ausführlich O'Shaughnessy, Word of God in the Qur'ân. Zur Vorstellung des quasi personifiziert gedachten »Wortes Gottes« s. in der Hebräischen Bibel bes. Deuterojesaja (55,10f), wo von der Sendung, Wirksamkeit und Rückkehr des Wortes zu Gott die Rede ist. Zur Beschreibung des »Wortes« (gr. *lógos*) als »ein Gott« (gr. *theós*, ohne Artikel), als Schöpfungsmittler und erstgeborener Sohn Gottes vgl. Philo von Alexandrien (gest. 45 n. Chr.), der die prophetische Wort-Gottes-Theologie, die hellenistisch-jüdische Sophia-Spekulation und die stoische Logos-Philosophie miteinander verband und so zum Vorläufer und Vordenker der christlich-alexandrinischen Logos-Theologie geworden ist.

Kapitel 4

40 Zum Vergleich sei die zweite Geburtsgeschichte der christlichen Tradition zitiert, wie sie das 19. Kapitel des Protevangeliums des Jakobus erzählt. Dieser beginnt seine Schilderung der Geburt Jesu zunächst damit, wie Josef sich auf die Suche nach einer Hebamme macht. Weiter heißt es: »1 (...) Und die Hebamme ging mit ihm. 2 Und sie traten an den Ort der Höhle, und siehe, eine finstere [lichte] Wolke überschattete die Höhle. Und die Hebamme sprach: Erhoben ist heute meine Seele, denn meine Augen haben Wunderbares gesehen; denn Israel ist das Heil geboren. Und sogleich verschwand die Wolke aus der Höhle, und ein großes Licht erschien in der Höhle, so daß die Augen es nicht ertragen konnten. Kurz darauf zog sich jenes Licht zurück, bis das Kind erschien, und es kam und nahm die Brust von seiner Mutter Maria. Und die Hebamme schrie auf und sprach: Was für ein großer Tag ist das heute für mich, daß ich dies nie dagewesene Schauspiel gesehen habe. 3 Und die Hebamme kam aus der Höhle heraus, und es begegnete ihr Salome. Und sie sprach zu ihr: Salome, Salome, ich habe dir ein nie dagewesenes Schauspiel zu erzählen: eine Jungfrau hat geboren, was doch ihre Natur nicht zuläßt. Und Salome sprach: (So wahr) der Herr, mein Gott, lebt, wenn ich nicht meinen Finger hinlege und ihren Zustand untersuche, so werde ich nicht glauben, daß eine Jungfrau geboren hat.« (Zit. nach: Schneemelcher [Hg.], Neutestamentliche Apokryphen, Bd. 1, 346f.) In der Folge (Kap. 20) wird, in offenkundiger Nachbildung zur Thomas-Geschichte in Johannes 20, die Bestätigung dieses Wunders durch Salome berichtet.

41 Auffälligerweise begegnet der Ausdruck »Sohn Marias« häufig in den außerkanonischen Evangelien: allein 15mal im Syrischen und viermal im Arabischen Kindheitsevangelium. Wahrscheinlich stammt dieser Titel Jesu ursprünglich aus der Äthiopischen Kirche und wurde von den muslimischen Exulanten bei ihrer Rückkehr nach Mekka dorthin gebracht.

42 Zit. nach BK, Teil 15-16, 1992, 71, Anm. 49; ebenso urteilt Daryabâdî (s. ebd.). Aufgrund dieser Interpretation übersetzen muslimische Ausleger den Vers vielfach so: »da rief es (eine Stimme) ihr von unten her zu...« Ähnlich deuten und übersetzen auch einige wenige christliche Exegeten (vgl. etwa Marracci, Alcorani Textus Universus: Refutatio Alcorani, 431; Schedl, Muhammad und Jesus, 197). Boysen gibt Sure 19,24 in seiner Koranübersetzung (1775) folgendermaßen wieder: »Sey nicht unruhig, sprach Gabriel, der unter dem Baume stand (...).«

43 Die Christologie des Koran's, 193. Ebenso deutet 100 Jahre später Hubert Grimme (Mohammed, Bd. 2, 94, Anm. 3): »Es könnte die Stimme des Kindes in ihrem Leibe gemeint sein.«

44 Versuch einer Darstellung der Christologie des Koran, 35.

45 Vgl. die berühmte Miniatur der Geburtsszene, die wahrscheinlich von dem persischen Maler Qazvînî (um 1560) stammt (Chester Beatty Library, Dublin), abgedruckt z.B. in Schimmel, Jesus und Maria in der islamischen Mystik, 152f.

46 Die syro-aramäische Lesart des Koran, 102–112, Zitat 112.

47 Zit. nach Schneemelcher (Hg.), Neutestamentliche Apokryphen, Bd. 1, 368.

48 Dies behaupten etwa Gerock, Versuch einer Darstellung der Christologie des Koran, 34; Sayous, Jésus-Christ d'après Mahomet, 28; Rudolph, Die Abhängigkeit des Qorans von Judentum und Christentum, 79. Dieser Meinung haben sich noch im 20. Jahrhundert die bedeutendsten westlichen Koranübersetzer und -kommentatoren angeschlossen: Bell, Blachère und Paret (vgl. deren Übersetzungen und Kommentare zur Stelle).

49 Zit. nach Schneemelcher (Hg.), Neutestamentliche Apokryphen, Bd. 1, 366. Der im Norden Kairos gelegene Balsamhain *Matarîya* war wohl schon zu Muhammads Zeiten das Ziel alljährlicher Palmsonntagsprozessionen der koptischen Christen.

50 The Holy Qur'an, 883, Anm. 2907. Schon Hubert Grimme hatte erkannt, daß Sure 23,50 in den Kontext der Geburt Jesu gehört: Maria habe mit Jesus »längere Zeit auf einem Hügel im Genusse der wunderbar geschenkten Speisen gelebt« (Mohammed, Bd. 2, 94). Auch Bell (Commentary, Vol. 1, 583) und Wensinck (Art. Maryam, 421) beziehen den Vers auf den Kontext der Geburt Jesu.

51 Ein motivgeschichtlicher Zusammenhang des koranischen Wunders der Erquickung Marias mit Passagen aus der Hebräischen Bibel oder dem Neuen Testament ist bei genauem Hinsehen nicht zu erkennen. Kaum zu überzeugen vermag die Behauptung Heribert Busses, die koranische Erzählung enthalte Elemente aus der Geschichte von Hagars und Ismaels Verstoßung (Genesis 21,14-19): »Hagar irrte, dem Hunger- und Dursttode nahe, in der Wüste umher, der Engel zeigte ihr vom Himmel her die Quelle und die Palme« (Die theologischen Beziehungen des Islam zu Judentum und Christentum, 126; vgl. bereits Schedl, Muhammad und Jesus, 197). Dieses Motiv weicht zu erheblich von der koranischen Gestalt ab, um einen traditionsgeschichtlichen Zusammenhang vermuten zu lassen. Der Kontext ist nicht die Geburt Ismaels. Auch ist es nicht der Knabe, der sich um Hilfe für Hagar kümmert, vielmehr liegt dieser selber hilflos und laut schreiend da. Hagar hat sich von ihm entfernt, damit sie sein Sterben nicht mitansehen muß, und nun hört sie vom Himmel her die Stimme eines Engels. Im Text ist jedoch weder von einer Palme noch von einer Quelle die Rede, wie Busse fälschlich behauptet, sondern von einem Brunnen, den der Engel Hagar zeigt und aus dem sie ihren Wasserschlauch wieder füllt. Nicht einleuchtender ist die Vermutung Gustav Röschs, der einen typologischen Zusammenhang mit dem Bericht Ezechiels von der Richtung Osten fließenden, Leben spendenden Quelle zu erkennen glaubt, die unter der Schwelle des Jerusalemer Tempels entspringt (Ezechiel 47, 1-12): »So ist denn die Geburtsgeschichte Jesu im Koran nichts anderes, als ein typologischer Mythus aus Ezechiel 47 mit eingewobenen jüdischen Zügen, der seine Heimat im Ebionismus hat« (Die Jesusmythen des Islam, 439). Ebensowenig besteht m.E. eine Beeinflussung durch Offenbarung 12,1-6.

Daß es im koranischen Wunder der Erquickung Marias tatsächlich der eben geborene Jesusknabe ist, der Maria anredet, dafür spricht folgende Variante dieses Motivs – die einzige mir bekannte, welche denselben Kontext (die Geburt eines »göttlichen« Kindes) aufweist. Es handelt sich um den sehr alten, im Mittelmeerraum weit verbreiteten und in seiner hymnischen Fassung Homer zugeschriebenen Mythos von Apollos Geburt (siebtes vorchristliches Jahrhundert). Die Muttergöttin Leto, schwanger von Zeus und deshalb verfolgt von Hera, gelangt auf ihrer Flucht schließlich zur Insel Delos, wo sie unter einer Palme niederkommt und, umringt von Göttinnen, Apollo zur Welt bringt: »Um die Palme schlang sie die Arme und stützte die Knie / auf den lockeren Anger, und unter ihr lachte die Erde. / Er aber sprang ans Licht: da jauchzten die Göttinnen alle.« Nachdem Apollo mit Ambrosia und Nektar genährt wurde, spricht er, der Neugebore-

185

ne, seine Mutter und die anderen Göttinnen an: »›Mein sei Leier und krummer Bogen, die werde ich lieben, / und ich künde den Menschen des Zeus untrüglichen Ratschluß.‹« (Erste Hymne [an den delischen Apollon], V. 117–119 und 131f, zit. nach Thassilo von Scheffer, Die Homerischen Götterhymnen, 53). Mit diesem Hinweis soll selbstverständlich keine Abhängigkeit des koranischen Wunders von diesem Mythos behauptet werden.

52 Vgl. zum Folgenden Luxenberg, Die syro-aramäische Lesart des Koran, 112–121.

53 Message, 460, Anm. 22. Asad verweist auf Lukas 1,5, wo Elisabeth in ähnlicher Weise als eine der »Töchter Aarons« bezeichnet wird. Vgl. die Zusammenstellung der verschiedenen islamischen Deutungen bei Khoury, Kommentar, Bd. 4, 1995, 79–81.

54 The Holy Qur'an, 773, Anm. 2481.

55 Vgl. z.b. Bachmann, Jesus im Koran, 7; Becker, Christentum und Islam, 395; Grimme, Mohammed, Bd. 2, 92. Manche Ausleger entschuldigen Muhammad, indem sie auf die gängige typologische Schriftauslegung in der Alten Kirche verweisen, die ihm unverständlich sein mußte (z.b. Gräf, Zu den christlichen Einflüssen im Koran, 118).

56 So urteilt auch Rudi Paret: »Von einer eigentlichen Verwechslung von Maria und Mirjam wird man kaum sprechen können« (Kommentar, 65).

57 Das Protevangelium des Jakobus berichtet von einer Anfeindung nicht nur Marias, sondern auch Josefs von seiten eines jüdischen Schriftgelehrten wegen Marias illegitimer Schwangerschaft. Anders als im Koran ist es nicht der redende Jesusknabe, sondern »das Prüfungswasser des Herrn«, das der Hohepriester Josef und dann Maria zu trinken gibt, das ihrer beider Unschuld vor dem ganzen Volk erweist (Kap. 15f, vgl. Schneemelcher [Hg.], Neutestamentliche Apokryphen, Bd. 1, 344f). Maria ist also schon *vor* der Geburt Jesu rehabilitiert. Daher kann man diese Geschichte kaum als Parallele zu Sure 19 bezeichnen, wie Khoury mit Recht bemerkt. Denn Maria wird dem Koran zufolge »auch später, nach der Geburt Jesu, mit den Vorwürfen ihrer Landsleute konfrontiert. Das heißt, ihre Unschuld war noch nicht festgestellt worden« (Kommentar, Bd. 9, 1998, 292,

58 Zimmäth BK, Teil 15–16, 1992, 74, Anm. 65. Daryabâdî verweist auf Markus 3,31-35 (vgl. auch Johannes 2,4). Von einer besonderen Pietät Jesu gegenüber seiner Mutter ist im Neuen Testament allenfalls in Johannes 19,25-27; Lukas 2,51 etwas zu erkennen, v.a. aber im Pseudo-Matthäusevangelium (Kap. 26), das hier möglicherweise ebenfalls vom Koran abhängig ist.

59 Vgl. Smith/Haddad, The Virgin Mary in Islamic Tradition and Commentary, 175f. Asad (Message, 459, Anm. 15) läßt die Frage bewußt offen. Der Inder Sayyid Ahmad Khan (gest. 1898), der in den 1860er Jahren den ersten muslimischen, zweisprachigen *Bibel*kommentar schrieb, akzeptiert darin noch die Jungfrauengeburt, wohingegen er 20 Jahre später in seinem rationalistischen *Koran*kommentar (1882) die Jungfrauengeburt als ein übernatürliches Ereignis und Glaubensprodukt der Christen späterer Generationen ablehnt (vgl. zur Diskussion unter den modernen muslimischen Koranexegeten Baljon, Modern Muslim Koran Interpretation, 69f).

60 Das Evangelium nach Matthäus, 15.

61 Oscar Cullmann, Kindheitsevangelien, 338.

Kapitel 5

62 Vgl. etwa Schnider, Jesus der Prophet, 241–255; Schoeps, Theologie und Geschichte des Judenchristentums, 87–98.

63 Zur Klärung religiöser und anderer Fragen, die zur Zeit Jesu Uneinigkeit hervorrief (z.b. die Frage, ob es eine Auferstehung der Toten gebe), vgl. im Neuen Testament die zahlreichen Streitgespräche Jesu in Jerusalem mit Schriftgelehrten und Pharisäern (z.b. Markus 12).

64 So etwa Baydâwî z.St. (Chrestomathia Baidawiana, 38). Ähnlich erklärt Paret dieses Wissen Jesu als »eine besondere hellseherische Fähigkeit« (Kommentar, 69). Zu dieser Deutung passen in der Tat ntl. Aussagen über Jesus wie etwa Markus 2,6-8; 9,33f; 12,15.43f; Lukas 7,39. Asad hingegen bietet eine metaphorische Deutung von Sure 3,49 an. Jesus wolle sagen: ich lasse euch wissen, »an welchen guten Dingen ihr teilhaben sollt im Leben dieser Welt, und welche guten Taten ihr als einen Schatz für das kommende Leben aufbewahren solltet« (Message, 74, Anm. 39). Thyen (Bibel und Koran, 218f) sieht hier eine Anspielung auf Matthäus 6,19-21 (Verbot des Schätze Sammelns). Busse (Die theologischen Beziehungen des Islam zu Judentum und Christentum, 122) denkt an eine typologische Anspielung auf die beiden Brotvermehrungswunder in den ntl. Evangelien (Markus 6,30-44; 8,1-10) sowie das Mannawunder in Exodus (2. Mose) 16,13-36.

65 Vgl. Sure 3,114f; 4,69; 5,84; 9,75; 16,122; 21,72.75.86.105; 66,10; 72,11.

66 Die theologischen Beziehungen des Islam zu Judentum und Christentum, 133. Bereits in der um 100 entstandenen Apostellehre wird die jüdische Pflicht, das Achtzehnbittengebet dreimal täglich zu sprechen, in eine christliche Pflicht verwandelt und auf das Vaterunser übertragen (Didache 8,2f). Vergleichbares geschieht hier im Koran.

67 Vgl. Bühner, Der Gesandte und sein Weg im 4. Evangelium, bes. 118–180. 374-433.

68 Gegen diese von der späteren islamischen Tradition behauptete Auffassung spricht die Tatsache, daß Abraham, eine der wichtigsten Gestalten des Korans überhaupt, nur Prophet (Sure 19,41), aber an keiner Stelle *rasûl* genannt wird. Gleichwohl spielt er eine größere Rolle als etwa Noah, den der Koran *rasûl* nennt. Sowohl von den Propheten als auch von den Gesandten sagt der Koran, daß ihr Auftreten verbunden sei mit dem Empfang und der Weitergabe einer schriftlichen Offenbarung. Andererseits lassen spezifische Merkmale der Gesandten doch erkennen, daß der Gesandte eine höhere Würde besitzt als der Prophet: Gesandte sind immer auch charismatische Führergestalten. In jedem Fall hat der Koran weniger Interesse an einer strengen Systematik als die islamische Tradition. Vgl. Bijlefeld, A prophet and more than a prophet? Some observations on the Qur'anic use of the terms ›prophet‹ and ›apostle‹, bes. 9–27; Rahman, Major Themes of the Qur'ân, 80–105.

69 Nach Auffassung einzelner islamischer Theologen (z.B. Ibn Hazm von Cordoba, gest. 1064) können zu der größeren Gruppe der Propheten auch Frauen gehören (etwa Maria, die Mutter Jesu), was jedoch von der Mehrheit abgelehnt wird. Übereinstimmend können andererseits allein Männer Gesandte Gottes sein. Vgl. Smith/Haddad, The Virgin Mary in Islamic Tradition and Commentary, 177–179.

70 El-Bokhâri, Les traditions islamiques, Vol. 2, 1906, 514.

71 Ibn Taymiyya (gest. 1328) etwa läßt es nur eingeschränkt für die fehler- und irrtumsfreie Übermittlung der göttlichen Offenbarung gelten. Ebenso urteilt Mohamed al-Nowaihi, Towards a Re-evaluation of Muh.ammad: Prophet and Man, 311. Vgl. van Ess, Theologie und Gesellschaft im 2. und 3. Jahrhundert Hidschra, Bd. 4, 1997, 591–604; Madelung, Art. ʿiṣma. Die islamische Mystik (z.B. Rûmî) hat die Propheten und insbesondere Jesus im Sinne seiner Sündlosigkeit positiv als einen »vollkommenen Menschen« (*al-insân al-kâmil*) beschrieben. Vgl. King, Jesus and Joseph in Rûmî's Mathnawî, 84f.

72 Das judenchristliche Nazaräerevangelium stellt sich explizit gegen Markus 1,9: »Siehe, die Mutter des Herrn und seine Brüder sagten zu ihm (sc. Jesus): Johannes der Täufer tauft zur Vergebung der Sünden; laßt uns hingehen und uns von ihm taufen lassen. Er aber sprach zu ihnen: Was habe ich gesündigt, daß ich hingehe und mich von ihm taufen lasse?« (zit. nach Schneemelcher [Hg.], Neutestamentliche Apokryphen, Bd. 1, 133).

73 Die im Koran durchweg singularische Rede von »dem Evangelium« legt historisch die eingangs erwähnte Vermutung nahe, daß Muham-

mad das Diapente bzw. Diatessaron Tatians vor Augen hat, von dem er (aus Lesungen in Gottesdiensten?) gehört haben mag und das man als Nichtchrist ohne weiteres, ganz im Sinne Tatians, für »das (eine) Evangelium« der Christen halten konnte. Schon bei den Manichäern war diese singularische Redeweise von »dem Evangelium« mit Bezug auf die von ihnen benützte Harmonie Tatians üblich (s. Peters, Nachhall außerkanonischer Evangelien-Überlieferung in Tatians Diatessaron, 271f; Petersen, Tatian's Diatessaron, bes. 276ff. 334ff. 398ff. 441).

74 Ähnlich in Sure 5,72.117; 19,36; 43,64. Der »gerade Weg« ist schon das Thema von Sure 1,4f. Yusuf Ali (The Holy Qur'an, 775, Anm. 2488) merkt in seiner Auslegung zu Sure 19,36 an: »Im Qur'ân gibt es keine Verfälschung (18,1). Christi Lehre war schlicht, wie sein Leben, doch die Christen haben sie verfälscht.« Asad (Message, 159, Anm. 88) verweist auf neutestamentliche Parallelen zu dieser Botschaft Jesu in Matthäus 4,10; Lukas 4,8; Johannes 20,17.

75 Zur muslimischen Auslegung dieser Verse s. Ayoub, The Qur'an and Its Interpreters, Vol. 2, 1992, 154–165; Asad, Message, 75, Anm. 42. Mit dem Ehrentitel »Helfer (Gottes)« wurden nach der Auswanderung Muhammads und der islamischen Urgemeinde aus Mekka nach Medina diejenigen bezeichnet, die in Medina dem Propheten und seiner Sache beigestanden haben (Sure 8,72; 9,100.117).

76 Kommentar z.St., zit. nach Ayoub, The Qur'an and Its Interpreters, Vol. 2, 1992, 158.

77 Chrestomathia Baidawiana, 340. Ähnlich auch die Auslegungen von Râzî, Tabarsî und Asad, der für diese Bezeichnung einen essenischen Hintergrund vermutet (Message, 75, Anm. 42).

78 Zit. nach Paret, Kommentar, 69. Ähnlich auch Tabarî und Râzî (vgl. Paret, ebd.; Khoury, Kommentar, Bd. 4, 1993, 113).

79 Kommentar zu Sure 61,14 (zit. nach BK, Teil 28, 1994, 60, Anm. 39). Zur Wahl der Jünger im Neuen Testament vgl. Markus 3,13-19. Als Helfer Jesu bei der Verbreitung der Reich-Gottes-Botschaft und ihrer heilenden Kraft werden die Jünger in den Aussendungsgeschichten beschrieben: Markus 6,6b-13.30; Lukas 10,1-16.

80 Zit. nach BK, Teil 3–4, 1994, 26, Anm. 96.

81 Zit. nach BK, Teil 6–7, 1991, 96, Anm. 377. Vgl. dazu Lukas 22,32, wo Jesus zu seinem Jünger Petrus sagt: »Ich habe für dich gebetet, daß dein Glaube nicht erlischt.« – Von Jesu Jüngern ist im Koran noch in Sure 57,27 lobend die Rede. Ob sich hinter der Geschichte in Sure 36,13-29 eine alte Jüngerlegende von der Bekehrung Antiochiens (vgl. Apostelgeschichte 11,25f) verbirgt, ist umstritten. Zur Diskussion vgl. Bachmann, Jesus im Koran, 32–36.

82 Vgl. Schnider, Jesus der Prophet, 241–255; Schoeps, Theologie und Geschichte des Judenchristentums, 87–98.

83 El-Bokhâri, Les traditions islamiques, Vol. 2, 1906, 519.

84 Gemeinsame Arbeit an Sure 61, S. 171. Wie Khoury verstehen und übersetzen auch Grimme (Mohammed, Bd. 2, 96), Becker (Christentum und Islam, 393), Bell und Blachère (in ihren Koranübersetzungen) *ahmadu* als Eigenname, wohingegen Paret *ahmadu* als Komparativ bzw. als Elativ von *mahmûdun* oder *hamîdun* auffaßt und übersetzt: »einen Gesandten mit einem hochlöblichen Namen zu verkünden, der nach mir kommen wird.‹« Zur Diskussion s. Watt, His Name is Ahmad. Ein impliziter Hinweis auf Muhammad als Erfüllung der Verheißung Gottes bzw. Jesu könnte auch in der mekkanischen Sure 17,108f enthalten sein, wie Ahrens zu bedenken gibt (Christliches im Qoran, 151).

85 Vgl. zum Folgenden: Das Leben Muhammed's nach Muhammed Ibn Ishâk, hg. von Wüstenfeld, 149f.

86 Bereits der christliche Theologe und Orientalist Ludovico Marracci hatte diese Hypothese vertreten (vgl. Alcorani Textus Universus: Refutatio Alcorani, 719). Noch Michaud (Jésus selon le Coran, 36f) und Bell (Commentary, Vol. 2, 378) folgen dieser Auslegung, doch die meisten westlichen Koranforscher heute lehnen diese Interpretation ab. Historisch ist nicht auszuschließen, daß schon Muhammad von der Parakletverheißung gehört hat. Immerhin hatten Jahrhunderte vor ihm bereits Montanus und Mani behauptet, der von Jesus angekündigte Paraklet zu sein.

87 Das Barnabas-Evangelium, übersetzt und hg. von Safiyya M. Linges (1994), 165. Das erstmals 1907 veröffentlichte, aus der Zeit des untergehenden maurischen Spanien stammende Barnabasevangelium beschreibt die Geschichte Jesu in 222 Kapiteln in der Art einer Evangelienharmonie. Es enthält Spruch- und Erzählgut aus den neutestamentlichen wie auch den außerkanonischen Evangelien sowie Inhalte, die an koranisch-islamische Lehren erinnert. Das Evangelium wurde in fast alle Hauptsprachen der Welt übersetzt und avancierte – was den meisten Christen nicht bekannt ist – zur heute wirkungsmächtigsten und weitverbreitetsten Evangelienharmonie seit Tatians Diatessaron. Zum aktuellen Forschungsstand vgl. Bernabé-Pons, Zur Wahrheit und Echtheit des Barnabasevangeliums; Slomp, The »Gospel of Barnabas« in Recent Research.

88 Ahrens (Christliches im Qoran, 160–167), Bachmann (Jesus im Koran, 38–45), Parrinder (Jesus in the Qur'ân, 100–104), Rudolph (Die Abhängigkeit des Qorans von Judentum und Christentum, 13–17) und Speyer (Die biblischen Erzählungen im Qoran, 449–458) haben Listen

anonymer Jesus-Worte bzw. Anklänge an Worte Jesu im Koran zusammengestellt.

Kapitel 6

89 Sure 16,102; 58,22 sprechen nur generell über die Stärkung der Glaubenden durch Gottes Geist.

90 Vgl. The Commentary of the Qur'ân, Vol. 1, 1987, 439. Auf mögliche Bezüge des Korans zur judenchristlichen und arianischen Engel-Christologie, welche die Urform christlicher Christologie überhaupt darstellen könnte (vgl. Werner, Die Entstehung des christlichen Dogmas problemgeschichtlich, 302–388), kommen wir in Kapitel 10 zu sprechen.

91 Zit. nach Ayoub, The Qur'an and Its Interpreters, Vol. 1, 1984, 124f. Gabriel heißt im Kontext der Erschaffung Jesu »unser Geist« (Sure 19,17; 21,91; 66,12), im Rahmen der Wunder Jesu »Geist der Heiligkeit« (2,87.253; 5,110). Denselben Titel trägt Gabriel auch im Zusammenhang der Herabsendung des Korans (16,102); in diesem Kontext heißt er auch der »treue Geist« (al-rûḥ al-amîn: 26,193).

92 Chrestomathia Baidawiana, 37. Anders Bell (Commentary, Vol. 1, 173), der bei der Auslegung von Sure 5,110 die Parallelstelle 3,49 nicht beachtet.

93 So Qarâfî in seinem Werk »Kostbare Antworten auf schändliche Fragen« (vgl. Fritsch, Islam und Christentum im Mittelalter, 100). Zum Wiegenwunder in der islamischen Auslegung vgl. Ayoub, The Qur'an and Its Interpreters, Vol. 2, 1992, 135–139 (zu Râzî und Tabarsî 137–139).

94 Evangelium infantiae Salvatoris arabicum, 181.

95 Paret folgt in seiner Übersetzung einer anderen Lesart, derzufolge es sich nicht nur um einen einzigen Vogel (ṭâ'ir), sondern um mehrere (ṭâyr) handelt. Einzelheiten zur Auslegung des Vogelwunders vgl. bei Robinson, Creating Birds from Clay: A Miracle of Jesus in the Qur'ân and in Classical Muslim Exegesis.

96 Chrestomathia Baidawiana, 38.

97 Kommentar, Bd. 9, 1998, 422 (Hervorhebungen von mir).

98 Arab. fa-yakûnu in Sure 3,49; 5,110 wie von Gott (2,117; 3,47; 19,35; 40,68).

99 Kommentar zu Sure 3,49, zit. nach Ayoub, The Qur'an and Its Interpreters, Vol. 2, 1992, 144.

100 Zit. nach ebd. 145; vgl. Robinson, Christ in Islam and Christianity, 144–146. In der islamischen Mystik spielt Jesus – weit über das

hinausgehend, was der Koran selber sagt – als Arzt und besonders als Auferwecker der Toten kraft seines (!) lebenspendenden Atems eine große Bedeutung (s. Schimmel, Jesus und Maria in der islamischen Mystik, 75–84. 89–101).

101 Vgl. Ayoub, The Qur'an and Its Interpreters, Vol. 2, 1992, 147; Goldziher, Die Richtungen der islamischen Koranauslegung, 227.

102 Zit. nach Schneemelcher (Hg.), Neutestamentliche Apokryphen, Bd. 1, 353. Das Vogelwunder findet sich auch in jüngeren, vom Kindheitsevangelium des Thomas abhängigen Kindheitsevangelien (Arabisches Kindheitsevangelium, Kap. 46; Armenisches Kindheitsevangelium, Kap. 18; Pseudo-Matthäusevangelium, Kap. 27).

103 Zit. nach BK, Teil 6–7, 1991, 97, Anm. 380.

104 Anmerkung zu Sure 5,112. Paret fügt bei seiner Übersetzung von *mâ'idah* in Klammern hinzu: »einen Tisch (mit Speisen)«. Bell zufolge ist *mâ'idah* ein Lehnwort aus dem Äthiopischen, wo es stehender Ausdruck für den »Tisch des Herrn« sei (Commentary, Vol. 1, 173). Vgl. zur Auslegung insgesamt Arnaldez, Jésus. Fils de Marie, prophète de l'Islam, 173–183.

105 Auch Muhammad Asad sieht hier »ein Echo der Bitte um das tägliche Brot, die im Vaterunser erhalten ist« (Message, 168, Anm. 137).

106 Zum Himmelsbrot vgl. auch Deuteronomium 8,3; Psalm 105,40; Weisheit 16,20. Auch die Mystiker des Islams bringen Sure 5,112ff in Verbindung mit dem Manna- und Wachtelwunder (s. Schimmel, Jesus und Maria in der islamischen Mystik, 103f).

107 Die Tradition vom Himmelsbrot lebt besonders in der christlichen Gnosis fort (z.B. Thomasakten, Kap. 133, wo vom Brot in Verbindung mit einem Tisch die Rede ist).

108 Vgl. z.B. ʿAbd al-Tafâhum (= Pseudonym von Kenneth Cragg), The Qur'ân and the Holy Communion; Gräf, Zu den christlichen Einflüssen im Koran, 122f). Dieselben Exegeten sehen in Sure 5,112ff oft zugleich Anklänge an die Vision des Petrus in Joppe (Apostelgeschichte 10,9-16), eine Auffassung, der sich Yusuf Ali anschließt (The Holy Qur'an, 279, Anm. 826).

109 Der Islam und Jesus, 17. Ähnlich urteilen z.B. Qarâfî, Ibn Taymiyya (s. Khoury, Kommentar, Bd. 6, 1995, 192, Anm. 3) und Qutb (s. BK, Teil 6–7, 1991, 97, Anm. 380).

110 Vgl. zum Ganzen ausführlich Asad, Message, 168, Anm. 137. Asad selber folgt der zweiten Lesart.

111 Zit. nach BK, Teil 6–7, 1991, 98, Anm. 381.

112 Vgl. Gätje, Koran und Koranexegese, 169f. Traditionelle Kommentatoren bringen viel Phantasie auf zu erklären, um welche Speisen es sich gehandelt haben könnte. Überhaupt hat sich an diesen Wunder-

bericht eine üppige Legendenbildung im Islam angehängt (s. Khoury, Kommentar, Bd. 6, 1995, 193). Doch schon Tabarî kritisiert diese Unsitte. Seiner Auffassung nach ist »das Wissen darüber (sc. über Zahl und Art der himmlischen Speisen) ebenso wenig nützlich, wie die Unkenntnis davon schädlich wäre. Es ist genügend, darüber nur so viel zu wissen, als die Offenbarung selbst in ihrem äusseren Wortsinn vorträgt« (zit. nach Goldziher, Die Richtungen der islamischen Koranauslegung, 91).

Kapitel 7

113 Wie ist menschliche Gotteserfahrung trotz des strengen islamischen Monotheismus möglich?, in: Ders., Der Islam im Dialog, 34-46, Zitat 41.

114 Vgl. Busse, Monotheismus und islamische Christologie in der Bauinschrift des Felsendoms in Jerusalem, 173f; van Ess, Theologie und Gesellschaft im 2. und 3. Jahrhundert Hidschra, Bd. 1, 1991, 95. 125.

115 The Holy Qur'an, 234, Anm. 677. Vgl. zu Gethsemane Markus 14,32-42 sowie zum Beten Jesu Markus 1,35; 6,46; Lukas 6,12; 9,18.28f. Zur Demut Jesu vgl. Markus 10,45. In Sure 4,172 könnte, wie schon Pautz vermutet hat (Muhammeds Lehre von der Offenbarung quellenmässig untersucht, 195, Anm. 1), eine Passage aus dem neutestamentlichen Philipperhymnus anklingen: »sondern er (sc. Jesus) entäußerte sich und wurde wie ein Sklave (gr. doûlos) und den Menschen gleich. Sein Leben war das eines Menschen«. Das mögliche Anklingen von Sure 4,172 an Philipper 2,7 wird islamischerseits bestritten, etwa von Mahmoud Ayoub (Towards an Islamic Christology, 166).

116 Abdullah Yusuf Ali, The Holy Qur'an, 1323.

117 Vgl. Asad, Message, 76, Anm. 48, und ausführlich Ayoub, The Qur'an and Its Interpreters, Vol. 2, 1992, 1–6. Zur islamischen Auslegung von Sure 3,59-63 s. ebd. 183–202. Manche Islamwissenschaftler lehnen die muslimische Interpretation von Sure 3,59ff als unhistorisch ab (Einzelheiten s. bei Khoury, Kommentar, Bd. 4, 1993, 123–129).

118 So beispielsweise Leonhard Goppelt, Theologie des Neuen Testaments, 247.

119 Adam, nach islamischer Lehre der erste Prophet, gilt bereits in der jüdischen Haggada als Prophet, ebenso dann im Judenchristentum (dort erstmals als sündloser!) und im Manichäismus (Nachweise bei Schoeps, Theologie und Geschichte des Judenchristentums, 100ff;

Hultgård, Art. Adam III, 429). Zur Adam-Christus-Typologie im Neuen Testament vgl. bes. Paulus (Römer 5,12ff; 1 Korinther 15,20-22.45). In der ebionitischen Theologie figuriert Christus als der neue Adam, der die monotheistische, adamitische Urreligion in Gestalt des Christentums, d.h. als reformiertes Judentum, wiederherstellt. Auch in der nestorianischen Theologie spielt die Adam-Christus-Typologie eine wichtige Rolle (vgl. etwa Johannes Cassianus, De incarnatione contra Nestorium, VII, 6, in: MPL 50, 214).

120 Zit. nach Ayoub, The Qur'an and Its Interpreters, Vol. 2, 1992, 185. Folgendes Zitat im Text ebd. 186.

121 Dem Tenor der islamischen Ausleger dieser Passage kommt neuerdings auch die westliche Auslegung sehr nahe. Vgl. die strukturelle Analyse des gesamten mariologischen und christologischen Abschnitts Sure 3,33-62 von Mathias Zahniser (The Word of God and the Apostleship of ʿĪsâ).

122 Zur Verurteilung der »Beigesellung« (*širk*), die dem jüdischen Vorwurf der »Vermischung« (hebr. *šittûf*) entspricht, und Gottes Erhabensein darüber vgl. Sure 7,190f; 9,31; 10,18; 16,1-3; 17,42f; 23,92; 27,63f; 28,68-70; 30,40; 39,67; 52,43; 59,23.

123 Mahmoud Huballah, Islam: The Religion of Unity and Universal Brotherhood, 13f.

124 Mehr noch als das gr. *paîs* im Neuen Testament in bezug auf Jesus, das »Knecht« und auch »Sohn« heißen kann, ist das arab. *walad* (15mal im Koran) mehrdeutig. Es kann allgemein mit »Nachkommenschaft/Abkömmling/Sprößling« (lat. *proles* [so Marracci)], engl. *offspring* [so Ayoub]), oder mit »Kind« (so Haller, Paret, Khoury), aber auch mit »Sohn« (so Boysen, Rückert, Asad, Pickthall, Yusuf Ali) übersetzt werden. Auch der Plural (»Kinder«/»Söhne«) sowie das Femininum (»Tochter«/»Töchter«) sind als Übersetzungen möglich. Vgl. Ayoub, Jesus the Son of God: A Study of the Terms *Ibn* and *Walad* in the Qur'an and *Tafsîr* Tradition, 73ff.

125 The Holy Qur'an, 774, Anm. 2487. Wie anthropomorph die Vorstellung, daß Gott eine Tochter oder einen Sohn haben könnte, in den Ohren der Muslime klingt, betont z.B. Abdul H. Siddiqui: »Nachkommen sind erforderlich, damit eine Person ihren Anteil zum Fortbestand der Menschheit leisten kann. Menschen verspüren darüber hinaus das Bedürfnis, Kinder zu haben, die ihnen im Alter beistehen und im Krankheitsfall helfen. Gott ist ewig und bedürfnislos. Er braucht weder einen Sohn, um den Fortbestand Seiner Art zu sichern, noch um Ihm im Alter oder bei Enttäuschungen beizustehen« (zit. nach BK, Teil 4-6, 1991, 117, Anm. 431). Dieses biologische Verständnis der Gottessohnschaft Jesu trifft selbstredend nicht

das christliche Selbstverständnis der Gottessohn-Christologie, das trotz aller substanzontologischen Metaphysik immer zugleich auch eine metaphorische und nicht biologische Bedeutung hatte. Gleichwohl ist das Biologische bei den meisten Dogmatikern (Männern!) offensichtlich nicht völlig bedeutungslos, wie etwa in der Auseinandersetzung mit der feministischen Theologie der Streit um das angeblich unaufgebbare »Vater«-Sein und die Ängste davor, daneben oder stattdessen metaphorisch auch von Gottes »Mutter«-Sein zu reden, zeigt. Von daher kommt das biologische (Miß-) Verständnis der Gottessohnschaft Jesu von seiten der Muslime nicht ganz von ungefähr. Die biologischen Konnotationen in der traditionellen christlichen Rede von Gott als Vater und Jesus als Sohn Gottes sind viel stärker, als die männlichen Theologen zugeben.

126 Zur islamischen Auslegungsgeschichte des Verses vgl. Ayoub, Jesus the Son of God: A Study of the Terms *Ibn* and *Walad* in the Qur'an and *Tafsîr* Tradition, 70ff.

127 Zit. nach Gätje, Koran und Koranexegese, 171.

128 Zit. nach BK, Teil 6–7, 1991, 26, Anm. 73.

129 Exemplarisch zur monophysitischen Liturgie und Christologie sei verwiesen auf Chakmakjian, Armenian Christology and Evangelization of Islam, 42–56, bes. 51ff, sowie zur Äthiopischen Kirche Grillmeier, Jesus der Christus im Glauben der Kirche, Bd. II/4, 1990, 343–386, bes. 358ff.

130 Zit. nach BK, Teil 6–7, 1991, 70, Anm. 266. Daryabâdî merkt zu Sure 5,75 an: »Rein historisch betrachtet kann über Jesus nicht mehr ausgesagt werden, als daß er ein Mensch in einer bestimmten Umgebung war. Der Christus der vier Evangelien ist ein Produkt des Glaubens« (zit. nach ebd. 69, Anm. 263, ähnlich auch Mawdûdî, ebd. 70, Anm. 268). Explizit wird die Göttlichkeit (Gottessohnschaft) Jesu auch in Sure 2,116f; 5,116f; 9,30f; 43,57-60 bestritten. Implizite Belege, in denen ebenfalls Jesus gemeint sein könnte (bes. nach muslimischer Auffassung), sind Sure 10,68; 21,26-29; 112,3f.

131 Vgl. Charfi, Christianity in the Qur'ân Commentary of Tabarî, 129f. 140f.

132 The Holy Qur'an, 233, Anm. 675.

133 Jesus der Christus im Glauben der Kirche, Bd. II/2, 1989, 161. Zu Severus' Christologie im Ganzen vgl. ebd. 161–183. Einen Überblick bietet Allen, Art. Monophysiten.

134 Zit. nach Grillmeier, Jesus der Christus im Glauben der Kirche, Bd. II/4, 1990, 137. Zu Philoponus insgesamt vgl. ebd. 109–149, bes. 134ff. Vgl. den Überblick bei Leipoldt, Art. Tritheistischer Streit.

135 Vgl. Mubabinge Bilolo, Die Begriffe »Heiliger Geist« und »Dreifaltigkeit Gottes« angesichts der afrikanischen religiösen Überliefe-

rung. Bilolo zeigt auf, daß fast alle von Christen in bezug auf die Trinität verfochtenen theologischen und philosophischen Positionen, von der familiären Triade über verschiedene Formen der Trinität bis hin zur Emanationsvorstellung, im Grunde eine Wiederaufnahme der bes. im alten Ägypten wohlbekannten Auseinandersetzungen sind. Das gilt auch für die unter ägyptischem Einfluß stehenden Gebiete von Nubien und Äthiopien. So kann man etwa auch von der äthiopisch-christlichen Frömmigkeit sagen: sie »akzentuiert mehr das dreihafte Miteinander (sc. der göttlichen Personen) als die monotheistische Einheit Gottes. Die Trias wird mit dem abstrakten Namen Sellase übersetzt« (Friedrich Heyer, Die Kirche Äthiopiens, 249f). Von Anfang an befand sich diese tritheistische Gottesvorstellung in Frontstellung zum entstehenden Islam, ja das »Bekenntnis zur göttlichen Dreiheit ist noch heute militant gegen den islamischen Monotheismus gerichtet« (Heyer, ebd. 253).

136 In: Catechesis X. (De uno domino Iesu Christo), 19, zit. nach Migne (Hg.), Patrologia Graeca (MPG) 33, 685. Der Titel einer »Gottesmutter« stammt aus dem in Ägypten beheimateten Isis-Kult. Keine 100 Jahre später, auf dem Konzil von Ephesus (431) – also in derjenigen Stadt, in der jahrhundertelang die jungfräuliche Göttin Artemis (Diana) verehrt worden war – wurde dieser mariologische Ehrentitel dogmatisiert und alle andersgläubigen Christen (z.B. die Nestorianer) verflucht.

137 Art. Gottesgebärerin, 1079.

138 Zit. nach Klauser, ebd. 1080.

139 Zit. nach MPG 111, 1006, 440 C: »qui affirmarent Christum et Matrem ipsius duos esse deos praeter Deum«.

140 Religionsgeschichtlich betrachtet kann kein Zweifel daran sein, daß Maria im Orient an die Stelle der Kulte der Muttergöttinnen trat: sie fungierte, zumal im einfachen Volk, gewissermaßen als die neue Ischtar oder Isis, welche als göttliche Mütter von göttlichen Söhnen verehrt wurden und als solche bereits Teil einer göttlichen Trias waren (im babylonischen Pantheon: Ischtar – Sin – Schamasch, im ägyptischen Pantheon z.B.: Isis – Osiris – Horus). Mithin war es wohl den meisten orientalischen Christen selbstverständlich, sich Maria, die »Muttergottes«, als Muttergöttin vorzustellen, d.h. als Teil einer göttlichen Trias von Vater – Mutter – Sohn (Jesus).

141 Zit. nach Schneemelcher (Hg.), Neutestamentliche Apokryphen, Bd. 1, 365.

142 Vgl. theologischerseits neuerdings noch Leuze, Christentum und Islam (1994), 138–143. Seitens der Islamwissenschaft sei Heribert Busse erwähnt. Dieser hielt zunächst (1981) dafür, »daß bei Mo-

hammed ein Mißverständnis über die dritte Person des dreieinigen
Gottes bestanden hat« (Das Leben Jesu im Koran, 22). Busse korri-
gierte jedoch diese Ansicht später (1988): »Daß Muhammad eine
Trinitätslehre dieses Inhalts (sc. Gott, Maria, Jesus) erwähnt, beruht
sicherlich nicht auf einem Irrtum, sondern ist doch wohl das Ergebnis von Beobachtungen, die er im Umgang mit Christen im Ḥiǧâz
gemacht hatte« (Die theologischen Beziehungen des Islam zu Judentum und Christentum, 131).

143 Vgl. Klauser, Art. Gottesgebärerin, 1082f. 1091.
144 Vgl. Andrae, Der Ursprung des Islams und das Christentum, 7ff.
     201ff. Zur Christologie der ostsyrischen, nestorianischen Kirche zur
     Zeit Muhammads vgl. Brock, The Christology of the Church of the
     East in the Synods of the fifth to early seventh centuries. Der tradi-
     tionsgeschichtliche Hintergrund von Sure 4,171; 5,72f.116 kann
     noch in einer ganz anderen Richtung gesucht werden. Schon früh
     kam es zu Vorstellungen, die neben Gott, den »Vater«, und Chri-
     stus, seinen »Sohn«, eine spirituelle Göttin stellten. So gab es in der
     judenchristlichen, der koptischen sowie v.a. in der syrischen Theo-
     logie eine besondere Auffassung vom Heiligen Geist: er – genauer:
     sie (in den semitischen Sprachen ist »Geist« grammatikalisch weib-
     lich) – sei die Mutter Jesu, ja sogar aller Menschen, woraus die triadi-
     sche Gottesvorstellung Vater (Gott) – Mutter (Geist) – Sohn (Jesus)
     resultierte. Diese weibliche, besser: mütterliche Pneumatologie (Geist-
     lehre) ist bereits bei den Judenchristen in Ägypten bekannt, wie das
     Hebräerevangelium dokumentiert. In Fragment 3 wird die Heilige
     Geistin ausdrücklich als die Mutter Jesu bezeichnet (vgl. Schneemel-
     cher [Hg.], Neutestamentliche Apokryphen, Bd. 1, 146). Bereits im
     Koptischen Brief des Jakobus (zweite Hälfte des 1. Jahrhunderts bis
     Mitte des 2. Jahrhunderts) fordert Jesus seine Jünger auf: »Werdet
     besser als ich! Macht euch dem Sohn des Heiligen Geistes gleich«
     (zit. nach ebd. 240). Auch die judenchristliche Sekte der Elkesaïten
     vertrat eine weiblich-mütterliche Pneumatologie. Im Bereich der sy-
     rischen Theologie ist für die Vorstellung von der Geist-Mutter etwa
     auf Aphrahat und Ephrem hinzuweisen sowie auf die gnostisch ge-
     prägten Oden Salomos und die Thomasakten. In letzteren wird die
     Heilige Geistin »Mutter der Weisheit« (Kap. 7), »barmherzige Mut-
     ter« (Kap. 27) oder »Mutter aller Geschöpfe« (Kap. 39) genannt (vgl.
     Drijvers, Thomasakten, 289–367, bes. 299). Die Beschreibung Gottes
     als Vater, Mutter und Sohn bezeugt ebenfalls das sog. Apokryphon
     des Johannes. In einer mystischen Vision Gottes antwortet eine
     himmlische Stimme dem zweifelnden Jünger: »Ich bin der eine, der
     immer (bei dir) ist. Ich (bin der Vater), ich bin die Mutter, ich bin

der Sohn!« (Apokryphon 2,13-14, zit. nach Pagels, Versuchung durch Erkenntnis, 98). Es ist sehr fraglich, ob Muhammad von diesem spirituellen Tritheismus, der auf theologische und esoterisch-gnostische Kreise beschränkt blieb, überhaupt erfahren hat. Der auf dem Hintergrund des Monophysitismus und der Marienverehrung sich bildende familiäre Drei-Götter-Glaube der Volksfrömmigkeit war ungleich weiter verbreitet. Doch selbst wenn Muhammad von dem spirituellen Tritheismus gehört haben sollte, konnte dieser von ihm nur als eine Bestätigung des volksreligiösen Tritheismus, der ihm vor Augen stand, verstanden werden, ohne daß er vielleicht den Unterschied zwischen der biologischen Mutter (Maria) und der spirituellen Mutter Jesu (die Heilige Geistin) erkannte.

145 Das wird auch von westlichen Koranexegeten so gesehen. Georges C. Anawati etwa meint: der Koran »weist jede trinitarische Doktrin zurück« (Art. ʿÎsâ, 83).

146 God: A Muslim View, 69.

147 Zit. nach Khoury, Theologisches Streitgespräch zwischen Râzî und einem Christen, 398 und 399.

148 In Auszügen zit. nach: Schimmel, Jesus und Maria in der islamischen Mystik, 45.

Kapitel 8

149 Zit. nach BK, Teil 6–7, 1991, 96, Anm. 375.

150 The Holy Qur'an, 278, Anm. 822. Vgl. zu diesem Motiv im Neuen Testament auch Markus 3,22-30 sowie die Ablehnung Jesu in seiner Heimatstadt Nazareth (Markus 6,2).

151 Texte und Nachweise zu dieser Auslegung Râzîs s. bei Robinson, Christ in Islam and Christianity, 135f.

152 Das dokumentiert ein Hinweis in den »Geschichten der Leiden des Herrn« eines unbekannten mittelalterlichen Autors, welcher schreibt: »Da erschien ihm ein Engel vom Himmel, um ihn (sc. Jesus) zu stärken. In welcher Weise allerdings der Engel Christus in seinem Gebetskampf gestärkt haben dürfte, wird im Nazaräerevangelium erzählt« (Historia passionis Domini, zit. nach Klijn, Das Hebräer- und das Nazoräerevangelium, 4029; vgl. Vielhauer/Strecker, Judenchristliche Evangelien, 137).

153 Vgl. zum Folgenden bes. Charfi, Christianity in the Qur'ân Commentary of Tabarî, 122–125; Ayoub, Towards an Islamic Christology II; Robinson, Christ in Islam and Christianity, 127–141. Der Kommentar Baydâwîs zu Sure 4,157f ist (in Auszügen) auch auf

deutsch nachzulesen bei Gätje, Koran und Koranexegese, 173–175.

154 Zit. nach dem Bericht von Tabarî bei Ayoub, Towards an Islamic Christology II, 97. Mahmoud Ayoub hält persönlich diese Deutung für die älteste und ursprünglichste innerhalb der islamischen Auslegungsgeschichte von Sure 4,157, während Neal Robinson das bestreitet und diejenigen Deutungen, die den Einfluß der Evangelien erkennen lassen, für ursprünglicher hält (Christ in Islam and Christianity, 140f).

155 Zit. nach Khoury, Kommentar, Bd. 5, 1994, 255.

156 Die folgenden Seitenangaben im Text beziehen sich auf: Das Barnabas-Evangelium, übersetzt und hg. von Safiyya M. Linges (1994).

157 Al-masîh ʿÎsâ b. Maryam, 286ff.

158 The Gospel According to Islam 26,21 (S. 53; vgl. ebd. 88, Anm. 4). Weitere Belege für die Substitutionstheorie s. bei Khoury/Hagemann, Christentum und Christen im Denken zeitgenössischer Muslime, 55.

159 Kommentar zu Sure 3,55, zit. nach Ayoub, The Qur'an and Its Interpreters, Vol. 2, 1992, 178. Râzî erwähnt noch fünf weitere Einwände gegen die Substitutionstheorie, die sogar überzeugender sind als seine Versuche, diese Einwände zu entkräften, da er selber letztlich an der Substitutionstheorie festhält.

160 Kommentar zu Sure 4,157, zit. nach Ayoub, Towards an Islamic Christology II, 101. Bereits zu Sure 3,54f erläuterte Baydâwî, Gottes List gegenüber Jesu Feinden bestehe »in der Erhöhung Jesu und darin, seine Ähnlichkeit auf den zu werfen, der seine Vernichtung plante und der dann (sc. am Kreuz) getötet wurde. Freilich, ›intrigieren‹, insofern es unmittelbar bedeutet: einen Plan schmieden, in dessen Verlauf ein anderer ins Unheil gestürzt wird, kann Gott nicht zugeschrieben werden, es sei denn in Korrespondenz und Verbindung (sc. zwischen einem heimtückischen menschlichen Plan gegen Jesus und Gottes wundersamer Intervention)« (Chrestomathia Baidawiana, 40f).

161 Programmatisch in diesem Sinne eines traditionskritischen *sola scriptura* ist der Titel zu verstehen, den Sayyid Qutb seinem Lebenswerk gegeben hat: *Fî zilâl al-qur'ân* (»Im Schatten des Korans«). Ein anderer Ägypter, Muhammad ʿAbduh (gest. 1905), hatte etliche Jahrzehnte zuvor zu Beginn seines Kommentars erklärt: »Am Jüngsten Tag wird Gott uns nicht fragen nach den Meinungen der Kommentatoren und danach, wie sie den Koran verstanden, sondern er wird uns nach seinem Buch fragen, welches er herabgesandt hat, um uns rechtzuleiten und zu unterweisen« (Tafsîr al-qur'ân al-hakîm, Bd. 1,

26, zit. nach Jansen, The Interpretation of the Koran in Modern Egypt, 19).

162 Message, 134, Anm. 171. Folgendes Zitat im Text: ebd.

163 Der Islam und Jesus, 20 und 21.

164 The Holy Qur'an, 230, Anm. 663: Kommentar zu Sure 4,157.

165 Zit. nach BK, Teil 4–6, 1991, 109, Anm. 389.

166 Zur Christologie der »Lauteren Brüder« vgl. Arnaldez, Jésus dans la pensée musulmane, 194–205. In anderen Texten heißt es bei der Auslegung von Sure 4,157 allgemein: »Die immateriellen Seelen und die erhabenen Licht-Tempel können nicht getötet oder gekreuzigt werden noch überhaupt sterben, sondern nur die Leibeshüllen von Fleisch und Blut, die nur Gleichnis (Mitâl) für die immateriellen Licht-Tempel sind« (zit. nach Strothmann [Hg.], Gnosis-Texte der Ismailiten, 43). Der Text setzt in der Folge das Martyrium Husseins, eines Enkels Muhammads, explizit demjenigen Jesu gleich. Zu Ghazzâlî s. Massignon, Le Christ dans les Évangiles selon Ghazali, 533–536. Ibn al-ʿArabî vertritt eine Art Phantomtheorie: seiner Ansicht nach wurde weder Jesus noch ein Ersatzmann gekreuzigt, sondern ein Phantom, welches Gott extra zu diesem Zweck geschaffen habe (vgl. Ayoub, The Qur'an and Its Interpreters, Vol. 2, 1992, 180f).

167 Towards an Islamic Christology II, 117.

168 Jesus im Qur'ân, 14ff. Die folgenden im Text eingeklammerten Seitenzahlen nach Zitaten beziehen sich hierauf. Vgl. auch die Zusammenfassung der Argumente gegen den Tod Jesu am Kreuz aus Ahmadiyya-Sicht bei Ali, The Holy Qur'ân, 241f, Anm. 645; Din, The Crucifixion in the Koran, 25–27.

169 Vgl. Schweitzer, Geschichte der Leben-Jesu-Forschung, 38–68. In Abhängigkeit von dieser rationalistischen Auslegung hatte noch *vor* den Anhängern der Ahmadiyya Sayyid Ahmad Khan die Ohnmachtstheorie vertreten. In seinem Kommentar (Tafsîr al-qur'ân, Bd. 2, 1882, 43ff) stellt er fest, daß eine Kreuzigung erst nach einigen Tagen zum Tod führe. Ahmad Khan fährt fort: »Wenn wir das ganze Ereignis in einen historischen Zusammenhang bringen, ist klar, daß Christus nicht am Kreuz starb. Vielmehr geschah etwas mit ihm, weswegen die Menschen dachten, er sei gestorben (...). Nach drei oder vier Stunden wurde Christus vom Kreuz herabgenommen, und es ist gewiß, daß er zu diesem Zeitpunkt immer noch am Leben war. Dann verbargen ihn die Jünger an einem sehr geheimen Platz aus Angst vor der Feindschaft der Juden (...) und sie verbreiteten das Gerücht, daß Christus in den Himmel aufgestiegen sei« (zit. nach Baljon, The Reforms and Religious Ideas of Sir Sayyid Aḥmad Khân, 82).

170 Einzelheiten s. bei Kuhn, Jesus als Gekreuzigter in der frühchristlichen Verkündigung bis zur Mitte des 2. Jahrhunderts. Zur Vielfalt allein der ntl. Interpretationen des Todes Jesu vgl. etwa Friedrich, Die Verkündigung des Todes Jesu im Neuen Testament.

171 Schoeps, Theologie und Geschichte des Judenchristentums, 76f.

172 Vgl. Wilhelm Thüsing, Die Erhöhung und Verherrlichung Jesu im Johannesevangelium (Zitat im Text: 33); Becker, Das Evangelium nach Johannes, Bd. 2, 401–407.

173 Vgl. zum Folgenden Allen, Art. Monophysiten, bes. 220ff; Grillmeier, Jesus der Christus im Glauben der Kirche, Bd. II/2, 1989, 20–185, bes. 83ff. Schon für die Evangelienharmonie Tatians, die der Koran womöglich für »das Evangelium« Jesu hält, ist eine doketische Christologie zu vermuten (Elze, Tatian und seine Theologie, 124).

174 Zit. nach Grillmeier, Jesus der Christus im Glauben der Kirche, Bd. II/2, 1989, 146.

175 Kap. 97; 99–101, zit. nach Schneemelcher (Hg.), Neutestamentliche Apokryphen, Bd. 2, 169f.

176 Nag Hammadi Codex (NHC) VII, 3, 81-83, zit. nach ebd. 642f.

177 Adversus Haereses I, 24, 4, zit. nach: Irenäus von Lyon, Epideixis. Adversus Haereses. Darlegung der apostolischen Verkündigung. Gegen die Häresien, übersetzt und eingeleitet von N. Brox, 300f.

178 NHC VII, 2, 55f, zit. nach Tröger, Doketistische Christologie in Nag-Hammadi-Texten, 50f. Die beiden letztgenannten gnostizierenden Deutungen dürfen nicht doketisch mißverstanden werden – das hieße, ihre Pointe zu verfehlen! Denn das Subjekt des Leidens und Sterbens am Kreuz (sei es Jesu menschliche Natur, sei es ein Ersatzmann) leidet und stirbt ja tatsächlich. Das »Scheinbare« besteht hier nicht in dem Quasileiden des Leidensunfähigen wie bei den Monophysiten, sondern im Unwissen und in der Täuschung der Beteiligten. Allenfalls im Hinblick *darauf* könnte man m.E. von einer doketischen *Tendenz* der gnostizierenden Deutungen sprechen.

179 Vgl. die Charakteristik von Nöldeke/Schwally (Geschichte des Qorâns, 204): »In Vers 152–168 faßt Muhammed alles, was er gegen das Judenvolk auf dem Herzen hat, kurz zusammen.« Vgl. auch die Parallelstelle Sure 2,87f, in der aus denselben Gründen gegen die Juden polemisiert wird: »Und Wir ließen Jesus, den Sohn Marias, die deutlichen Zeichen zukommen und stärkten ihn mit dem Geist der Heiligkeit. Wollt ihr euch denn jedesmal, wenn euch ein Gesandter etwas bringt, was ihr nicht mögt, hochmütig verhalten und einen Teil (von ihnen) der Lüge zeihen und einen (anderen) Teil töten? Und sie sagen: ›Unsere Herzen sind unbeschnitten.‹ Aber nein! Gott hat sie wegen ihres Unglaubens verflucht. Darum sind sie sowenig

201

gläubig.« Zum Motiv des »unbeschnittenen Herzens« vgl. schon Levitikus (3. Buch Mose) 26,41; Jeremia 9,25. Auch die Passionsberichte der ntl. Evangelien lassen, je jünger sie werden, immer deutlicher die Tendenz erkennen, »die Römer zu entschuldigen und dafür die Juden zu belasten« (Eduard Schweizer, Das Evangelium nach Matthäus, 333; vgl. etwa Matthäus 27,24f; Johannes 19,6; Apostelgeschichte 2,23, 3,14f). Wie hinter der antijüdischen Polemik der Evangelien (nicht nur in den Passionsberichten), so stehen auch hinter der antijüdischen Polemik des Korans konkrete Auseinandersetzungen einer jungen, stark bedrohten Glaubensgemeinschaft mit jüdischen Gegnern (vgl. Paret, Mohammed und der Koran, 113–124).

180 Mithin ist die Frage nach Heil und Erlösung im *christlichen* Sinne, also nach der möglichen Heilsbedeutung von Kreuz und Auferstehung Jesu, kein Bestandteil einer *Christologie* des Korans. Einzelne Verse, die als auf die christliche *Soteriologie (Heilslehre)* bezogen verstanden werden könnten (Sure 6,164; 17,15; 35,18; 39,7; 53,38), bleiben von mir daher unberücksichtigt.

181 Falls Muhammad die Idee einer Substitution aufgenommen haben sollte, so in einer gezielten Weise, die sich *per intentionem* beträchtlich von der Auffassung der gnostizierenden christlichen Gruppen unterscheidet. Zwar haben sie längst vor Muhammad *per effectum* ebenfalls eine Substitution angenommen. Doch während sie aufgrund der *Erhabenheit* des göttlichen Erlösers über alles irdische Leiden eine Doppelnatur bzw. einen Ersatzmann postulieren, um die Wirklichkeit eines Kreuzesleidens nicht leugnen zu müssen, geht Muhammad – wie die Synoptiker – im Gegenteil von der prinzipiellen *Gefährdetheit des sterblichen Menschen Jesus* aus. Auch ist es im Koran die List Gottes selbst, die über die mörderischen Pläne der Feinde Jesu triumphiert, und nicht ein Täuschungsmanöver des Erlösers. Dieser macht sich auch noch über die bösen Mächte lustig, während das dem Koran zufolge Gott nicht nötig hat.

Kapitel 9

182 Vgl. zum Folgenden außer den Kommentaren noch: Ayoub, Towards an Islamic Christology II, 106ff; Ders., Muhammad's Thoughts on Death. A Thematic Study of the Qur'anic Data; Ritchie, Some Thoughts on the Word »Tawaffa« as Used in the Qur'an; Robinson, Christ in Islam and Christianity, 118ff; Tartar, La crucifixion et la mort de Jésus, sa résurrection et son élévation au ciel, 37ff. 113ff; Zahniser, The Forms of Tawaffâ in the Qur'ân.

183 Die christliche Tradition knüpft unmittelbar an die jüdische an. Henoch wird in Hebräer 11,5 erwähnt: »aufgrund des Glaubens wurde Henoch entrückt und mußte nicht sterben«. Von manchen westlichen Islamwissenschaftlern wird Idrîs hingegen mit dem Apostel Andreas (so Nöldeke) oder einem gleichnamigen Koch aus dem antiken Alexander-Roman identifiziert (so Hartmann, Horovitz, Wensinck).

184 In beiden Teilen der Bibel finden sich jeweils zwei verschiedene Varianten dieses Motivs. Ursprünglicher ist wohl die passive Vorstellung von einer Entrückung (*assumptio*) im Sinne eines unsichtbaren Aufgenommen- oder Erhöhtwerdens, wie sie die Hebräische Bibel von Henoch und das Neue Testament von Jesus aussagt (gr. *analambánesthai, hypsoûsthai*), etwa in Markus 16,19; Apostelgeschichte 1,2.11; Johannes 3,14; 8,28. Davon ist zu unterscheiden die populartheologisch-volksfromme Vorstellung einer aktiven und für andere sichtbaren Himmelfahrt (*ascensio*), wie sie die Hebräische Bibel von Elija (2 Könige 2,1-18) beschreibt. Dem entspricht im Neuen Testament der Bericht in Apostelgeschichte 1,9-11: aus dem »Erhöhungskerygma der Apostel« ist zwei Generationen später Jesu »anschauliche Himmelfahrt« geworden, bemerkt dazu treffend Otto Betz (Art. Entrückung II, 688).

185 Auch unter älteren westlichen Koranauslegern hat diese Interpretation Anhänger gefunden. Karl Ahrens spricht sich für eine Himmelfahrt Jesu und Marias (!) aus, die der Koran angeblich vertrete (Muhammed als Religionsstifter, 195); ähnlich auch Richard Bell (Commentary, Vol. 1, 139) und Rudi Paret. Dieser verweist bes. auf Sure 5,17: der Vers setze voraus, daß Muhammad sich Jesus und seine Mutter als derzeit lebendig im Himmel weilend vorstellt, sonst könnten sie nicht vernichtet werden (Kommentar, 118f; s. auch 110f zu Sure 4,159). Parets Argumentation folgt Henninger (Mariä Himmelfahrt im Koran).

186 Paret und Khoury versuchen, beiden Lesarten zugleich gerecht zu werden, indem sie *ʿilm / ʿalam* übersetzen mit »Erkennungszeichen«. Zu diesem Motiv im Koran vgl. auch Sure 7,187; 79,42-46. Zur Rede im Neuen Testament von der »Stunde« (gr. *hôra*) des Endgerichts vgl. Markus 13,32 und im Anschluß daran bes. die Endzeitreden Jesu in Matthäus 24–25.

187 Adel Theodor Khoury, Kommentar, Bd. 11, 2000, 287. Auch Joseph Henninger sprach schon von Jesu (und Marias!) »glorreicher« Himmelfahrt und Wiederkunft dem Koran zufolge (Spuren christlicher Glaubenswahrheiten im Koran, 30). Protestantischerseits sei exemplarisch Reinhard Leuze erwähnt, der – ebenfalls im Anschluß

an Rudi Paret – meint, dem Koran zufolge sei Jesus entrückt worden und werde am Ende der Zeit wiederkehren (Christentum und Islam, 105ff).

188 Zu Baydâwî s. das längere Zitat bei Gätje, Koran und Koranexegese, 175f. Denkbar wäre es drittens, das *hu* von *innahu* auf den Koran zu beziehen. Diese Auslegung – von den klassischen Kommentatoren bereits erwähnt, aber überwiegend abgelehnt – wird schon von Qatâda vertreten und unter den modernen Exegeten z.B. von Qutb und Asad (Message, 756, Anm. 48). Vgl. zur Stelle ausführlich Robinson, Christ in Islam and Christianity, 90–105.

189 Zum Folgenden vgl. Heine, Art. Mahdi. Quellen der traditionellen sunnitischen Wiederkunftsvorstellung werden ausführlich zitiert z.B. von Hayek, Le Christ de l'Islam, 244–271; Zwemer, Die Christologie des Islams, 36–64. Nach schiitischer Auffassung wird der erwartete Mahdi der verborgene zwölfte Imam sein, als dessen eschatologischer »Assistent« gewissermaßen Jesus immerhin fungieren wird.

190 Zur Auslegungsgeschichte des Verses vgl. bes. Robinson, Christ in Islam and Christianity, 78–89.

191 Message, 135, Anm. 173; ähnlich Qutb (s. BK, Teil 4–6, 1991, 110, Anm. 392).

192 Der Ruf vom Minarett, 115.

193 Zit. nach Adams, A Fatwa on the »Ascension of Jesus«, 216.

194 Zit. nach Ayoub, The Qur'an and Its Interpreters, Vol. 2, 1992, 176.

195 Jesus in den Augen der Sufis, 13.

196 Vgl. etwa Grundmann, Das Evangelium nach Markus, 232–241.

197 Vgl. Schedl, Muhammad und Jesus, 434ff; Thyen, Bibel und Koran, 232f.

198 Zu *tawaffâ* im Sinne von »sterben lassen« vgl. etwa Sure 3,193; 7,126; 10,104; 12,101; 16,70. In drei fast gleichlautenden Versen aus mekkanischer Zeit ist auch von Gottes Sterbenlassen in bezug auf Muhammad die Rede (Sure 10,46; 13,40; 40,77).

199 Vgl. Ali, The Holy Qur'ân, 159, Anm. 436; Asad, Message, 134f, Anm. 172. Weitere Einzelnachweise s. bei Khoury/Hagemann, Christentum und Christen im Denken zeitgenössischer Muslime, 56–58; Baljon, Modern Muslim Koran Interpretation, 70f.

200 Vgl. Adams, A Fatwa on the »Ascension of Jesus«, 216f. Dieses Gutachten war nicht unumstritten. Ein anderer Al-Azhar-Gelehrter, Muhammad al-Ghumârî, votierte mehrfach gegen Shaltûts Standpunkt zugunsten der Notwendigkeit, als Muslim an die lebendige Erhöhung Jesu zu Gott und seine Wiederkunft zu glauben (vgl. Schumann, Der Christus der Muslime, ²1988, 110).

201 Zit. nach Ayoub, The Qur'an and Its Interpreters, Vol. 2, 1992, 182.
202 Unter christlichen Koranexegeten beginnt sich diese Einsicht nur langsam (wieder) auszubreiten, daß der Koran tatsächlich von einem natürlichen Tod Jesu spricht. Zu lange ist man hier unkritisch der traditionellen islamischen Christologie gefolgt, die Jesu Entrückung und Wiederkehr behauptet. Zu den christlichen Exegeten, die den natürlichen Tod Jesu als eine Überzeugung *des Korans* erkannt haben (erstmals bereits Wilhelm Haller 1779 und Georg Lorenz Bauer 1782!), gehören Johan Bouman, Carl Friedrich Gerock, Heikki Räisänen, Günter Riße, Stefan Schreiner sowie Hermann Stieglecker (vgl. Bauschke, Jesus – Stein des Anstoßes, 214ff. 222. 274. 284ff. 411 u.ö.).

Kapitel 10

203 Sure 37 ist voller Friedenswünsche über die einzelnen Gesandten (V. 79.109.120.130 sowie V. 181 über alle Gesandten). Sure 19,15, parallel zu Sure 19,33 in der 3. Person formuliert, wünscht Johannes dem Täufer Frieden.
204 Vgl. etwa Horst Bürkle, Jesus und Maria im Koran (1996), 578.
205 Zitat Baydâwîs aus: Chrestomathia Baidawiana, 35. Die Nachweise zu den anderen Exegeten s. bei Khoury, Kommentar, Bd. 4, 1993, 108.
206 Chrestomathia Baidawiana, 36.
207 Zur Engel-Christologie vgl. ausführlich Werner, Die Entstehung des christlichen Dogmas problemgeschichtlich, 302–388. Das Zitat von Jan-A. Bühner s. in: Ders., Der Gesandte und sein Weg im 4. Evangelium, 433.
208 Vgl. im Neuen Testament einerseits die Rede von Jesu Nichtwissen (z.B. Markus 13,32), andererseits davon, den Vater zu kennen (Matthäus 11,27; Lukas 10,22; Johannes 10,15).
209 Der Schlußsatz wird nach der einfühlsameren Übersetzung von Grimm/Krause wiedergegeben (Khoury: »Dies ist der großartige Erfolg«). Paret übersetzt: »Das ist das große Glück.«
210 Zit. nach BK, Teil 6–7, 1991, 100, Anm. 393.
211 The Holy Qur'an, 827, Anm. 2687.
212 Chrestomathia Baidawiana, 54. Folgendes Zitat im Text: ebd. 55.
213 Zit. nach Ayoub, The Qur'an and Its Interpreters, Vol. 2, 1992, 235. Dem entspricht Khourys Übersetzung von *rabbânîyûn* mit »Gottesgelehrte«.
214 Zit. nach BK, Teil 3–4, 1994, 34, Anm. 139. Vgl. zu diesen Versen insgesamt Ayoub, The Qur'an and Its Interpreters, Vol. 2, 1992, 234–238.

215 The Holy Qur'an, 281, Anm. 832.
216 Belegt bei Bukhârî, Muslim und Tirmidhî, zit. nach Khoury, Kommentar, Bd. 6, 1995, 194f.

Kapitel 11

217 Kommentar zu Sure 21,91, zit. nach BK, Teil 17–18, 1995, 51, Anm. 254.
218 Der Brief des jungen Arbeiters, 69.

Kapitel 12

219 Islam. Für das Gespräch mit Christen, 146.
220 Obwohl »Mohammed neben dem Christentum selbst das einflußreichste und welthistorisch wirksamste Jesusbild geschaffen hat« (Kurt Rudolph, Jesus nach dem Koran, 260), ist die Christologie des Korans nach wie vor nur ein Randthema christlicher Theologen im deutschsprachigen Bereich. Sie ist noch längst nicht in das allgemeine Bewußtsein deutscher (Universitäts-) Theologie gelangt. Im Verhältnis zur Rezeption anderer Formen nicht- bzw. außerkirchlicher Jesusdeutungen mit wesentlich geringerer welthistorischer Bedeutsamkeit – man denke nur an die Auseinandersetzung christlicher Theologen mit dem Jesusbild der Marxisten, Philosophen und Psychologen, mit Jesus im gegenwärtigen Judentum oder in der Literatur – spielt die Christologie des Korans wie des Islams insgesamt eine vergleichsweise marginale Rolle. Vgl. dazu ausführlich Bauschke, Jesus – Stein des Anstoßes, 195ff.
221 »Ökumene« mit dem Islam?, 48.
222 Das Erste Testament, 188.
223 Der historische Jesus, 554.
224 Israel – Messias/Christus – Kirche. Kriterien einer nicht-antijudaistischen Christologie, 85.
225 Vgl. Sato, Q und Prophetie, bes. 69ff. 373ff.
226 Rudolf Meyer, Der Prophet aus Galiläa, 120. Vgl. Markus 6,4; Lukas 13,33 sowie Spruch 31 des Thomasevangeliums: »Kein Prophet ist angenehm auf seinem Dorf. Kein Arzt heilt die, die ihn kennen« (zit. nach Crossan, Der historische Jesus, 13).
227 Zit. nach Gardet, Islam, 337. Im 20. Jahrhundert haben etwa Muhammad ʿAbduh und Rashid Ridâ auf die Relevanz von Johannes 17,3 hingewiesen: der Vers atme gleichsam den koranischen Geist des ungetrübten Monotheismus.

228 Der Weg Jesu Christi, 101. Folgendes Zitat im Text: ebd.

229 Piet Schoonenberg, Der Geist, das Wort und der Sohn, 25.

230 Jesus im Islam, 9f. Vgl. auch Küng, Christentum und Weltreligionen, 184f.

231 Vgl. Tabyîn al-kalâm fî tafsîr al-tawrât wa-l-inğîl ʿalâ millat-al-Islâm/ The Mahomedan Commentary on the Holy Bible (ein 1862 bis 1865 in drei Bänden erschienener zweisprachiger Bibelkommentar), Bd. 3, 80 (Erklärung zu Matthäus 3,17). Siehe auch bei Baljon, Reforms and Ideas of Sir Sayyid Aḥmad Khân, 80f. Ebenso äußert sich Syed Ameer Ali, ein bekannter Schüler Ahmad Khans, in: The Spirit of Islam, 140–142.

232 Islam und Christentum, 1994, 16.

233 Vgl. z.B. Hick, Jesus und die Weltreligionen; Ders., An Inspiration Christology for a Religious Plural World; Ders., The Metaphor of God Incarnate; Ders., Gott und seine vielen Namen.

234 Eine Christologie für unsere kritisch-denkende, pluralistische Zeit, 110. Vgl. Ders., Der umstrittene Jesus, 31ff; Die Zukunft der Theologie, 90ff.

235 Tempelgesellschaft in Deutschland (Hg.), Glaube und Selbstverständnis der Templer, 4. Auskunft über die Tempelgesellschaft wie auch den Bund für Freies Christentum ist bei der Tempelgesellschaft zu erhalten, Felix-Dahn-Str. 39, 70597 Stuttgart, Tel. 0711/76 26 72.

236 Worüber können wir sprechen? Theologische Inhalte eines Dialogs zwischen Christen und Muslimen, 70.

237 Jesus in den Augen der Sufis, Vorwort VIII.

238 Jesus im Quran. Muslime im Dialog, Nr. 8, Seite 5.

239 Der Mensch Jesus, 10.

240 Der Mensch Jesus, 193–217.

KORANSTELLENREGISTER

10,68	72	33,7f	116f
10,94	7	33,21	149
16,43	8	42,13	34.36
18,32ff	51f	43,57ff	68
		43,59	150
19,16ff	13ff	43,61	106f
19,19	42	43,81	144
19,21	126		
19,23ff	21ff	51,56	65
19,30	38		
19,30ff	66	57,12ff	53
19,31	11	57,27	35
19,31f	37f		
19,33	104. 115	61,6	34. 47ff. 84
19,34	31f	61,14	84
19,56f	105		
19,88ff	73	66,11f	15f
21,26ff	119f	90,10ff	49
23,50	27	104	51
24,35	X	112	IX. 79f.

Kölner Veröffentlichungen zur Religionsgeschichte

– Eine Auswahl, Bd. 20 und 23 sind vergriffen –

18: Holger Ueberholz:
Eine Gemeinde im Wiederaufbau.
Die Probleme der evangelischen Kirchengemeinde Vohwinkel nach 1945.
1989. IV, 252 S. Br.
(3-412-20788-8)

19: Johann D. Thyen:
Bibel und Koran.
Eine Synopse gemeinsamer Überlieferungen. Mit einem Vorwort von Olaf Schumann.
3. Aufl. 2000. XXXIV, 398 S. 14 Abb. Br. (3-412-09999-6)

21: Udo Tworuschka:
Gottes ist der Orient - Gottes ist der Okzident.
Festschrift für Abdoldjavad Falaturi zum 65. Geburtstag.
1990. XI, 650 S. Gb.
(3-412-03790-7)

22: Abdul R. Ammar:
Die Araber und die westliche Kultur.
Psychoanalytische Überlegungen am Beispiel der libanesischen Hochschulbildung. 1991. VIII, 187 S. Br.
(3-412-04391-5)

24: Herbert Schulze:
Islam in Schools of Western Europe.
An example of Intercultural Education and Preparation for Interreligious Understanding. 1994. 70 S. Br.
(3-412-04494-6)

25: Wilhelm Scharf:
Religiöse Erziehung an den jüdischen Schulen in Deutschland 1933-1938.
1995. VII, 360 S. Br.
(3-412-03195-X)

26: Susanne Heine (Hg):
Islam zwischen Selbstbild und Klischee. Eine Religion im österreichischen Schulbuch. 1995. XV, 311 S. Br.
(3-412-09495-1)

27: Carlo Willmann:
Waldorfpädagogik.
Theologische und religionspädagogische Befunde.
2., unveränd. Aufl. 2001.
XIV, 455 S. Br.
(3-412-16700-2)

28: Catherina Wenzel:
Von der Leidenschaft des Religiösen. Leben und Werk der Liselotte Richter (1906–1968). 1999. 403 S. 1 Abb. Br.
(3-412-12198-3)

29: Martin Bauschke:
Jesus – Stein des Anstoßes. Die Christologie des Korans und die deutschsprachige Theologie.
2000. XVI, 505 S. Br.
(3-412-07600-7)

30: Britta Souvignier:
Die Würde des Leibes.
Heil und Heilung bei Teresa von Avila.
Mit einem Vorwort von Ulrich Dobhan OCD. 2001. 350 S. Br.
(3-412-15900-X)

31: Smail Balić:
Islam für Europa.
Neue Perspektiven einer alten Religion.
2001. Ca. 260 S. Br.
(3-412-07501-9)

KÖLN WEIMAR

URSULAPLATZ I, D-50668 KÖLN, TELEFON (0 22 I) 91 39 00, FAX 91 39 011

Interreligiöse Horizonte

Herausgegeben von
Reinhard Kirste,
Michael Klöcker, Paul
Schwarzenau und
Udo Tworuschka

Die Wahrheitsansprüche von Religionen haben oft genug Konflikte ideologisch abgestützt und verschärft. Weltweit suchen Menschen heute nach der größeren Ökumene im Sinne von Frieden, Gerechtigkeit und Bewahrung der Schöpfung. Die Schriftenreihe »Interreligiöse Horizonte« will theologische und religionswissenschaftliche Einseitigkeiten und Provinzialitäten durchbrechen, gründliche Informationen bieten, Vordenker/innen vorstellen und die globale interreligiöse Diskussion beleben.

Bd. 1: Reinhard Kirste, Michael Klöcker, Paul Schwarzenau, Udo Tworuscka (Hg):

Vision 2001.
Die größere Ökumene.
1999. VII, 192 S. Br.
(3-412-16897-1)

Bd. 2: Theodor Lohmann:

Religion, Religionen, Religionswissenschaft.
Festschrift zum
70. Geburtstag.
Hg. von Udo Tworuschka.
1998. 200 S. Br.
(3-412-16997-8)

Bd. 3: Paul Schwarzenau:

Welt-Theologie.
Gesammelte Aufsätze.
1998. XX, 237 S. Br.
(3-412-06398-3)

Bd. 4: Hans Grewel und Reinhard Kirste (Hg):

»Alle Wasser fließen ins Meer...«.
Die grenzüberschreitenden Kraft der Religionen.
Festschrift für Paul
Schwarzenau zum
75. Geburtstag.
1998. IX, 210 S. Br.
(3-412-06298-7)

Bd. 5: Paul Schwarzenau:

Ein Gott in allem.
Aufsätze zum Gottesbild
der Religionen.
1999. 292 S. Br.
(3-412-03999-3)

KÖLN WEIMAR

Ursulaplatz 1, D-50668 Köln, Telefon (0 221) 91 39 00, Fax 91 39 011